万国津梁

大历史中的琉球

张崇根 —— 著

世界知识出版社

说　明

一、中国史籍记载中，有两个流求（琉球），一个指今中国的台湾岛，一个指今琉球群岛（冲绳群岛）。本书在叙述中，明代之前用来指称台湾岛的，使用"流求""瑠求""小琉球"；用来指称琉球群岛的，使用"琉球""大琉球"。

二、指称琉球群岛时，是因为1879年日本吞并琉球群岛，1945年第二次世界大战美军登陆冲绳，实行军事管制时称琉球。1972年美国将琉球群岛的行政管理权移交给日本政府，日本政府在冲绳设置冲绳县。本书根据不同语境分别使用"琉球"或"冲绳"作为地名。

三、钓鱼岛列岛本来就是中国的领土，与历史上的琉球王国没有任何关系，因不在本书讨论的范围内，故不涉及。

四、本书所引用古今中外著作及网上资料，已列入参考文献。

五、2013年11月30日至12月4日，笔者参观冲绳县立博物馆及其他风景名胜时收集到若干资料，径直写在书中；拍摄的一些照片，作为插图之用。此类情况，均不做注释。

六、所有正文注释，只列作者或编者、书名或报刊名，页码、版本详见参考文献，注释中不赘。

七、凡论文集中析出的文章，首见时在篇名后注明论文集名称，再见时，只注篇名。如曹永和《明洪武朝的中琉关系》，收入《中国海洋史论集》第191—232页；再见时，只注篇名《明洪武朝的中琉关系》。

八、有些需要补充和解释的文字，不便放在正文中；或笔者将古汉语译成白话文，为读者准确了解原文，都列在注释中。

九、关于年月日：由于中国在辛亥革命后才采用公历纪年，而日本在明治维新时就已采用公历纪年，二者因此不同。在行文中，农历用汉字，如同治十三年四月十七日，公历用阿拉伯数字，如光绪二年（1876）八月（10月）二十二日（7日）。

十、中央民族大学外国语学院张吉伟副教授帮助翻译日文资料，谨致谢忱。

笔者从冲绳县各有关单位获得资料若干，一并致谢。

目 录

前 言 1

第一章 古流求非今琉球群岛 11

第一节 有关古流求的记载 13

第二节 隋代古流求指台湾岛 20

第三节 中山王国假冒古流求的原因 30

第二章 东海明珠琉球群岛 47

第一节 地理位置 49

第二节 气候与物产 53

第三节 琉球国简史 68

第四节 传统社会文化 80

第三章　海洋贸易之万国津梁 101

第一节　中琉早期商贸往来 102

第二节　明朝的海洋政策 109

第三节　万国津梁 116

第四章　中华藩属国 125

第一节　册封与进贡 126

第二节　特殊的贸易形式——朝贡 140

第三节　中日对待琉球国的迥异态度 146

第五章　日本"南进政策"的尝试
——牡丹社事件与吞并琉球国 167

第一节　日本的"南进政策" 169

第二节　牡丹社事件 176

第三节　《北京专约》与"球案" 199

第六章　亡于日本之痛 215

第一节　萨摩藩的武装侵略 216

第二节　明治政府的废藩置县 226

第三节　清朝廷的妥协外交 230

第七章　琉球人的复国梦 251

第一节　废藩置县后的复国活动 252
第二节　美军统治下的独立梦 260
第三节　1972年以来的复国运动 270
附录　向德宏给李鸿章的两封求援信 284

后　记 289
琉球群岛大事记 296
参考文献 309

前　言

琉球，即琉球群岛，介于中国台湾岛和日本九州岛之间，面积2265平方千米，人口1467519人[1]。大约在中国南宋时，这里诞生了独立的琉球王国。到明代，开国皇帝朱元璋派使者杨载诏谕琉球王国，从此，琉球国与中国建立了朝贡关系。这种朝贡关系说明琉球王国是中国的藩属国。直到1879年（清光绪五年，日本明治十二年），日本明治政府吞并琉球，推行"废藩置县"，改琉球国为冲绳县，并将琉球国王强行掳掠到东京。琉球从此亡国，与中国清朝的朝贡关系由此中断。但是，琉球国人民反抗日本统治，要求恢复琉球国的斗争一直持续到今天。

1972年5月15日，美国以日本对琉球有"剩余主权"为借口，单方面向日本移交琉球群岛的施政权，并把不属于琉球群岛而属于中国的钓鱼岛列岛也一并交给日本管理。由此可见，当前中国东海产生的领土争端，完全是美国罔顾事实，为了其霸权利益一手造成的。同时，此举也正中日本扩张领土之下怀。

对日和会把中华人民共和国政府和台湾当局都排除在外，美日两国又私相授受，海峡两岸都强烈反对。1972年3月10日，中华人民共和国常驻联合国代表安致远在联合国海底委员会会议上,驳斥日本代表谬论,重申钓鱼岛等岛屿是中国领土,不容日本霸占。[2] 同年5月20日,中华人民共和国常驻联合国代表黄华致联合国秘书长和安理会主席的信严正声明:"特别应该指出的是,美日两国政府在1971年6月17日关于琉球群岛和大东群岛的协定中,公然把中国领土钓鱼岛等岛屿划入'归还区域',这是侵犯中华人民共和国领土主权的严重行为。钓鱼岛等岛屿自古以来就是中国的领土,美日两国政府竟然拿中国的领土私相授受,这完全是非法的、无效的,中国政府和中国人民决不承认。"[3] 全世界的华侨华人也掀起了轰轰烈烈的保卫钓鱼岛主权的运动(简称"保钓运动")。

早在20世纪20年代,著名爱国诗人闻一多在《七子之歌·台湾》中写道:"我们是东海捧出的珍珠一串,琉球是我的群弟,我就是台湾。我胸中还氤氲着郑氏的英魂,精忠的赤血点染了我的家传。母亲,酷炎的夏日要晒死我了;赐我个号令,我还能背城一战。母亲!我要回来,母亲!"台湾自古以来就是中国领土,而琉球是台湾的"群弟"之一。"母亲!我要回来,母亲!"的呼声,理应得到国际法的保证。

美、中、英三大盟国订立的《开罗宣言》(并经征询斯大林的意见,他表示"完全"赞成"宣言及其全部内容"),1943年12月1日,中、美、英三国在重庆、华盛顿、伦敦同时发表《开罗宣言》,规定:

"三国之宗旨在剥夺日本自从1914年第一次世界大战开始以后在太平洋所夺得或占领之一切岛屿，在使日本所窃取于中国之领土，例如东北四省、台湾、澎湖列岛等，归还中华民国。日本亦将被逐出于其以暴力或贪欲所攫取之所有土地。我三大盟国稔知朝鲜人民所受之奴隶待遇，决定在相当期间，使朝鲜自由独立。

"我三大盟国抱定上述之各项目标，并与其他对日作战之联合国家目标一致，将坚持进行为获得日本无条件投降所必要之重大的长期作战。"[4]

1945年7月，美、中、英三大盟国首脑及有关官员在波茨坦举行会议，26日发表《波茨坦公告》，第8条规定："《开罗宣言》之条件必将实施，而日本之主权必将限于本州、北海道、九州、四国及吾人所决定其可以领有之小岛在内。"

美、中、英三大盟国要"剥夺日本"侵占的土地，分四大类：

一、剥夺日本自从1914年第一次世界大战开始后在太平洋上所夺得或占领之一切岛屿。

二、使日本所窃取于中国之领土，例如东北四省、台湾、澎湖群岛等，归还中华民国。

三、其他日本以暴力或贪欲所攫取之土地，亦务将日本驱逐出境。

四、使朝鲜自由与独立。

1945年8月14日，日本明治天皇裕仁发布无条件投降诏书，宣布接受《波茨坦公告》。这就说明，日本已同意并接受了上述规定。

众所周知，日本明治政府借口琉球国漂流民事件，1874年悍然出兵侵略台湾，迫使清朝廷签订《北京专约》，从而找到了吞并琉球国的借口。此后，日本采取种种手段，攫取琉球国领土，并想与清廷通过谈判取得中国对日本吞并琉球国的认可。但是，当时中日两国并没有就"球案"达成任何协议，也没有签订任何条约。因此，"球案"是名副其实的悬案。

早在1948年，吴壮达在其编著的《琉球与中国》一书的结论中，就明确提出："日本帝国被倾覆了，旧日的琉球国领土，将如何处理？七十年来中日间悬而未决的旧案，应否重提？这是一个亟待解答的国际问题。"[5]

2002年9月29日，时任台湾当局"监察院长"的王作荣，针对李登辉的"钓鱼台是日本领土"出卖国家主权的言论，及日本外务省发言人高岛肇久"钓鱼台是日本固有领土"的说法，在《钓鱼台[6]与琉球》一文中指出：

其一，根据《开罗宣言》，剥夺日本所掠夺的太平洋岛屿，当然包括琉球在内。

其二，1972年美国把琉球群岛交给日本，违反了《开罗宣言》、违反了琉球人民的愿望、违反了联合国宪章、违反了《旧金山和约》、违反了托管者的责任，更违反了美国经常宣示的国际外交传统政策——民族自决。另外,"剩余主权"是个什么东西?王作荣随后从历史上、国际法上、国际道义上判断了日本第二次[7]取得琉球是否具有正当性。

其三,《旧金山和约》规定:"日本放弃琉球群岛,交付联合国托管",受托管国为美国。依据《联合国宪章》规定,托管的最终目的为使被托管地人民达到自治与独立的愿望。琉球于1952年4月成立中央政府,首任主席是比嘉秀平,依法依理,琉球已经走上了独立国的大道。因此,"琉球是否就是日本的,则问题颇大。"

其四,钓鱼岛是中国领土,为台湾所管辖,则中国政府、台湾地方当局、日本中央政府的档案资料,以及中日两国民间文献都应该有记载,都应该提出来作为判断的依据。如果日本连第二次取得琉球都缺乏正当性,钓鱼岛问题就不必谈了。

1879年,日本第一次以武装侵略占领琉球;1972年,又因美国的心怀鬼胎,私相授受,日本再次得到琉球。然而,这既不符合历史事实,也有违国际法的原则。王作荣说:"钓鱼台是中国的殆属毫无疑问。琉球是否就是日本的,则问题颇大。"[8]

2012年9月18日,中国政策科学研究会国家安全政策委员会发表"九一八"宣言,宣言中再次对日本统治琉球的合法性提出质疑:"钓鱼岛不属于琉球,琉球也从来不属于日本。日本窃取琉球没有任何法律依据,完全是非法的。日本必须无条件执行《开罗宣言》《波茨坦公告》等国际法,立即结束对琉球的武装占领和殖民统治。我们坚决支持琉球人民谋求独立自主,摆脱日本殖民统治的正义斗争。"[9]

《人民日报》刊登署名文章,阐述日本如何利用武力吞并琉球王国,同时"窃占"中国领土钓鱼岛。文章最后强调,"1941年中国政府对日宣战,废除《马关条约》。随后《开罗宣言》《波茨坦公告》做出了战后处置日本的规定,日本天皇接受了这些规定。依照这些规定,不仅台湾及其附属诸岛(包括钓鱼岛列岛)、澎湖列岛要回归中国,历史上悬而未决的琉球问题也到了可以再议的时候。"[10]

上述各家见解符合《开罗宣言》的相关条款。琉球群岛属于《开罗宣言》规定要剥夺被日本侵占的太平洋上的岛屿之一。美日两国私相授受,缺乏国际法的根据,因此"可以再议"。

2014年4月17日,台湾"中央研究院"近代史研究所举行了"多元视野下的钓鱼台问题新论"国际学术研讨会。台湾地区领导人马英九在开幕式上发表演讲,再次强调对琉球的一贯主张:"琉球主权未定"。[11]

琉球是东海上的一串珍珠,对我们中国人而言,看似熟悉实则陌生。我们为何对其念念不忘?为什么说"琉球是否就是日本的,则问题颇大",为什么说"历史上悬而未决的琉球问题也到了可以再议的时候"?为什么说安倍晋三等人的言论罔顾事实,彻彻底底地错了?

本书力求在大历史的视域中,对琉球历史真相进行一番实事求是的解读，还原琉球问题的真相。

此外，中国史籍记载中，有两个流求（琉球），一个指今中国的台湾岛，一个指今冲绳群岛；有两个三十六岛，一个指今中国台湾的附属岛屿澎湖列岛，一个指今冲绳群岛。对于这两个流求（琉球）、两个三十六岛，也需要辨别清楚，才不至于张冠李戴。

本书在叙述中，根据不同的语境分别使用"琉球"或"冲绳"作为地名。

至于钓鱼岛列岛，本来就是中国的领土，与历史上的琉球王国没有任何关系，故不涉及。

早在1874年，日本第一次出兵侵略台湾期间，日本报纸就有这样的言论：假如天下知道欧洲以东，有英国控制的各属国；亚洲以东，也要以日本为魁首，才能挽回时势，以限制欧洲的侵入。[12] 140多年后，日本右翼的历史修正主义抬头，仍然坚持这样的逻辑："大日本帝国发动大东亚战争是为了将亚洲人民从西方帝国主义的枷锁下解放出来。它'无私的目标'是将明治日本开明的现代化带给极其落后的亚洲兄弟姐妹。"[13]

历史有时确有惊人的相似之处。2014年5月30日在新加坡举行的香格里拉对话会上，日本首相安倍晋三提出所谓"新日本人"的新说辞，并说日本是在法治基础上维护亚洲和平与稳定的新管理者。[14] 140年前，日本要成为为亚洲"魁首"，140年后，安倍晋三所谓的"新日本人"要当亚洲的"管理者"。安倍与他的列祖列宗毫无二致，都妄想成为骑在亚洲各国人民头上作威作福的统治者。

　　本来就是侵略别国领土，还要冠冕堂皇地说是为了限制欧洲人侵入东亚。今天，日本要修改和平宪法，解禁集体自卫权，是不是要故伎重演？这种可能性是存在的。安倍晋三已重申他要把日本从历史，特别是从二战失败的历史束缚中解脱出来。他的扩张主义野心，从2014年4月日本外务省发布的一幅地图中得到了体现。地图显示的范围延伸到国际公认的日本边界之外，并将这些区域统称为"领土"，而其中许多岛屿的主权却遭到邻国的声索。日本的理由是，这些岛屿对于日本自身的存在是不可或缺的。[15]

　　但是，正如日本明治大学教授大沼保昭说："日本过去曾提出'大东亚共荣'的思想，向以欧美为中心的国际秩序发起挑战，结果反而给亚洲各民族造成了莫大伤害，自己也陷入亡国的边缘。"[16]

　　安倍晋三妄图颠覆二战后的国际秩序，重走侵略亚洲邻国老路，那是万万办不到的。日本右翼历史修正主义者的言行，已引起美、欧、中、韩、日等国家的政治家、历史学家、理论家的重视、警惕和批判。

　　2013年5月26日，中国总理李克强参观了位于德国勃兰登堡州的波茨坦会议旧址，并冒着小雨发表了讲话。李克强指出，历史是客观存在也是一面镜子，中国古语说，"以铜为鉴，可以正衣冠"。只有正视历史，才能开创未来。任何否认或企图美化那段法西斯侵略历史的言行，不仅中国人民不能答应，世界各国爱好和平的正义力量都不能接受。中国愿同世界各国爱好和平的人们携手，维护二战后确立的和平秩序，维护世界和平与繁荣。[17]

【注释】

1. 2023年统计数字。

2.《人民日报》1972年3月12日；《新华月报》1972年第3期，第298页。

3.《人民日报》1972年5月22日；《新华月报》1972年第5期，第301页。

4.《国际条约集》（北京：世界知识出版社，1961年），第407页。

5. 吴壮达编著：《琉球与中国》（上海：正中书局，1948年），第150页。

6. 钓鱼岛又称钓鱼台群岛，日本人称其为"尖阁诸岛"。

7. 第一次是明治政府以武力侵占的，1879年改为冲绳县。详见第六章。

8.《钓鱼台与琉球》，台湾："中央日报"2002年9月29日，第5版。

9. http://hi.baidu.com/mkslnzyz/item/d5517c4814156c13886d10d6

10. 张海鹏、李国强：《论〈马关条约〉与钓鱼岛问题》，《人民日报》2013年5月8日，第9版。

11. 蔡翼:《甲午周年祭/钓岛新论述》,香港《亚洲周刊》,2014年5月4日,转引自《两岸共争钓岛国际舆论"话语权"》,见《参考消息》2014年5月1日,第13版。

12.《申报》同治十三年(1874)四月二十六日披露,日本说,侵台是"为了防止西人觊觎";又见五月初七日刊载《论东洋伐生番说》。

13.[美]丹尼斯·P.哈尔平(美国众议院外交委员会前亚洲问题顾问):《美须警惕日本历史修正主义》,原载2015年3月9日美国《国家利益》网站,转引自《参考消息》2015年3月12日,第10版。

14. 李世默:《安倍视中国为敌无异于玩火》,见《参考消息》2014年6月6日,第14版。

15.[美]亚历克西斯·杜登:《安倍将为领土扩张主义付出代价》,原载纽约时报网,2014年1月16日,转引自《参考消息》2014年1月18日,第3版。

16.[日]及川正也、丸山进:《日本在迎来战后70年之际如何与邻国搞好关系——专访美国哈佛大学名誉教授傅高义和日本明治大学教授大沼保昭》,原载日本《每日新闻》2014年10月27日,转引自《参考消息》2014年10月29日,第10版。

17.《李克强:不许破坏和否认二战战后的胜利成果》,《京华时报》2013年5月27日,A06版。

第一章　古流求非今琉球群岛

琉球人自称其地为"阿儿奈波"。这一中文名称，因753年，唐朝的鉴真和尚东渡到"阿儿奈波"之岛，而被载入《唐大和尚东征传》之中。[1] 日语译作おきなわ，拉丁文转写作Okinawa，至今依然使用着。笔者2013年11月30日至12月4日到冲绳，所到之处，无论是街面店铺，还是文字资料，都可以看到Okinawa一词。

江户幕府的儒学家新井白石在《南岛志》（1719）上把おきなわ用汉字写为"沖縄"。美国学者马士也在其名著《中华帝国对外关系史》中特别指出，海外依据琉球与中国的历史渊源，在地图标注时一般用Liuchiu, Luchu, Loochoo, Lewchew或Liukiu。日本也受此影响，将其称之为Riukiu，是因为日语发音中没有"L"。835年，日本僧人空海的弟子真济在其所编的《性灵集》中，将琉球读作"Ryukyu"。

由于古代人对东海的地理情况了解得不够准确，有时记载的东海古流求是今日的台湾岛，有时又把从台湾岛到日本列岛之间的岛屿都包括在流求（琉球）之内。但自明代起，[2] 琉球群岛上的中山王国，把原来的名称"阿儿奈波"（明清册封使著作，有的译作"屋其惹"，有的译作"倭急拿"）放弃了，而欣然接受本来不属于自己的名号"琉球"，其中的原因是什么呢？

据琉球中山国学者向象贤《中山世鉴》[3]说："流虬，隋使羽骑尉朱宽至国，于万涛间见地形如虬龙浮水中，始曰流虬。"[4]

按说，朱宽的命名，应该在隋唐著作中有所记载，而且从中国关于古流求的记载中也应该有资料可以印证，可惜未找到相关资料。相反，《隋书·流求国传》记载的古流求国，却在学术界引起了争议：这个流求指的是台湾岛还是冲绳岛？对历史上的两个流求（琉球）的辨别，明代的册封使，朝鲜、琉球王国的外交使节，就已经展开过探讨，试图证明古流求（琉球）是不是当时的琉球王国。对于这个问题，现代学术界的争论已有一百多年，至今没有定论。同时，还有宋代以来关于东海三十六岛的记载，是指冲绳群岛还是澎湖群岛？据笔者所看到的论著，似乎还没有学者回答过。

第一节　有关古流求的记载

在中国的史籍记载中，东海有两个流求（琉球），一个是隋唐史籍记载的流求，另一个是与明朝建立了朝贡关系的琉球。同时，明朝还把琉球群岛称作"大琉球"，把台湾称作"小琉球"。这两个流求（琉球）是不是先后相承袭的关系？有的学者在研究台湾历史时，论证隋代流求是今台湾岛；有的学者在讨论琉球王国历史时，认为隋代流求是与明朝建立了朝贡关系的琉球王国。这两种观点，孰是孰非？笔者愿提供一得之见，参与讨论。

中国史籍关于流求的记载，现在所见到的资料可以追溯到隋唐时代，如《隋书·陈棱传》《隋书·流求国传》，张鷟《朝野佥载》、韩愈《送郑尚书序》、柳宗元《岭南节度飨军堂记》。唐宋元时代的文献，还记载流求与岭南（今广东、海南）、福建有贸易往来，以及关于漂流人口问题。

第一，《隋书·流求国传》[5]，是记载古流求国的最早文献，与本书有关的主要内容有：

（一）隋炀帝于大业元年（605）、三年（607）和四年（608），三次经略流求。海师何蛮等说，每当春秋季节，天清风静之时，向大海东方看去，仿佛能看到烟雾之气，不知道这个地方有几千里远。其次，朱宽到流求时，带了流求人穿的"布甲"回来。当倭国使者看到后说，这是"夷耶久国人"使用之物。

（二）流求人的社会情况。流求人的社会发展到部落联盟阶段，有联盟大酋长和部落首领，有军事首领指挥作战。可能是为了扩张或保卫本部落及部落联盟的土地，也可能是为了猎头或防止本部落及部落联盟的成员被猎头，因此，选拔战斗中的勇敢者担任队帅。《隋书·流求国传》说，流求国在海岛之中，水行五日而至。其王姓欢斯氏，名渴剌兜，不知其由来。有国代数也。彼土人呼之为可老羊，妻曰多拔荼。流求国人经常互相械斗。械斗时，两相对阵，有勇敢者三五人上前跳跃呼叫对骂，然后以弓箭、标枪互相射击。败者退出，派人协商和解。收取斗死者，共聚而食之，而把髑髅送到王那里。王奖励一顶帽子，任命他担任械斗队队长。

（三）流求的赋税、刑法。据《隋书·流求国传》记载，那里没有赋税，有事就均摊。没有枷锁，只用绳子捆绑。处决死刑犯时，用筷子一样粗、长一尺多的铁锥，从头顶砸进去杀死。轻罪处杖刑。

（四）流求人没有文字，根据月亮圆缺判断时节，候草木发芽、枯萎计算年岁。

（五）流求的自然资源与经济生产。有熊、罴、豺、狼，尤多猪、鸡，无牛、羊、驴、马。田地肥沃，实行烧垦农业，作物有稻、粟、黍、麻和各种豆类。

（六）流求人的社会习俗和宗教信仰。男子拔去髭鬓，身上有毛之处都拔掉。妇人以墨黥手，为虫蛇之文。男子用鸟羽为冠，装以珠贝，饰以赤毛。妇人以罗纹白布为帽，其形正方。饮宴时，一定要听到喊自己的名字后才能喝酒。给王敬酒，同样要喊王的名字。有时还同饮一杯酒。

死者即将断气，抬到院子里，亲宾哭泣相吊。浴其尸，以布缠之，裹以苇草，亲土而殡[6]，上不起坟。子为父者，数月不食肉。南境风俗少异，人有死者，邑里共食之。械斗中被杀死的人，用来祭神。其髑髅或放在依茂树盖的小屋中，或挂在树上。王之所居，壁下多聚髑髅以为佳。人间门户上必安兽头骨角。

以上是《隋书·流求国传》关于流求社会、经济、风俗习惯和宗教信仰的记载。

第二，唐宋元时期其他史籍的有关记载。如韩愈《送郑尚书[7]序》说，其海外杂国，若耽浮罗、流求、毛人、夷亶之州等都是海外蛮夷。这条史料不仅记载了流求的海外国家和地区的名称，更重要的是韩愈的见解透露出来的信息。他说，这些国家的商人航行于大海之中。如果选用合适的人主管岭南事务，那么，该地不仅得到有效治理，没有寇盗贼杀，也没有狂风暴雨之灾，水旱厉毒之患，而且，每天都有外国的货物进来，珠、香、象、犀、玳瑁等奇货，中国就多到用不完了。[8]柳宗元任永州司马时所著《岭南节度飨军堂记》[9]，称流求等国的商人到来后，归押蕃舶使管理。韩愈、柳宗元这两篇文章告诉我们，当时的流求，已与岭南有贸易往来。

北宋蔡襄的《荔枝谱》说，福建种植的荔枝很多，商人按片承包收购（"断林鬻之"），然后用船运送到新罗、日本、流求等国去卖。这些国家的人都很爱吃。说明有商人把福建的荔枝贩运到了流求国。

北宋李复《与乔叔彦通判书》说，流求国为了接待中华之客，在海边建有馆舍。他听说流求距离泉州不太远，一定会有海船往来，可以到那里寻访流求国的情况并记录下来，给他看看。[10]

宋代的官方文书，仍写作"流求"。如《宋史》说，流求在泉州之东。[11]

南宋的几位官员兼诗人，在他们的诗中，都提到住在福州沿海可以看到流求，如陆游、楼钥。[12]后来，也有人说登福州鼓山可以看到流求。这些说法，可能都是沿袭《隋书·流求国传》何蛮的说法，所指为台湾岛，因不可能看到现在的冲绳群岛。

宋朝人对于东海外的流求记载有所不同，有的沿袭《隋书·流求国传》，有的增添了当时的见闻，因此引起陈亮的疑问："大小几琉球？"[13]

到了元代，延祐四年（1317）十月发生了这样一件事：婆罗公人到国外做生意，遇风涛翻船，活着的14人漂流到温州永嘉县。元仁宗责成江浙行省给予资助，帮助他们回到家乡。[14]

明万历《温州府志》记载婆罗公人漂流事件比较详细：元延祐四年（1317）六月十七日黄昏时分，有无柁小船漂流到永嘉县地名叫"燕宫"的海岛。小船中有14人，5人身穿青黄色衣服，另外9人都穿白色衣服。其中一人携带木简35根，上面有刻记圈画，长短不等，看上去不像字。他们说的话也没有人懂。

江浙行省温州路官员就找画工把这些人和船彩绘下来，差官将他们一行起解到江浙行省。当年十月，朝廷中书省把这件事报告给皇帝。元仁宗下令寻找懂得他们语言的人。经询问才知道，这些人是海外婆罗公管辖下的密牙古人。共60多人分乘大小船各一艘出海到撒里即去做生意。中途遇风，大船被毁，只有14人乘小船漂流到这里。于是，元仁宗下令，把他们送到福建泉州路，等有人到婆罗公国去时，顺便把他们带回去。[15]

这起婆罗公密牙古人的漂流事件，给我们透露了以下信息：

（一）《元史》与万历《温州府志》新记载了三个海外地名：婆罗公、密牙古和撒里即。

（二）密牙古人与撒里即地方有贸易往来。

（三）元朝有懂得密牙古语言的人。

（四）元仁宗皇帝（1311—1320在位）及朝廷官员知道婆罗公密牙古与福建地方有来往，所以把漂流来的密牙古人送到福建，等有人到婆罗公去时，顺便把这14人带回去。

宫古岛的拉丁文转写为Miyako，可知"密牙古"就是今宫古岛。"婆罗公"可能就是琉球群岛上的中山、山南、山北三王国之一。

据日本学者藤田丰八考证，撒里即是马来语"海峡沿岸之地"的意思。这里指新加坡（原文"新嘉埠"）海峡。宋元时期称作"龙牙门"，[16] 即今新加坡海峡东南之林加群岛。[17] 这说明，早在元代，琉球人与中国泉州及新加坡等东南亚地区就有了贸易往来。

至正元年（1341），元朝人杨翮写的《送王庭训赴惠州照摩序》说：岭南诸郡临近南海，每年都有真腊（今柬埔寨）、流求等国的海舶到来，象、犀、珠玑、金贝、明香、宝布等珍异之物，都集中在这里。

元朝人宋本写的《舶上谣》之二说，"流求真腊接阇婆，日本辰韩秽貊倭。番船去时遗碇石，年年到处海无波。"[18]

研究台湾早期史的曹永和教授认为，宋本是到过流求的。当时贩卖的商品有胡椒、腽肭脐等。[19]

但是，元代的官方文书，已把流求改写为"瑠求"了。[20]

综合上述，唐宋元时期，流求、婆罗公与闽粤沿海，是有商贸往来的。难怪元仁宗降旨，将婆罗公的漂流人口先送到泉南（福建泉州），等有去婆罗公的船时，就把他们带回去。

另一方面，唐宋元时期关于流求的记载，如《宋史·流求国传》、马端临的《文献通考》，多转抄《隋书》。其他典籍又据《文献通考》辗转相抄。但是，与《隋书》相比，也增加了一些新的内容，如将流求的方位，由"当建安郡（今福州）东"，改为"在泉州之东"；增加了宋孝宗时关于毗舍邪人到泉州沿海之事，以及中国沿海广东、福建与流求通商等资料；南宋赵汝适《诸蕃志》流求国条，同样节录《隋书·流求国传》，但增加了"无他奇货，尤好剽掠，故商贾不通"等内容。[21]

此外，还有关于三十六岛的记载。北宋徽宗宣和二年（1120），泉州知州陆藻《修城记》说，泉州海外有36岛，城内画坊80，人口不下50万。[22]

清康熙末年，徐葆光出使琉球回来，在《中山沿革志》书中，按照东四岛、正西三岛、西北五岛、东北八岛、南七岛和西南九岛六组，记琉球国三十六岛。这些岛屿的名称、物产，都是琉球国王让紫金大夫程顺标注的琉球语名称。[23]

当代学者研究认为，在琉球群岛的160多个岛屿中，有人居住的岛屿只有三十六个。[24] "琉球国三十六岛"的记载可能由此而来。

第二节　隋代古流求指台湾岛

《隋书》所记古流求，是指台湾岛还是冲绳群岛？中外学者进行了近百年的争论，大致分为台湾论者、冲绳论者及折中论者。所谓折中论，就是主张古流求是台湾岛与冲绳群岛的总称。

主张古流求即今台湾岛的中国学者，有连横、吴壮达、方豪、郭廷以、林鹤亭等；日本学者有市村赞次郎、和田清、白鸟库吉等东洋史学家。主张古流求即冲绳群岛的中国学者，有梁嘉彬、鞠德源等；日本学者有喜田贞吉、秋山谦藏，琉球学者向象贤等；主张台湾与冲绳群岛总称说的，有中国学者陈正祥、法国学者戴尔威、德国学者黎斯、琉球学者伊波谱猷等。现在认为隋代人记载的流求就是台湾岛的学者越来越多了，台湾大学考古学家连照美教授也赞同《隋书》所记流求是台湾岛。[25]

折中论，是1874年法国侯爵戴尔威最先提出的。他说，隋代流求是今台湾与琉球岛的总称，但中国人所到的地方是台湾。[26]简称为"台湾、琉球总称说"。随后，德国史学家黎斯也出书赞成戴尔威提出的台湾琉球岛总称说。[27]1895年，荷兰人希勒格主张，元代以前的琉球是指今日台湾，到了明初起，其名称就转指今日琉球了。[28]

当代学者陈正祥同样认为，中国人虽然很早就知道东海有若干岛屿，但对这些岛屿的面积及距离并没有准确的认识，因此把今天的琉球群岛与台湾统称为"琉球"（琉球种族名称）。之后，因为对琉球的关系，包括政治的与商业的，都比对台湾更密切，因此，把当时琉球国王所在的海岛改称为大琉球；相对而言，就把台湾称为小琉球。[29]

究竟哪个古流求指台湾岛，哪个古流求指琉球群岛？现论证如下：

一、从"流求"名称来源看，《隋书》所记古流求是台湾岛。

主张隋代古流求即今日本冲绳的学者首先提出，"流求"名称来源于冲绳群岛的地形：明朝陈仁锡《皇明世法录·沿海防置编》说，因为流求在大海波涛之中，如虬龙般蜿蜒漂浮在万涛中，后转称琉球。[30]

琉球中山国学者向象贤《中山世鉴》说，流虬，隋使羽骑尉朱宽至国，于万涛间见地形如虬龙浮水中，于是开始称其为流虬。

宋家泰说，朱宽看到流求的地形像虬龙浮游水中，因象形称为"流虬"，后来因为同音，流虬又称流求。宋景定五年（1264），改流求为瑠求。[31]

按说，朱宽的命名，应该在隋、唐著作中有所记载，而且中国关于古流求的记载中也应该有资料可以印证。可惜笔者没有找到相关资料。相反，《隋书·炀帝本纪》《陈棱传》《流求国传》，都只说"流求国，居海岛之中，当建安郡东，水行五日而至。土多山洞"[32]，都没有关于朱宽称流求地形如虬龙浮游水中的记载，不知"琉球"

名称来源于象形、同音的说法有什么根据。

因此，对《隋书·流求国传》记载的古流求国，在学术界引起了争议：这个流求指的是台湾岛还是琉球群岛？对历史上的两个流求（或写作"琉球"）的辨别，明代的册封使，朝鲜、琉球王国的外交使节，就已经展开过探讨，试图证明古流求（琉球）是或者不是当时的琉球王国。现代学术界的争论已有一百多年，至今没有定论。

有学者认为，流求之名本来起于琉球群岛而不起于台湾。因为汉语"流求"（流中之索），就是琉球语"冲绳"（冲中之绳）。[33] 另外，因为读音相同，流求由夷洲音转而来。他说，流求土音是从夷洲（夷邪久、邪久）（Yie Cheu）等音转来，是琉球的古国名。[34]

笔者认为，这个流求与冲绳同音、同义的说法，是不能成立的。琉球人自称琉球群岛为"阿儿奈波"。唐玄宗天宝十二年（日本天平胜宝五）十一月二十一日，鉴真和尚一行漂流到阿儿奈波岛，并说该岛在多弥岛的西南。[35] 十二月六日离开，前往日本。阿儿奈波，日语译作おきなわ，拉丁文转写作 Okinawa，至今依然使用着。笔者2013年11月30日至12月4日到冲绳。所到之处，无论是街面店铺，还是文字资料，都可以看到 Okinawa 一词。这说明，早在隋唐时期，冲绳岛即以其固有的名称，为来往于中日之间的使者、僧人及商人等所知。关于该岛的情况传入中国，当然不会被称之为流求了。正如后来明嘉靖年间册封使陈侃在《使琉球录》中所说，该岛土名"倭急拿"。清周煌《琉球国志略》又写作"屋其惹"。当代学者说，十四世纪琉球人自称Uchinaa，[36]即"倭急拿"的拉丁文转写。

史书上还把流求二字，写作流虬、留仇、琉球等，就更无从附会成"流中之索"了。古人译音时，都是找一个读音相同或相近的字词就可以了，根本不会去考虑这个译音字词，与原来的字词含义是否相同。周煌说，琉球国语往往只有读音，没有文字，译者只是找个同音汉字代表其音，但终究不是准确的字。[37]这就是钱大昕说的"译音无定字"。[38]李鼎元《使琉球记》也指出，虬是琉球国使用的俗字，是译音的缘故，没有必要去探讨它到底是什么含义。[39]

流求名称的来源，很可能与台湾世居少数民族把河中岛叫作Lukut有关。[40]阿美族语把河中岛称为Lukut。在台湾历史上，中国大陆的汉族人、日本商人、海盗（包括倭寇），最早进入台湾岛的港口是台湾西南海岸的台员。当时，在今台南市与安平镇之间，有一个东西宽约3公里、南北长达15公里的大海湾叫作台江。在台江与台湾海峡之间，有11个沙屿断续相连，组成一道天然防波堤。自北而南分别叫作海翁窟、加老湾、隙仔港、北线尾，以及一鲲身、二鲲身……七鲲身。当时，加老湾与北线尾北端相距里许之处，叫作北口，又名鹿耳门。北汕尾南端与台窝湾相距约半里的海口，叫南口，又称大港。[41]

一鲲身、大员，也称"台湾"。[42]这个一鲲身沙屿，本来是西拉雅族台窝湾部落（社）的家园。这个部落在台湾岛开发最早，可说是台湾文化的发祥地。[43] 无论是大陆的汉族商人、渔夫、农民，还是 1624 年侵占今台南一带的荷兰殖民者，以及把荷兰殖民者驱逐出台湾的郑成功，首先遇到的就是台窝湾部落。荷兰人在一鲲身建立了热兰遮城。1661 年，郑成功收复台湾后，以他家乡的名称，改热兰遮城为安平镇。这个地名一直延续到今天。

后来，台窝湾部落迁出一鲲身，辗转迁移到台湾东部，并融入阿美族之中。现在，阿美人仍称河中岛为 Luku。阿美族老人说，以前秀姑峦溪口有两个出口，因为河口有一河中岛 Lukut 使之分口，一口在南，一口在北，北口为岩岸，水深可进船，南口为沙岸……因此南岸不通，而只有北口可通。[44] 秀姑峦溪口中的河中岛 Lukut，与台江西岸的北线尾、一鲲身的地形十分近似，也有南北两个出海口，鹿耳门水道，又称北港或鹿口（Lou-keou）。[45] 说不定是随着一部分西拉雅族台窝湾人的东迁，把 Lukut 这个地名也带过去了。[46] 总之，无论是 Luku 或 Luku，都与鹿口或流求（Lou-keou）的读音基本一致。

因此，从大陆来的汉族人，听到台窝湾人称其地为 Lukut 或 Lou-keou，用"流求"这两个汉字来记其音，则是合乎情理之事。后来，"流求"又成了台湾全岛的统称。这种命名法，在中外地名中也不乏其例。例如，台北有地名"万华"，译自平埔语"艋舺"。艋舺是他们的交通工具独木舟，音转而成闽南语"万华"。澳门一名 Macau，据研究，那是明弘治元年（1488）在澳门建了一座妈祖庙。

当地渔民称之为"妈祖阁"。最早来澳门的葡萄牙人到妈祖庙前问路，因语言不通，渔民就以"妈阁"作答。对方以为是地名，就拼成Macau，中文译为"马交"。又如西非海岸的几内亚，在当地苏苏语里，本来是"妇女"的意思，但当一位讲法语的航海者到达那里时，遇见一位妇女。当航海者问她当地叫什么名字时，她不懂问话的意思，只是用苏苏语说了声"几内亚"。航海者不懂苏苏语，也就不明白答话的意思，就在海图上将当地名称标写为"几内亚"。从此，几内亚成了这个西非海岸国家的名称。[47]更有甚者，老挝的阿速坡省名称，原意竟是水牛粪的意思。据传说，老听族先定居在此，俗尚养水牛，因此，地上到处都是牛粪。老龙族人刚来时，手指地面询问地名，老听族人不懂老龙语，误以为问牛粪叫什么，答道："阿达波。"意即水牛粪。从此以讹传讹，沿用下来，"阿达波"又转译为"阿速坡"。[48]

流求、台湾名称的由来，应与马交、万华以及几内亚的命名相似。

二、明清两朝的册封使、琉球国官员读元朝马端临的《文献通考》时，发现记载的流求国情况与当时琉球国的情况大不相同，遂要求明、清史馆加以纠正。原来《文献通考》关于流求国的记载，是抄录《隋书·流求国传》的文字而成。如明嘉靖时册封使陈侃著《使琉球录》一书，其在《使琉球录》自序中说，他与高澄每天记录见闻，如道途、山川、风俗、人物之实，起居日用饮食之细，都是亲历或耳闻目睹的事，从而知道过去的记载与实际不符。因此，在其所写的《使琉球录》中，有《群书质异》篇，明确指出，他所见到的琉球与以往记载的流求是不同的。清代官员评论说，陈侃的质疑，说明杜氏《通典》《集事渊海》《嬴虫录》《星槎胜览》等书，凡载琉球事者，询之百无一实……本部将所进《使琉球录》付之史馆，以备他日史馆采集。[49]

明蔡汝贤撰《东南夷图说》描述琉球国人外貌，"眢目深鼻，男去髭须，辑鸟羽为冠，装以珠玉赤毛"。琉球贡使经常来，大家有目共睹，都与蔡汝贤的说法很不相同。[50]《四库全书总目提要》编者也批评这些传闻多有失实。

册封使郭汝霖在《使琉球录》中说，杜佑《通典》记琉球事，以我在琉球国所见所闻，二者迥异。当时人胡直说，大家看到郭汝霖的《使琉球录》后，了解到当今的琉球与杜佑《通典》记载的情形大不相同。[51]

三、琉球官员指出，古书所记流求国的风俗与本国实际情况不同。

陈侃、高澄回国时，尚清派遣长史蔡瀚向嘉靖皇帝呈送谢恩表，并说，《一统志》中，载琉球有落漈，王居壁下聚髑髅，都不是事实。《通典》《集事渊海》《嬴虫录》《星槎胜览》所述也不正确。因此，要求把他的意见送交明朝廷史馆备案。他的要求得到了嘉靖皇帝的批准。[52]

又据朝鲜《李朝实录》记载，明天顺五年十二月（1462年1月），琉球国中山王派遣使者普须古一行出使朝鲜，以领回漂流人口。其间，朝鲜宣慰使李继孙与二人交谈《文献通考》所记载的古流求风俗（翻译康致和）。其中，李继孙问，你们国家的人打仗，如果不能取胜，就派人致谢，并和解，双方聚在一起把死者吃掉。普须古回答说，不是这样的。古今天下哪有人相食的，岂有打败了反而致谢的？[53]

可见，琉球国人都认为，中国古籍记载的流求国与他们自己国家的情形大相径庭。

四、以现代民族学资料比较说明，《隋书·流求国传》记载的是台湾岛。首先，如《隋书》说，流求国无牛羊驴马。明初，琉球国中山王就把马作为向明朝进贡的主要物品之一。同时，明朝还到琉球国购买急需军用马匹。如明洪武十六年（1383），册封使梁民、路谦，向中山、山南、山北三王国买马983匹。[54] 可见，冲绳群岛琉球国产马。说明无马的是台湾岛。

其次，从饮酒方法看，用瓢饮酒的是冲绳群岛上的居民，[55] 用竹筒饮酒的是台湾岛上的世居少数民族。[56]

第三，把迎宾馆建在海隅，与福建有海商往来的流求国，无疑就是冲绳群岛上的琉球王国。朝鲜李朝世祖二年（明景泰七年，即1456），济州岛船军梁成等，在海上遇风漂流到琉球国，"住水边公馆"。该馆距王都不足五里。馆旁土城，有百余家，居民都是朝鲜人和"中原人"（明朝人）。[57]朝鲜李朝成宗十年（明成化十一年，即1475），朝鲜济州岛金裴等漂流到琉球国南部岛屿，后来被辗转送到首里城。他也说，所居的馆舍，距海边不足五里。[58]明、清两朝册封使的见闻同样如此。明嘉靖十三年（1534）的册封使陈侃说，洪武、永乐时，册封使"驻海滨"。又说，琉球国在海隅建有馆舍，招待中华之客。[59]当时，在台湾岛上，根本没有在海隅建馆舍以接待来客的举措。

第四，关于古流求人的食人之俗。《隋书·流求国传》说，流求的南部风俗稍有不同，人死了，同村人就把他吃掉。前面已经说过，琉球王国没有食人习俗。但是，台湾世居少数民族是有过食人之俗的。如康熙二十三年（1684）八月间，陆路提督万正色说，有船到日本去，航行到鸡笼山后（今台湾东北部），暂时停船休息。船中有15人，都不知道这是什么地方。其中四人登岸探路，忽然看见"异类"数人飞奔而至，抓住探路者中的一人就吃，其余三人慌忙逃回船上。途中遇有一人躲在草丛中，问他，才知道他也是泉州人，就把他带到船上。他说，这些人并非妖魔，就是当地人。先前，我们的船到这里，同行的人都被吃掉了，只有我幸运地活下来了。[60]

当代民族学调查也有记录。1955年，李亦园等在今台湾屏东县来义乡来义村调查时，因为风俗习惯、宗教信仰不同，排湾人与箕模人各占村子的一半，分开居住。传说，箕模人喜欢吃人肉和蛇肉。因此，他们居住的地方被排湾人列为禁忌，不能随意进去。[61]

其实，在人类社会发展进程中，吃死人是全世界有过的普遍现象。在粮食种植农业还没有出现的漫长岁月里，人们在以采集、狩猎为生的状态下，由于食物来源经常没有保证，在原始社会时期，似乎发生了食人之风（cannibalism）。这种风气，后来保持了相当长的时间。[62] 所有民族在发展过程中都经历过吃人，包括吃掉自己父母的阶段。[63] 这里所引的恩格斯的概括性结论，当然也适用于台湾世居少数民族。

第五，《隋书·流求国传》说，流求国王宫周围的墙壁下，以堆着很多髑髅为佳，人间门户上一定要安兽头骨角。据陈侃所见，琉球国风俗淳朴。穷人很节俭，只有土墙茅屋。富贵人家，也只有瓦屋两三间。国王的房屋外，也没有安放兽头。民间就更不会有了。[64] 周煌也说，琉球国人屋上安瓦狮，门前立片石"石敢当"。[65]

2013年12月初，笔者前往冲绳，见房屋上安放的是石狮子，许多商店都有石狮子或瓦狮子出售。通衢大道和巷子口，立有石敢当。这可能是琉球王国遗留下来的传统习俗。

相反，在台湾世居少数民族中，则有堆积或悬挂髑髅和安放兽头骨角的习俗。荷兰人C.E.S说，他们以敌人髑髅为贵，夸为战利品。得胜一方，高唱凯歌，杀猪敬神。敌人髑髅，拿到"社祠"（可能指部落会所——笔者注），烹至皮肉尽脱。敌人头骨为光荣的战利品，极郑重地保存。获得敌人首级最多的人，受到合社尊敬，被推举为部落酋长。[66] 黄叔璥《台海使槎录》卷八引《理台末议》也有类似记载：所得头颅，携归社内，受众称贺。漆其头，悬挂室内，以数多者称为雄长。据日本总督府临时台湾旧惯调查会的调查，泰雅族人猎取人头后，在举行祭祀时，把髑髅吊在主祭家的房梁上。也有吊汉族人的辫子和兽骨的，或悬挂野猪颚骨作为装饰。[67]

第三节　中山王国假冒古流求的原因

上节所述，证明《隋书》所记载的古流求就是台湾岛。明朝初期，冲绳岛上的中山王国，为什么要顶替台湾岛，自认是中国史籍记载的古流求国？另一方面，中国的明朝廷，为什么承认中山王国就是中国古书记载的古流求，并与它建立册封、朝贡关系，并称琉球群岛为"大琉球"、称台湾为"小琉球"？原因大致如下：

一、冲绳岛上的中山王国，为了达到政治、经济的目的，而假冒古流求之名。清代周煌担任册封使到冲绳，回国后写的《琉球国志略》说：琉球国人自称琉球地曰"屋其惹"。担任过册封使的徐葆光说，"屋其惹"是琉球国人的读音，他们写下来，还是"琉球"两个字。[68]

这是很奇特的现象。"屋其惹"明明是"阿儿奈波"，即おきなわ（拉丁文转写作 Okinawa）的同音异写，和琉球二字的读音是不相同的。琉球国人在口语中与书面上称呼其地名不一致十分矛盾。同时，中山王室对其国史也讳莫如深。作为史馆官员的汪楫注意到了这一点。他说，原本想借这次册封活动，能有机会找到一些稀有资料，可以补充以往史书关于琉球国记载的不足。到琉球国之后，汪楫就开始寻找，但琉球国人都婉言谢绝。他猜想可能是中山王国严厉禁止对外泄露王室世系沿革等历史事实。后来，册封使一行要前往国王祖庙祭祀逝去的先王，汪楫就让随从人员准备纸、笔，等到行礼时秘密地把琉球国历代先王牌位抄录回来。接着，又购买到《琉球世缵图》一卷，经过反复探索，才知道琉球国南宋时才称王，明朝初年开始与中国往来。[69]

汪楫出使琉球是在康熙二十一年（1682）。早在此前的顺治年间（1644—1661），中山王国的第一部史书《中山世鉴》就问世了。汪楫能接触到的琉球人士应该都是中山王国的官吏等，而不会是普通的平民百姓。中山王国官员在回答汪楫提出的琉球国历史问题时讳莫如深，这到底是什么原因呢？

原来，琉球群岛上的中山王国，本来的名称是"屋其惹""倭急拿"，与"流求"二字的读音并不同源。元代后期的六十年间，中日之间的海上贸易往来是很频繁的，琉球与中国东南沿海自南宋以来已有贸易往来，而自元代到明初时更趋繁盛。琉球王国的聚落和城寨共400多处遗址，都有中国陶瓷出土。其中有许多福建同安窑等系统的划花纹、莲瓣纹和筏纹青瓷等类出土。因此，可以认为十三世纪已经建立了中琉直接交易的关系。[70]此外，中国大陆与琉球国都有人口漂流到对方境内。如元末进士钱仲益，在明永乐年间写了一首诗："程君家鄱阳，儒业承世泽。元季遭乱离，跨海理商舶……居安而择地，遂作流求客。"[71] 钱仲益的诗说明，当时中琉间不仅有商舶往来，还有因各种原因流寓琉球境内的中国人。这对屋其惹人了解中国，熟知对中国的贸易之利提供了方便。另一方面，他们也可得知中国人早在隋唐时，就知道东海中有个"流求国"，并载入史册。于是，屋其惹人就想利用流求这个名称与中国建立官方关系。等到明朝政府遣使到来，他们正好抓住这个千载一时的机会，以流求国继承者的名义与名称与明朝建立了朝贡与册封的藩属关系，把元代以来的私贸易转为正规贡舶贸易并促其更发达。[72] 然而，他们也知道，这分明是带有冒险意味的凑合。如果这个推测不落空，那么，屋其惹人为保持对中国的正常关系起见，自应小心避免此种秘密的泄露。中山王国之所以这样做，其目的完全是为了掩盖他们国家假冒古流求国这一事实，以获取政治、经济上的某些实惠。[73]

二、对于明朝来说，冲绳群岛上的琉球王国冒充古流求，是正中下怀的事。在中国帝王的传统观念中，中国居于四海之中，以王道（道德、文化、经济）感化"四夷"，而不是用武力征服。洪武皇帝朱元璋自认为当皇上是天命所归，要以明朝为中心，海外"蛮夷"之国都要在朝贡、册封体制下，建立宗藩关系，进行朝贡贸易，并严厉禁止商舶私贸（即"海禁"）。于是，他派使者前往暹罗、安南等东南亚国家，诏谕他们前来朝贡，接受明朝皇帝册封。杨载被派遣出使日本。他在日本滞留的时间较长，回国途中经过冲绳，并在那里停留,[74]对于琉球王国的情况必定有所了解。当时人胡仲子《赠杨载序》说,洪武二年(1369),他在京师(南京)时,正巧遇上杨载诏谕日本回来。洪武四年(1371)日本国入贡。洪武皇帝又派杨载出使琉球。洪武五年(1372),琉球国中山王察度派遣其弟泰期随杨载奉表贡方物。[75]洪武皇帝朱元璋之所以听到杨载的报告,即下诏诏谕琉球王国,其内在原因主要有以下几点:

第一,在明朝实施海禁时,琉球群岛在中日民间走私贸易方面占有中转站地位。

第二,琉球在防范倭寇骚扰、剽掠大陆沿海方面具有前哨地位。[76]与明朝建立朝贡关系后,可以杜绝这种走私贸易,更使得琉球国成为联结明与东亚、东南亚海上贸易的中转站。与处于东海前哨的琉球国建立密切的朝贡关系,等于明朝在东南海上有了一个稳定的前哨,可以最大程度地保证中国沿海地区和海外贸易的安全。[77]

琉球在这方面确实起到了一定作用。明嘉靖三十六年(1557),倭寇在浙江被打败后,退到琉球境内。世子(王储)尚元指挥军队进行攻击,歼灭了许多倭寇,还解救了被倭寇劫掠的6名中国人,并送还明朝。[78]

第三,琉球产马和硫黄。马和硫黄是重要的军需物资。明初,被推翻的元顺帝率残部退到漠北,成为明朝廷巩固统治地位的主要对手。明洪武时全国兵力有余,只是军马比较紧张、急用。[79]琉球王国产马，多而且便宜（每匹马仅值银二三钱）。因此，洪武皇帝致书琉球国中山王察度，首先夸赞察度一番，说他体天道，育琉球之民，尚好生之德，所以事大之礼兴。我朱元璋当皇帝十六年，你年年派遣使者来进贡本国的土特产品，本皇上很是赞赏啊。特任命尚佩监奉御路谦和内使监丞梁民一起，带着我的亲笔信和一颗镀金银印，算是答谢你琉球王真心诚意送来的礼物。然后笔锋一转，说他们二人要到你那里买马，数量不限，由你看着办吧。[80] 从这封信可以看出，朱元璋急于在琉球国多弄到一些马，已到了要讨好中山王察度的地步了。因此，明朝既接受琉球王国进贡的马和硫黄，又让册封使在琉球买马。因为彼此间各有所需，诏谕与朝贡的关系自然就一拍即合了。

第四，日本学者和田清博士认为，琉球中山王国能够顶替古流求，可能是驾驶船只的人把他骗到琉球群岛，或者是杨载"矫诏冒功"，欺骗洪武皇帝的结果。他说，杨载先到台湾，得知台湾世居少数民族有猎头习俗，不可能接受明朝诏谕，因此转而到了琉球群岛，完成诏谕流求的使命。[81]

不论和田清的推测是否正确，至少可以说明，明代初期，对海外地理概念的不甚了了，也是原因之一。

第五，旅居琉球国的华人（如程复）的开导也起到了一定作用。明永乐初年，钱仲益写了一首五言古诗《送程长史》：

程君家鄱阳，儒业承世泽。元季遭乱离，跨海理商舶。其家素饶赀，倍息额有获。居安而择地，遂作流求客……君常劝其王，当识理顺逆。归心坚事大，庶可保社稷。其王用其言，贡献相接迹。充庭列筐篚，名马侑玉帛。先帝嘉其忠，王爵锡封册。屡询彼何人，谋国善赞画。乃知出程君，一一尽其筴。皇心则大喜，特勒赐冠帻。擢官作典簿，期使夷俗革……我皇绍大统，正位履宸极。洪恩若天覆，万国归化域。其王奉表奏，臣幼新袭国。思求老成人，赖以相辅翼。帝曰程长史，必尔无以易。起君自家乡，再展天池翼。君年七十四，强健无与敌。功名与贵富，终始独兼得。有如班定远，万里飞肉食。人生孰有此，实谓备耆德。始知行笃敬，信可行蛮貊。题诗送君去，抚卷为太息。

琉球国中山王察度于元至正十年（1350）继承王位。[82]《明史·琉球国列传》记载，永乐八年（1410）琉球国留学生说，程复辅佐"臣祖察度四十余年"。根据这首诗和《明史》的记载，程复在琉球国是经历了元末明初的朝代更替的。我们有理由认为，程复在辅佐察度，劝说他要识大体，与中国建立朝贡关系。因此，杨载能够成功诏谕琉球国，与程复的努力是分不开的。

【注释】

1.目前所知有关阿儿奈波岛的最早记载，是唐天宝十二年（753）鉴真和尚东渡日本时，于十一月二十一日到这里，停留到十二月六日，起航前往日本京都。见［日］真人元开著，王向荣校

注:《唐大和尚东征传》(北京：中华书局，1979年)，第91页。

2.《福建通志·卷六四·外岛》：明永乐中改琉球国。录此，聊备一说。

3.《中山世鉴》成书于清顺治年间(梁嘉彬:《琉球王国中日争持考实》)，是琉球国的第一部国史(见吴壮达编著:《琉球与中国》第156页注八)。也有学者说《中山世鉴》成书于清顺治元年(1644)。

4. 转引自[清]周煌辑:《琉球国志略》卷四上《舆地志》。

5. [唐]魏徵等撰。

6. 亲土而殡，就是挖一竖穴墓坑，无葬具，也称"裸葬"，就是直接将尸体埋入土坑中。

7. 郑尚书：郑权，汴州开封人，贞元六年(790)进士，以工部尚书改任刑部尚书，兼御史大夫的身份，于长庆三年(823)四月起任岭南节度使。

8. 见《韩昌黎全集》卷二十一。(这条资料抄录于1964年元旦。到今天使用上，整整相隔50年，亦有趣事。)

9.《柳河东集》卷二十六《记官署》。

10. [北宋]李复:《潏水集》卷五。

11.《宋史》卷四百九十一。

12. [南宋]陆游:《剑南诗稿》卷八《步出万里桥门至江上》："常忆航巨海，银山卷涛头。一日新雨霁，微茫见流求(在福州泛海东望见流求国)。"卷五十九《感昔》:"行年三十忆南游,稳驾沧溟万斛舟。常记早秋雷雨霁,柁师指点说琉球。"楼钥《攻媿集》卷三《送万耕道帅琼管》有"琉球大食更天表,舶交海上俱朝宗"句。南宋不会出现"琉球"二字。琉球二字是明洪武年间才开始使用。疑为清武英殿聚珍版翻刻时所改。下同。

13. [南宋] 陈亮:《龙川集》卷十七《水调歌头·和吴允成游灵洞韵》。

14.《元史》卷二十六《仁宗本纪》,第581页。

15. [明] 汤日昭修、王光蕴等纂:《温州府志》卷十八。

16. [日] 藤田丰八著,何健民译:《中国南海古代交通丛考》(太原:山西人民出版社,2015年),第351页。

17. 夏鼐:《郑和七次下西洋地名考》,台北:《大陆杂志》第二十六卷第五期,1963年。

18. [元] 苏天爵辑:《国朝文类》(即《元文类》)卷四《乐府行歌》。宋本的《舶上谣》写于元仁宗延祐末年,可能在1319年前后。因为延祐七年(1320)四月,又实行海禁,罢市舶司,禁贾人下海。

19. 见曹永和著:《中国海洋史论集》(台北:联经出版事业公司,2000年),第203页。按,腽肭齐即腽肭脐。[明] 李时珍:《本草纲目》卷五十一引《临海志》:"腽肭兽,出东海水中,状似鹿形,头似狗,尾长……取其外肾,阴干百日,味甘香美也。"李时珍注:腽肭,新罗国海内狗外肾。

20.《元史》卷二百一十《瑠求列传》。

21. 冯承钧校注：《诸蕃志校注》（北京：中华书局，1956年），第83页。

22. 转引自［南宋］王象之《舆地纪胜》卷一百三十《福建路·泉州·风俗形胜》，道光二十九年（1849）惧盈斋刊本。［南宋］祝穆撰《方舆览胜》，范子长《皇朝州郡志》，［元］汪大渊著，苏继庼校释《岛夷志略校释》和［清］顾祖禹《读史方舆纪要》所记三十六岛，均指澎湖列岛。

23. 见［清］徐葆光：《中山沿革志》卷四。

24. 赵绮芳：《仪式、展演与文化：以琉球群岛八重山竹富岛种取祭为例的研究》，台北：台湾大学《考古人类学刊》第81期，第83—112页，2014年。

25. 连照美：《七世纪到十二世纪的台湾——台湾铁器时代文化及相关问题》，台北：台湾大学《考古人类学刊》第53期，1998年。

26. d'Hervey de Saint-Denys, Sur Foymose et sur les Iles applees en chinois Lieou-Kieou（《关于台湾和中国人所称琉球群岛》），1874. Friedrich Hirth（夏德）and W. W. Rockhill（柔克义），Chaou-Ju-Kuo, His Work On the Chinese and Arab Trade in The Twelfth and Thirteenth, entitled Chu-Fan-zhi, 1911. p164。

27. Ludwig Riess, Geschichte der Insel Formosa（《台湾岛史》），1897。转引自曹永和著：《台湾早期历史研究续集》（台北：联经出

版事业公司，2000年），第334页。

28. Gustau Schlegel, Problemes geographiques: Lieou-Kouo（《琉球国的地理问题》），T'oung Pao（《通报》）第六卷。

29. 陈正祥：《三百年来台湾地理之变迁》，台北：《台湾文献》第12卷第1期，1961年。

30. 虬龙，传说中的一种有角龙。王逸《离骚》注，无角是龙，有角是虬。

31. 宋家泰编著：《台湾地理》（上海：正中书局，1946年），第163页。

32. 见《隋书》卷三《炀帝本纪》、卷六十四《陈棱传》、卷八十一《流求国传》。

33. 梁嘉彬：《宋代"毗舍邪国"确在台湾非在菲律宾考》注三，台北：《文献专刊》第2卷第3期，1952年。

34. 梁嘉彬：《论隋书"流求"与琉球台湾菲律宾诸岛之发现》，台北：《学术季刊》第6卷第8期，1958年。

35. ［日］真人元开（淡海三船）著，汪向荣校注：《唐大和尚东征传》，第91页。汪注：多祢，种子岛。这是目前所知有关阿儿奈波岛的最早记载，是唐天宝十二年（753）鉴真和尚东渡日本时，于十一月十六日到这里，停留到十二月六日，起航前往日本京都。

36. 赵绮芳：《仪式、展演与文化：以琉球群岛八重山竹富岛种取祭为例的研究》，台北：台湾大学《考古人类学刊》第81期，

2014年12月。（以下简作：赵绮芳：《仪式、展演与文化》。）

38. ［清］周煌辑：《琉球国志略》卷四下。

38. ［清］钱大昕：《十驾斋养新录》卷九，第224页。

39. ［清］王锡祺：《小方壶斋舆地丛钞》第九帙，原话是："好事者遂加辩证，不知虬俗字，皆对音无足辨也。"

40. ［元］汪大渊编，［日］藤田丰八校注：《岛夷志略校注·琉球条》第5页"大抵自隋至元，仅知台湾西南沿海之地耳。隋兵自鼋鼍屿一日至流求，则略为魍港环近之地。魍港亦曰北港，即今笨港……然则台湾西南沿海之地，自古称琉求、留仇、流虬、瑠求、琉球，今之琅𫤌及小琉球岛，乃其遗也。"他认为，流求名称来源于台湾世居少数民族（高山族）的社名。郭廷以著：《台湾史事概说》第4页："（隋）远征军登陆台湾岛之后，首先接触的为台湾中部的平埔番（有人以为当时所以名台湾为流求，即与鹿港有关）。番人亦称鹿港为Rokauan或Rokau，流求即系Rokau的译音。"对此，本书不展开讨论。

41. 徐玉虎：《郑和"凤山植姜""投药"与"赤崁汲水"考》，台北：《大陆杂志》第34卷第8期，1962年。

42. ［清］顾祖禹：《读史方舆纪要》卷九十九。方豪：《康熙五十三年测绘台湾地图考》也说，法国人冯秉正（Mailla）一行于康熙五十三年（1714）到台湾测绘台湾地图，也是乘东北风（1714年4月15日）由澎湖经约12小时航行到达台湾港的。台北：《文献专刊》第 5 卷第 1、2 期合刊，第 28—53 页，1953 年。

43. 卢嘉兴:《台南县古番社地名考》，见《南瀛文献》第 4 卷，1956 年 12 月。

44. 阮昌锐:《大港口的阿美族》(下)，第 307 页，1969 年。今按：据台湾花莲秀林小学校长李来旺告诉笔者，原住在台南的西拉雅人，后来有一支迁到台东，现已融入阿美人之中。把河中岛称为 Lukut 是否与他们有关？参见下注高贤治编:《台湾三百年史》(台北：众文图书公司，1981 年)。

45. ［荷］胡阿特（Camille Imbault-Huart）著，黎烈文译，台湾银行经济研究室编:《台湾岛之历史与地志》。

46. 高贤治编:《台湾三百年史》：在今花莲县富里乡大里（今称东里）有称为"台窝湾（Tayovan）的一族"，耆老相传，本在劳陇（台南），后经枋寮越山迁入卑南，再北上迁到大里。他们原来都被认定为阿美族。第 6—7 页。

47. 江文:《"妇女"成了国名》，见《人民日报》1981 年 3 月 9 日，第 7 版。

48. 蔡文枢:《老挝省名的由来及含义》，《外国史知识》1982 年第 8 期。

49. ［清］孙承泽:《春明梦余录》卷四十《礼部二·礼部尚书夏言进〈使琉球录〉疏》。

50.《四库全书总目提要·史部·地理类》卷七十八，［明］蔡汝贤:《东南夷图说》(成书于万历十四年,即1586年)条。

51. [明]胡直:《衡庐精舍藏稿》卷三十续问上及《嘉议大夫南京太常寺卿郭汝霖墓志铭》。

52. [明]郑若曾:《郑开阳杂著》卷七。

53. 朝鲜《李朝实录·世祖惠庄大王实录》卷二十七。李继孙问:"国人互相击刺,如期不胜,遣人致谢,共和解,收斗死者聚而食之。"普须古答:"不然。古今天下安有人相食之,亦安有不胜而致谢?"

54. 《洪武皇帝实录》卷一五六,第2429页。

55. [朝鲜]金裴、姜茂、李正:《漂流琉球等岛见闻》,载朝鲜《李朝实录·成宗实录》卷一〇五。按,古籍汉字竖行书写,"金裴"或读作"金非衣"。

56. 周婴:《东番记》;"酌以竹筒",参见拙作:《台湾历史与高山族文化》,第167页。

57. [朝鲜]金裴、姜茂、李正:《漂流琉球等岛见闻》。

58. 朝鲜《李朝实录·成宗实录》卷一〇五。

59. [明]陈侃:《使琉球录》,第101页。

60. [清]余文仪续修:《台湾府志》卷十九《杂识志·丛谈》引《台湾志略》。

61. 李亦园:《来义乡排湾族中箕模人的探究》,台北:《中央研究院民族学研究所集刊》第1期,1956年。

62. ［德］恩格斯著，张仲实译:《家庭、私有制和国家的起源》（北京：人民出版社，1956年），第22页。

63. ［德］恩格斯著:《爱尔兰史》，载《马克思恩格斯全集》第16卷，第558页。

64. ［明］陈侃:《使琉球录》，第70—71页。

65. ［清］周煌辑:《琉球国志略》卷四下。

66. ［荷兰］C.E.S著，魏德清译:《被忽视之台湾》，台北：《文献专刊》第三、四期合刊，1952年。有学者认为，C.E.S是荷兰殖民者末代总督揆一，《被忽视之台湾》是他在狱中写的回忆录。

67. 台湾总督府临时台湾旧惯调查会:《番族惯习调查报告书》第一卷第45、75页。

68. ［清］周煌辑:《琉球国志略》卷四上《舆地志·建置条》，第51页。

69. ［清］汪楫:《中山沿革序》。原文:"臣楫备员史官，常思搜罗放轶，补旧乘之缺。会有册封之役，入国者以此为问，皆谢不知；世有沿革，亦秘不以告。盖国有厉禁，一切不得轻泄也。嗣以谕祭故王，入其祖庙，预敕从吏具笔札，俟行礼时密录其神主以归。已又购得《琉球世缵图》一卷，卷中番字多不可辨，委曲探索，始知其国南宋始称王，明初始通中国。"载［清］周煌辑:《琉球国志略》第十五卷，第178页。

70. 见曹永和著:《明洪武朝的中琉关系》，《中国海洋史论集》

第191—232页。

71. [明]钱仲益撰:《三华集》卷十七《锦树集七·五言古诗·送程长史》,上海古籍出版社影印文渊阁《四库全书》本。又《明史·琉球传》说,永乐九年(1411),中山王派遣国相子等到中国明朝读书。他们说,左长史朱复(其他史籍作程复),本江西饶州人,在琉球国辅佐中山王察度已40多年,办事勤勉。今年80多岁了,请准许他退休还乡。按照上述情况推算,朱复也是在元朝顺帝至正年间(1341—1367)来到琉球国。这里的"本江西饶州人"很值得寻味。本,可以理解为原籍,父祖辈已移住琉球国,朱复出生在那里。也可以理解为他本人落籍琉球国,逐渐走上仕途。老了,落叶归根,要求回到故乡。

72. 曹永和著:《明洪武朝的中琉关系》。

73. 吴壮达编著:《琉球与中国》,第70—71页。按:曹永和《明洪武朝的中琉关系》有相似看法。

74. [明]郑若曾:《郑开阳杂著》卷七《琉球图说》:"明洪武初,行人杨载使日本,归道琉球,遂招之。"[明]王圻《续文献通考》卷二三五《四裔考·东南夷琉球》有:"壬子(洪武五),行人杨载使日本,归道琉球,遂招之。"

75. [明]胡翰:《胡仲子集》。该集前有宋濂洪武十三年(1380)序,初刻于明洪武十四年(1381)。

76. 见曹永和著:《明洪武朝的中琉关系》。

77. 见韩毓海著:《五百年来谁著史》(北京：九州出版社，2011年)，第111页。

78.《明史·琉球传》:"三十六年……倭寇自浙江败还，抵琉球境。世子尚元遣兵邀击，大歼之，获中国被掠者六人，至是送还。"

79. ［明］王圻:《续文献通考》卷一六五《兵考·马政·皇明条》。

80. ［明］姚士观等编校:《明太祖文集》卷八《勅·谕琉球国王察度》。

81. 曹永和著:《明洪武朝的中琉关系》。

82. ［清］郝玉麟等修:《福建通志·卷六四·外岛》。

第二章 东海明珠琉球群岛

"琉球"二字都含有玉的意思，琉就是琉璃，球是美玉，合在一起，就是海上美丽的岛屿。[1]

琉球群岛本来是琉球王国的领土。最初琉球国的疆域北起奄美大岛，东到喜界岛，南止波照间岛，西界至与那国岛。

从1879年起，被日本强占而改设为冲绳县。同时，日本将奄美诸岛划归九州鹿儿岛县管辖，冲绳县只管辖冲绳诸岛和先岛诸岛（包括宫古群岛与八重山群岛）。可见，原本琉球王国的领土，远比现在的冲绳县范围大。

古琉球王国的领土还有三十六岛之说。

北宋徽宗宣和二年（1120）泉州知州陆藻《修城记》说，泉州"连海外之国三十有六岛。城内画坊八十。生齿无虑五十万。"[2]

这八十画坊的地方，应该是冲绳群岛上的古琉球王国。当时福建沿海的人对琉球王国有这样的了解，说明两地是常有往来的。

1879年3月11日，日本宣布废琉球国，改设冲绳县。

日本明治政府用武力吞并琉球国，掳掠琉球国中山王尚泰到东京居住（实为软禁），不得再回到琉球。从此，琉球国被日本灭亡。

第一节　地理位置

琉球群岛位于西太平洋日本列岛南部九州岛与中国台湾岛及其附属岛屿之间，[3] 呈东北—西南走向，是东海与太平洋的分界线。南北长约 200 多公里，东西狭窄，最宽处也只有数十里。从九州岛南端向西南分布在 1000 多公里的海面上，依次为三个较大的岛群：北部为奄美诸岛（属九州岛鹿儿岛县）、中部为冲绳诸岛、南部为先岛诸岛（包括宫古列岛、八重山列岛），共有大大小小 160 多个岛屿，总面积共 2265 平方公里。其中，有人居住的岛屿只有 36 个。这或许是中国史书上称琉球为"三十六岛"的原因吧。

冲绳县下辖 26 个行政单位（9 市、9 村、8 町），总人口 1467519 人（2023）。其中，居住在那霸市的人口约为 33 万人。在这些人口中，真正的世居琉球人大约有 10 万人。

清朝康熙五十八年（1719），册封使徐葆光回国后，著有《中山传信录》（康熙六十年刊印），卷四列举琉球国三十六岛的名称、物产等如下：

一、东四岛：姑达佳（土名"久高"，下同）、津奇奴（津坚），巴麻（滨岛，分南北二岛），伊计。这四个岛产赤粳米、黄小米、海带、龙虾和鱼类。

二、正西三岛：姑米山、马齿二山（东马齿山、西马齿山），有大小九个岛。居民肤色比较黑，善渔，能泅水深没，久久乃出。产五谷及土绵、茧绸、白纸、蜡烛及牛、马、猪、鸡,粟、布。多鹿,还有墨鱼、文贝螺。西马齿山,穷山恶水,犯罪的人被流放到这里。

三、西北五岛：度那奇山（渡名喜岛）、安根坭山（粟国岛）、伊江岛、叶壁山（伊平屋岛）、硫黄山（又名黑岛、鸟岛）。语言亦与姑米相类。山产铁树,比他处生者良。出产上好的稻米,也有麦、粟、黍、高粱、豆、棉花、芭蕉丝、海胆、鱼物,多牛、豕。民颇富饶。硫黄山无草木,有官府设40多户人家在这里挖掘硫黄,粮食由官府按年供应。尚圆王的祖坟在叶壁山中。

四、东北八岛：由论、永良部（讹为伊阑埠）、度姑（德岛）、由吕、乌奇奴、佳寄吕麻、大岛（乌父世麻）和奇界岛（鬼界）。奇界岛是琉球最东北处。大岛自称小琉球,长130里,分7间切（府）,200多个村,有大酋长12名,小酋长160多名。其岛有《四书五经》《唐诗》等书。东北八岛出产米、粟、麦、豆、薯、木棉、芭蕉、红棕、黑棕、栌（籽可榨油）、罗汉松（即樫木）、苏铁、桑、竹。畜有牛、马、羊、犬、猪、鸡。野兽有山猪、兔。海鲜有草鳝鱼、海爪（蛏类）。果有楮子。还有烧酒、黑糖等物品。奇界岛人多黑色,用手抓食。

五、南七岛：太平山（宫古,后为迷姑,今为麻姑）、伊奇麻（伊喜间）、伊良保、姑李麻（古里间）、达喇麻、面那和乌噶弥。太平岛有筑山,土名七姑山,很高。太平山颇富饶,产五谷,牛马甚多。出五谷、棉布、麻布、草席、红酒（名太平酒）。

六、西南九岛：八重山（一名北木山、彝师加纪，又名爷马）、乌巴麻（二岛，译曰宇波间）、巴度麻（波渡间）、由那姑呢（以上四岛皆近台湾）、姑弥、达奇度奴（富武）、姑吕世麻（久里岛）、阿喇姑斯古（新城）、巴梯吕麻（波照间）。八重山物产丰富，出产五谷、牛、马、麻布、棉布、海参、红酒（名密林酒）、砗磲、螺石、玳瑁、珊瑚等。多樫木、黑木、黄木、赤木、草席，还有羊肚、松纹、海芝、海松、海柏。以上八岛，俱属八重山。此琉球极西南属界也。[4]

现代琉球群岛各岛屿名称与清朝册封使的记载有所不同，名录如下：

（一）萨南诸岛（今属日本鹿儿岛县）：

奄美诸岛：奄美大岛、喜界岛、德之岛、冲永良部岛、与论岛。

（二）琉球群岛：

冲绳诸岛：冲绳本岛、硫黄鸟岛、鸟岛、伊平屋岛、伊是名岛、粟国岛、渡名喜岛、伊平屋岛、具志川岛、屋那霸岛、久米岛、伊江岛、古宇利岛、屋我地岛、濑底岛、伊计岛、宫城岛、平安座岛、浜比嘉岛。

庆良间列岛：仪志布岛、渡嘉敷岛、座间味岛、阿嘉岛、庆留间岛、外地岛。

大东诸岛：北大东岛、南大东岛、冲大东岛。

（三）先岛诸岛：

中山国尚真王在位时（1477—1526），借由1500年平定赤蜂（Oyake Akahachi）（石垣岛上的祭司长）之乱，征服了八重山地区，将先岛（Sakishima）诸岛并入琉球王国，完成了对先岛诸岛的统一。[5]但是，这里仍然保留由当地各酋长分别管理的模式。光绪六年（1880）十月初九，李鸿章在上光绪皇帝的奏折中说，南岛（即今先岛诸岛）向隶中山，政令由其"土人"自主。[6] 1609年，萨摩藩武装侵略和逼迫中山王国臣属于萨摩藩。为了缴纳萨摩藩派给的高额税赋，中山王府向这里派出驻在官吏，加强了控制。先岛诸岛包括：

宫古列岛：宫古岛、伊良部岛、池间岛、来间岛、水纳岛、多良间岛。

八重山列岛：石垣岛、西表岛、波照间岛、与那国岛、黑岛、新城岛、小浜岛、竹富岛、加屋真岛、鸠间岛。[7]

冲绳本岛较大的河流有两条：垣花樋河、金武大河。[8]

琉球多低山与丘陵，有伊江城山、宇良部岳、乙羽岳、於茂登岳、恩纳岳、嘉津宇岳、御座岳、古见岳、高月山、多野岳、名护岳、野底岳、波照间森、本部富士、八重岳、与那霸岳等。[9]最高峰为大隅诸岛屋久岛的八重岳，海拔1935米。[10]

2013年12月2日，当地居民梅村幸子对笔者说，伊江城山在冲绳群岛北部的伊江岛上，俗称"小富士山"，海拔只有198米，爬

291级台阶即可登顶。

古代，琉球群岛也有五岳之说：辨岳在中山，八头岳在山南，佳楚岳、名护岳、恩纳岳在山北。[11]

琉球王国分三省，省各管辖间切，间切辖村。[12]中山为中头省。王城地名首里。首里及附近之久米村[13]、那霸，直属于王府，不称间切。中头省辖14个间切：西源、浦添、宜野湾、中城、读谷山、具志川、真和志、南风原、东风平、北谷、越来、美里、胜连和三那。山南为岛窟省，辖12个间切：大里、玉城、丰见城、小禄、佐敷、知念、具志头、麻文仁、真璧、喜屋武、兼城、高岭。山北为国头省，辖9个间切：金武、恩纳、名护、羽地、今归仁、本部、久志、大宜味、国头。[14]

第二节　气候与物产

气候：琉球群岛有"日本的夏威夷"之称，属亚热带海洋性气候，为常夏岛，温暖宜人。冬季樱花开满海岛，海水和樱花相互映衬，展现着独一无二的艳丽组合。终年无雪，草木长青。冬天非常温暖，基本保持在20℃左右。这里的樱花与日本本岛不同。日本本岛的樱花四五月开花，掉落时是一瓣一瓣地飘落，一派落英缤纷的景象；冲绳群岛却不同，樱花（寒绯樱）在12月前后开，是整朵整朵地掉在地上。[15]

夏季时间比较长，从4月份一直持续到9月。全年平均气温为23.4℃（平均最高气温26.2℃，最低气温可达21.1℃），气温最低的月份是2月，平均气温16.1℃。[16]气温最高的月份是7月，平均气温29.4℃，但盛夏也不会感到酷热难耐。

年降水量为1600多毫米。降水最多的月份是9月（267.5毫米）、10月（214.5毫米），降水最少的月份是12月，只有19.5毫米。

琉球群岛多台风，因此形成一种特殊的人文景观：居民为避免其住宅遭受风害，多用石头砌墙，或在住房周围种植很多树木，以减缓风势。[17]

农业：考古发现证明，琉球群岛是出产稻米的。已得到确认的最早稻米是从那崎原遗址出土的9至10世纪的稻米。关于这种稻米，到底是冲绳栽培的，还是与外国交流带进来的，目前还没有定论。冲绳现在还不清楚水田稻的起源。[18]真正开始普及水稻种植，是在12世纪的城堡时代以后。每年十一月插秧，一岁可以收两季。

此外，遇到荒年，生长在干旱石灰岩上的苏铁所含的淀粉，是居民的重要食粮。冲绳农业的主体还是种植甘蔗，但是受1920年世界经济危机的影响，砂糖的价格暴跌，冲绳遭遇了经济危机。由于风灾，农作物颗粒无收。全社会的饥饿、贫困状态达到了前所未有的程度，最后连苏铁这种植物都被吃光了。当时被称为"苏铁地狱"。[19]因此，冲绳出现了移民潮。他们先是涌向夏威夷，之后移民到南美洲和北美洲等地。据统计，到第二次世界大战前，移民人数达7万多人。

城堡时代的遗址中出土了铁制的武器、工具和农具等。像刀、铠甲、头盔等武器主要是从日本带进来的，当然在此基础上，琉球也有制造业，并有独特的发展。

同一时期普及的铁制工具，方便人们开垦土地和耕种作物。围绕稻米和铁器带来的财富，当时有权势的人士之间开始争斗，不久经历了三山时代，最后诞生了统一独立的琉球王国。

除稻米外，还有粟、麦、豆、薯、甘蔗、菠萝、花生、桑、竹、麻等。甘蔗和菠萝是两大特产。古代稻米、粟、麦，主要种植在先岛群岛。现在冲绳人食用的大米都是从日本列岛运来的。花生产于壹歧岛。蔬菜有苦瓜、萝卜、茄子、葱、姜、蒜等，水果有橘、柑、芭蕉；其中，苦瓜、红芋、泡盛古酒[20]、岛豆腐，是琉球的特产。黑糖和多种凤梨产品是其主要的出口产品。

1594年，中国福建长乐县人陈振龙从菲律宾偷运番薯藤引种福建，1604年，琉球人又从福州将番薯苗带回琉球，广为种植，百姓以番薯为主食。[21]

牲畜：有牛、马、猪、羊、鹿、犬等。

家禽：有鸡、鸭等。

水产品：由于冲绳在太平洋的大陆架上，其附近水域鱼类丰富，故渔业为冲绳人主要从事的行业。水产品除可食用的鱼类外，还有五颜六色的热带观赏鱼，以及蟹类、贝类及珊瑚等。金枪鱼的捕捞也日益重要。其他海产品有鱼、贝、螺和海葡萄等。

有几样食品值得介绍。冲绳汤面：冲绳县的一种大众食品，与普通的荞麦面不一样，是100%使用面粉制作的，随时随地可以吃到。作为配料，会在面条中添上鱼糕、五花肉和葱等。泡盛：从泰国传入的蒸馏米酒。使用泰国米和岛上天然硬质矿泉水酿制的烧酒，甘冽醇香。岛豆腐：比较坚硬，用来炒制也不易碎烂。苦瓜：冲绳的特产，和豆腐一起炒，更是一道名菜。

矿产品：主要有琉黄等。

制造业：传统工业有漆器、陶器制作。传统工艺品主要有珊瑚制品、蕉布、苎布、鬃烟等。[22]

琉球还有"染织列岛"的美誉，传统的纺织品有宫古上布、琉球绊、首里织、苎麻布和芭蕉布，以及挑经织物技术、薯榔（红露）染、蓝染等技艺。[23] 其特色产品有：

芭蕉布：冲绳的传统织布。芭蕉分为雌雄两种，雌芭蕉结果实，当地人将无法结果的雄芭蕉的纤维拿去纺织，织出的就是芭蕉布。

宫古上布：日本指定的国家级重要"无形文化财"，[24]是冲绳县宫古岛的传统麻织品。

首里织：颜色、图案考究，品质优良，是制作和服、背腰带的布料，还可用来制作餐桌的台心布等。1983年，首里织被指定为日本国家级传统工艺品。

壶屋烧（陶器）：是指那霸市壶屋地区及读谷村烧制的陶器。

其烧制方法受到了国际上的重视。壶屋烧被分为"荒烧"的南蛮烧和画有朝鲜系彩画的"上烧"。

漆器：琉球的漆器是在与中国明朝进行贸易时兴起的。17世纪，首里建立了漆器制造工场。1983年，琉球漆器被日本政府指定为传统工艺品。

玻璃制品：冲绳县有一个由汽水啤酒瓶工场改造的琉球玻璃村。游客们在这里可以亲手制作一个玻璃杯，自用或赠人。

琉球群岛在第二次世界大战中受到战火的蹂躏，这些技艺也濒临失传。战后，许多坚守传承传统技艺者，经过长期的努力，使得这些传统技艺一点一滴地得到恢复。冲绳县政府还颁布了《传统工艺品产业振兴法》。日本政府也出台了《传统工艺品产业振兴法》。日本通产省陆续将冲绳县的多项传统染织指定为"传统工艺品"。现在，冲绳县加强保护振兴的政策，结合工艺、文化、旅游产业进行推广，并给予经费补贴，县工艺指导所进行技术辅导，社区组织合作团体，培养后继人才。财团法人冲绳县产业振兴公社热心推动和积极组织对外交流。这些举措，使得染织业成为冲绳县最重要的文化产业。

野生动物保护：野生动物有许多属于日本国定或冲绳县定的保护物种，共97种，其中国定45种，县定52种。国定的有野口啄木鸟（稀有）、西表山猫（稀有）、冠鹫（稀有）、日本歌鸲、凹足陆寄居蟹类、乌鸠、长毛鼠、刺鼠、黄绿盒龟、绿翅金鸠、山原秧鸡、阳彩臂金龟、琉球亚种梅花鹿等；县定的有双尾蝶、木叶蝶、朝比奈黄斑蝶、马那国蚕蛾、久米岛萤火虫、菊里后棱蛇、琉球棘螈、豹纹守宫，以及赤蛙、波江蛙、石川蛙等。

按日本法律规定，对于这些保护动物，不能触摸，不能带回家中。山原秧鸡不会飞，驾车故意轧死横穿公路的山原秧鸡者，要被追究刑事责任。[25]

断裂变小的琉球群岛环境，给野生生物带来了一个如何生存下去的新课题。与大陆和大型岛屿不同，在小岛环境中当然有许多生物已经灭绝了。但有些生物至今还能见到，它们适应性地进化并生存了下来。下面介绍几种生存下来的保护动物。

山原秧鸡。琉球群岛没有食肉性哺乳类动物，所以生活在这里的秧鸡类动物，因为没有天敌，慢慢也就失去了飞翔的能力。

西表山猫。可谓是琉球群岛上野生动物的象征。但是近些年来的研究结果表明，它与广泛分布于东南亚和东亚的孟加拉豹猫血缘非常相近。生活在西表岛上的山猫，因为几乎没有它们可以当作食物的鼠类，于是就改食蛙类、蜥蜴类、昆虫类等各种小动物，勉强地生存了下来。

总之，琉球群岛上的野生动物品种不是很多，有些还是现代有意或无意引进的，在当地被称为"归化物种"。

还有一种琉球翠鸟于1887年灭绝。[26]

旅游业：冲绳县产业结构偏重于以服务业为主的第三产业，在总产值中约占 3/4，以旅游业最为发达。主岛境内有着闪耀着蓝宝石光芒的海洋、白沙滩，美丽的珊瑚礁，各种亚热带植物和亚热带风光，周边的海域被认为是世界顶级美景之一，有丰富的海洋生物，还有古老的文化传统和文化遗产，是一个旅游的好去处。游客多为其热带风情和阳光与海滩为主题的休闲式旅游所吸引而前来。另外，琉球文化的独特和神秘，亦吸引游客前来探访古文化。琉球一年到头都有节日，无论是在哪个季节出游，说不准就碰上了哪个狂欢节。这里 3 至 7 月，长达 4 个月的海洋狂欢节，可能是世界上持续最长的节日。

琉球群岛西邻中国东海，东濒太平洋，风光旖旎，有许多美丽的自然风景，旅游业已成为重点产业。无论是历史遗迹，还是人工景点，往往使旅游者流连忘返。主要景点有：

首里城。琉球王国的宫殿建筑，在今冲绳县首府那霸市的东郊，濒临太平洋，是具有 500 年历史的琉球国王宫，是琉球王国的政治、文化和外交中心，是当时国王处理国家事务、接见外国使节和举行重要庆典的地方。首里城的宫殿建筑，融合中国、日本及琉球的建筑特色，历史上曾多次遭到破坏，又多次修复，特别是第二次世界大战时，受到严重破坏。1992 年，那霸市开始复修、重建首里城。现在称为那霸市首里城公园。

现在的首里城，依然金碧辉煌。古堡有北宫、南宫、首里门及多座城门，坐落在首里古堡公园内。初看首里城外墙，宛如一座石头城。地面和墙体都取材于当地的石灰岩，用石材砌筑而成。古堡正殿，红色墙体，琉璃瓦盖顶，基本上是中国北京故宫的仿制品。不同的是，首里城城墙不是方方正正的，而是墙体内凹，像一张张瓦片拼接起来。当你联想到琉球王国的龟甲墓，才会悟到这城墙原来是龟甲形的。生者与死者的生活场所如此相同，可能是琉球王国特有的习俗吧。

顺着山坡向上走，第一道建筑物是一座牌坊，横额上的"守礼之邦"四个大字，据说是当年明朝万历皇帝的手书（复制品），意为琉球是一个崇尚礼仪的国家。

走到王城之前，迎面耸立着一座中国牌楼式建筑，这里是王城宫殿的入口处。正殿的穹形设计是典型的中国式大门，配以金黄屋顶，朱红支柱，金龙雕梁，光耀异常。琉球被日本吞并之前，正殿二楼曾挂有九块中国皇帝赐给琉球王的御笔匾额。有康熙二十一年（1682）册封尚真王时，康熙皇帝书写的"中山世土"匾额（复制品）；有雍正二年（1724）册封尚敬王时，雍正皇帝书写的"辑瑞球阳"匾额（复制品）；有乾隆四年（1739），乾隆皇帝书写的"永祚瀛壖"匾额（复制品），后来，乾隆皇帝又书写了"海邦济美"匾额；[27]有咸丰三年（1851），咸丰皇帝为尚泰王书写的"同式文化"匾额。[28] 御椅也不知去向，现在摆设的也是复制品。接待萨摩人的南风殿，全是中国风格的建筑，连接正殿的北殿，专门建来招待远道而来的明清两朝的册封使，更不用说了，全是中国宫殿的翻版。

首里城的建设经历了一个漫长的过程，甚至可以说，是建了又毁，毁了又建。首里城始建于1427年尚思绍为中山王时，1453年，爆发"志鲁·布里之乱"，首里城被毁。1470年，尚圆王继位，开始重建首里城，兴建玉陵，到1546年基本建成，并筑有双层城墙。1609年，日本萨摩藩岛津入侵琉球，1621—1627年，建成南殿（作为接待萨摩藩官员场所，平时也在这里举行各种仪式）。1660年，首里城被烧毁。1672年，重建首里城。1709年，首里城再次被烧毁。1712—1715年，第三次完成重建。1945年，首里城被第二次世界大战冲绳战役战火毁灭。1957年，陆续恢复重建。1992年，基本建成并逐步开放。2000年，首里城遗址、园比屋武御狱石门（国王外出时，在此祈愿一路平安）和玉陵，被联合国教科文组织认定为世界文化遗产。2019年10月31日凌晨，首里城突发大火，正殿、南殿和北殿几乎全部被烧毁。

玉陵。是埋葬尚圆的父亲等王室成员的陵墓。

玉泉洞、琉球村（也称王国村）。1967年3月，爱媛大学学术探险队首次勘察玉泉洞。全长5000米。目前开放参观的只有890米，其余部分用于研究，是日本最大规模的钟乳石溶洞。洞内的钟乳石有100多万根之多，形态各异，历经30万年的岁月造化和大自然的鬼斧神工，才创造了这样伟大的奇观。走出玉泉洞，就是琉球王国村。这里有琉球历史博物馆、大鼓表演、琉球织布、造字、酿酒、黑糖制作等民俗工艺表演和销售。

万座毛景区。坐落在名护市恩纳村东海岸边。中山国王尚敬，康熙五十八年（1719）受册封。在位期间到这里巡视，当地民众一万人坐在岸边一块草地上迎接他，因此得名"万座毛"，意思是这块草地可以容纳一万人。"毛"是琉球方言，指大草坪。据说尚敬看到万人聚集在此，感叹道，毛，能坐万人啊。草地旁有一块岩石伸进东海，很像广西桂林漓江上的象鼻岩，位于高达20米的断崖边，与蔚蓝色大海相对照，让人叹为观止。

海洋博公园。内有冲绳美之海水族馆，2002年11月1日开幕，是世界上最大的海洋生态展览馆及水族馆，是冲绳本岛北部地区参观人数最多的地方。这里有650种、75000条各种鱼类，还有海豚表演。馆里除了与普通水族馆相似的展出水槽之外，还有一个长22.5米、高8.5米玻璃水槽（玻璃厚60厘米），槽里注有7500立方米黑潮海水。你可以在水槽前驻足观看长达6米多的鲸鲨、长约3.5米的鬼蝠魟及其他400种、2万尾大大小小的鱼群。此外，还有海豚剧场、海龟馆、海牛馆、植物园和冲绳民俗村等。

冲绳本岛的最北端有大木山，那里不仅风景优美，还有琉球王族由来的传说，可以一探究竟。

今归仁城遗址。在冲绳本岛北部，是当年琉球王国三山时代山北王的都城所在。南北长350米，东西宽800米，是冲绳县最大的城堡，也是世界文化遗产之一。

那霸护国寺

那霸波上宫

那霸福州园

海豚飞跃 ◀

首里城城墙 ◀

首里城大门——守礼之邦 ◀

◀ 玉泉洞

◀ 伸进东海的象鼻岩

◀ 名护万座毛

胜连城遗址。冲绳县世界文化遗产之一。

座喜味城遗址。冲绳县世界文化遗产之一，始建于15世纪前半叶，在今名护市读谷村。

中城城迹遗址。冲绳县世界文化遗产之一，在冲绳本岛北中城村，其特点是用石块堆砌而成，形状如同龟甲。

其他景点还有那霸市内的福州园（为纪念那霸建市70周年和那霸市与中国福州市缔结友好城市10周年，于1992年修建。面积8500平方米，为中国园林建筑，分春夏秋冬四个景区）。其园址可能就是明初三十六姓居住的久米村。此外，还有各类神道教的神社和佛教寺庙。

波上宫。琉球王国时期，有许多佛寺和神社，其中最有名的是波上宫。波上宫就建在那霸港口的一座不高的悬崖上。那霸港归琉球国王府直接管辖，是与中国、南洋、朝鲜和日本等地贸易往来的基地。自修建神殿后，凡进出那霸港的船只，仰望波上宫的神殿，出航的船只祈求神保佑他们航行平安，进港的船只感谢神保佑他们航海一路顺风。其他人主要是在波上宫祈求神保佑他们渔业丰盈，农业丰收。每年元旦，琉球国王亲自整队来参拜波上宫，祈祷琉球国富民强。当设置琉球八神社时，波上宫名列第一，被尊崇为"琉球第一神社"。

1945年，美军实施琉球登陆战，波上宫被战火摧毁。1953年重新修建了正殿和管理神社的事务所，1961年重建了前殿，1993年通过进一步的修建，建成了除正殿以外的神殿，第二年五月神殿的院落设施全部修建完工。

据波上宫简要年表，1368年（明洪武元年，日本正平二十三）赖重法印和尚在波上宫旁建造了护国寺，作为波上宫的别当寺，是专供国王祈祷的场所。

交通运输：航空成为冲绳县与外界往来最主要的方式，其中对外最重要的是那霸国际机场，该机场位于那霸市。冲绳县较大的岛屿，都有航线相连接。还有轮船通往石垣岛等岛屿。冲绳县的公路四通八达，但高速公路只有60多公里。

琉球王国时代制造的硬币，其铸造技术、地点和年代等均不甚详。大世通宝、世高通宝、金圆世宝等硬币，据推测是15世纪中叶铸造的，有多枚是从相当于日本本土中世纪的遗址中挖掘出来的。

第三节　琉球国简史

由于琉球原先没有文字，对较早期的历史没有记载。从接受洪武皇帝的诏谕，建立朝贡关系后，琉球开始使用中文。直到顺治七年（1650），向象贤撰《中山世鉴》，琉球才有了自己的第一部史书。后来，又有《中山世谱》《琉球由来记》《琉球国旧记》等史书问世。

参考《冲绳县博物馆指南》的"琉球历史年表"，传说中的琉球国舜天王于1187年（南宋孝宗淳熙十四）即位。现将琉球历史分为五个阶段：史前时期，琉球独立时期（1187—1609），琉球两属时期（1609年萨摩藩入侵，至1879年日本明治政府废藩置县），谋求复国时期（1879年冲绳设县到1945年第二次世界大战结束），现代冲绳（1945年美国托管到日本治理）。[29]

本章只叙述"史前时期"和"琉球独立时期"，其他时期仅作概述，第六、七两章再详述。

一、史前时期。旧石器时代至1187年。

（一）新旧石器时期。人类在冲绳群岛上的活动，大约在距今32000年前的旧石器时代晚期就开始了。

在冲绳本岛那霸市山下町洞穴，出土了距今32000年前旧石器时代晚期儿童的部分腿骨。港川人大约生活在距今18000年前，在冲绳县八重濑町具志头村，共发现5—9个成年人的遗骸。距今12000年前，是生活在这里的上部港川人，出土髋骨、上肢骨、腿骨共9件。此外，在宫古岛Pinza-Abu洞穴，出土了距今26000年前的人类头顶骨、躯干和肢骨。石垣岛的白保竿根田原洞，同样出土了距今20000年前的人类头盖骨。久米岛下地原洞穴出土了距今15000年的人类头盖骨。[30]

这些考古发现说明，早在距今32000年到15000年前的旧石器时代晚期，琉球群岛一直有人类从事生产劳动。就目前的考古发现而言，人类在琉球群岛生息繁衍，要比日本本岛早得多。[31]

进入新石器时代以后，经考古发掘证实的最早遗址古我地贝丘遗址，位于冲绳宇流麻市石川丘陵的海阶台地上，年代约为距今5500—3200年左右。出土的石器有石斧、石刀（原称"石刃"）、砥石、石锤（原称"敲石"）、石凿（原称"凿状工具"）。据观察陈列的标本，陶器是褐红色的，有深钵形器、壶形器，深钵形器的口缘有刻划纹。出土物还有骨镞或骨矛（原称"骨制刺突器"），多种贝制、动物椎骨制、牙齿制的装饰品以及蝶形骨器，雕刻石制品（原称"雕刻石器"）。[32] 这种蝶形骨器在崎通川贝丘遗址也出土了一件。[33] 据推测，可能是用动物骨头和贝壳做成图案各异的佩饰物。勾玉形状的石制品和雕刻过的石制品，是用来做护身符的。[34]

居住遗迹及用火痕迹与灰坑：古我地贝丘遗址居民的居所是半竖穴式住宅（展厅中有复原模型），先挖一个直径约3米、深约几十厘米的竖坑，然后在上面立几根柱子，再搭建个圆形的草顶棚。居住面上有木炭燃烧过的灰烬处，是生火做饭的地方。[35]

古我地贝丘遗址居民的食物有各种鱼类、贝类、螺类、蟹类和猪肉等。

公元前3世纪至3世纪的考古遗址有清水贝丘、广田遗址、大原第二贝丘、具志原遗址和久里原贝丘等，主要出土物有弥生式陶器及贝制品。[36]

波照间岛下田原遗址出土的距今4300—3200年的陶器、石器表明，先岛群岛与冲绳本岛的文化内涵是有区别的。因此，被学者划为南琉球文化圈，以区别于包括冲绳本岛在内的北琉球文化圈。如陶钵，下田原遗址出土的是浅钵；北琉球文化圈出土的是深钵。[37]

（二）传说时期。《中山世鉴》《中山世谱》《球阳》这三部琉球历史典籍都记录了琉球开国的神话。

《中山世鉴》是琉球学者向象贤在清顺治年间写成的。他说，琉球天孙王朝的来源是，天帝赐天神阿摩美久用草木土石堆成岛屿，又将其子女二人赐予阿摩美久。这二人结婚后生三男二女，长男天孙氏建立了琉球"天孙王朝"。[38]

向象贤又说，舜天是日本清和天皇（858—875年在位）之孙源为朝的儿子源尊敦（又称舜尊敦）。对此，学术界提出质疑，认为不是历史事实。琉球王室之所以称源为朝为始祖，是为了夸耀自己的血统，以抬高按司出身的尚氏王族的地位。这可能也是伊波谱猷"日琉同祖论"所要获得的效果。在日本方面，则想借此证明"琉球属于日本"的说法是有根据的。二者各有自己的目的，所以天孙氏建立琉球王国的传说才得以流传下来。然而，这个论据是不能成立的。日本学者中根淑说，关于天孙氏朝贡日本之说，琉球、日本古书都记载了此事，可能是因为《续日本纪》说"大宝（701—703）和铜（708—711）年间，南岛诸夷多内附"，就附会成天孙氏朝贡日本的说法。但是，《续日本纪》记载的南岛诸夷，只有奄美、夜久、度感、信觉、球美等，并没有琉球。《日本史》也说，到了长宽（1163—1164）、承安（1171—1174）之际，鬼界岛以南不属于日本。鬼界岛在琉球岛之北，相隔十余岛。这也是琉球、日本没有联系的证据之一。日本人叶宝时长《保元物语》说："源为朝流于伊豆大岛，侵至鬼岛，掠一人而还。"根本没有到琉球的说法。《续宏简录》引琉球人所著《世缵图》说："舜天为朝公之男子"，也没有说是源姓。[39]

日本学者井上清说，关于琉球国起源于日本源为朝的说法"纯属传说"，源为朝来过琉球群岛"也并非事实"。[40]

梁嘉彬教授指出，琉球舜天王是日本人源为朝的后代，是萨摩藩岛津氏编造的谎言，仅仅以日本小说传奇为依据，其目的就是把它作为"琉球归属问题有利日本之证据"。[41]

实际上，琉球人与日本人是不同的民族。中央民族学院两位民族学家有这样一次谈话，徐宗元告诉林耀华，1902年，吴汝伦去日本，写了《东游丛录》一书。吴汝伦说："《世界地理》云：琉球民族似与大和（倭人自称）民族有特异之点。"[42]

这一神话传说形成于16世纪至17世纪，是琉球王国统治者尚氏家族面对按司势力的争权企图，为加强其王权地位而创造的神话。

（三）12世纪前后，琉球进入历史时代，或称为"城堡时代"。[43]琉球群岛上有300多座琉球式城堡。城堡具有城寨、村落和圣地的功能，其规模和形状各异。

12世纪前后琉球人开始建造城堡，之后就被人们称作城堡时代。从那时起琉球人就开始了真正意义上的农耕生产，与海外的贸易也活跃起来了，渐渐地出现了叫作"按司"[44]的权势人物，他们之间相互争斗，最后统一成了一个国家。主要留存的城堡与遗址有：

知念城遗址（复原）。位于冲绳南部南城市海拔约80米高的山丘之上，由古城、新城两个城堡所构成。古城建在碎石山上，高2米，周围的城墙是由原石堆砌而成，而新城则是龟背纹式堆砌的城墙，有两座拱形门。城堡里有"御岳"[45]，人们说它曾是"东方巡游"的祭祀地之一。

下田原城遗址。位于波照间岛北部，在海拔25米高的小山丘上。四周是石灰岩石墙，中间分成几个区域，由便门相互连接。有的地方带着螺旋状的斜坡，可能是观景台。

浦上有盛遗址。在奄美大岛北部海拔45米的丘陵上，已确认有防止敌人入侵的水渠。据说浦上有盛遗址，是平家的武将平有盛建造的。

座喜味城遗址。位于冲绳中头郡读谷村海拔127米高的山丘上。据说是山田城的城主护佐丸1416年参与攻占北山王国后，把山田城城墙的石头运来建造的，由连郭式的两座城郭构成。城墙有大方石整齐码放堆砌而成的，也有龟背纹式堆砌而成的，还有一部分是原石堆砌而成的。在最外围的城郭里发现了16米×14.5米的宫殿遗迹，在城堡的入口处建造了一座拱形结构的大门。

形式各异的城堡，其作用各不相同。可以想象，从一些村落和圣地的城堡中，会出现按司居住的城堡。概括地说，城寨是当地特有的景观和政治形态，泛指各地首领建立在琉球石灰岩的台地上、以圣城为中心发展出来的防卫城塞。截至16世纪初，琉球群岛约有300座城寨。[46]

12—13世纪前后，一般的村落是由几栋临时搭建物（住所、仓库）和旱田、坟墓组成的。但到了14世纪左右，就出现了由干沟和石块砌的城墙，而且可以建造有支柱的建筑物了。[47]

城堡遗址的出土物，有滑石制石锅和类须惠器。滑石制石锅，是用滑石凿成的锅形器——形似脸盆那样的平底锅，稳定性比较好，用于烧煮食物。这种锅形器是从北部的九州地区流传过来的。类须惠器，主要有坛子形状的，还有罐状的、钵状的和碗状的等。类须惠器，是一种不挂釉的灰色陶器。在鹿儿岛县的德之岛发现了烧制类须惠器的龟烧窑遗址，取其地名，所以也叫"龟烧陶器"。

这两种材质、形状和用途不同的容器，都在11—12世纪传遍琉球群岛，这说明当时有些人的活动范围跨越了整个琉球群岛，原本处在各自不同文化圈的奄美群岛、冲绳群岛和宫岛、八重山群岛，从这时起变成了一个文化整体。[48]

此外，冲绳还出土了两枚燕国明刀。[49]唐代的开元通宝（唐玄宗713—741年间铸造）比较多（嘉手纳町野国贝丘A地点也有出土），还有大中通宝（唐宣宗847—859年间铸造，出土地点不详），以及宋元时期的中国瓷器、青花瓷、三彩盘、翡翠釉大皿、壶和钵等。

这些发现说明，琉球群岛与中国大陆的联系由来已久。

在宫古、八重山群岛的遗址中，发现了用砗磲贝制作的贝斧，年代大约在距今3000—900年间。这种贝斧与菲律宾出土的贝斧相似，因此推断当时两地曾有来往。[50]

二、琉球独立时期（1187—1609）。

（一）琉球的三山时代。1187年（南宋孝宗淳熙十四），逆臣利勇毒死琉球王自立。浦添按司舜天起兵讨伐，利勇死。各按司推举舜天为王。从此，琉球进入有史实可查的历史时期。但有文字记载，是从琉球王国与中国明朝建立朝贡关系之后开始的。

舜天死于嘉熙元年（1237）。嘉熙二年（1238），长子舜马顺熙继位。淳祐八年（1248），舜马顺熙死，淳祐九年（1249）长子义本继位。义本当政时，饥荒连年，疾疫流行。景定元年（1260）义本让贤，退隐北山。由英祖当政，五传至西威。

根据琉球和明朝史籍记载，1314年前后，冲绳本岛的玉城按司察度自称"中山王"，以王城首里城（在今那霸市）为中心，包括浦添、首里、那霸、北谷、读谷、越来、中城、胜连、具志川各城，大致疆域相当于今日冲绳岛南端国场川—与那原一线以北地域，南与山南王国接界，北至仲泊地峡。大里按司承察度称"山南王"，以王城岛尻大里城（在今系满市）为中心，包括大里、佐敷、知念、玉城、具志头、东风平、岛尻大里、喜屋武、摩文仁、真壁、兼城、丰见，大致疆域相当于今日冲绳岛南端国场川—与那原一线以南的地域。其北与中山王国接界。归仁按司怕尼芝称"山北王"，以王城（在今名护市本部町）今归仁城为中心，包括今归仁、羽地、名护、国头、金武、伊江、伊平屋（伊是名）等城，大致疆域为琉球群岛仲泊地峡以北部分及附近的伊江岛和伊平屋岛。其南与中山王国接界。

这三个王国都与明朝建立了朝贡关系。洪武皇帝朱元璋、惠帝朱允炆、成祖朱棣都采取三王并封的政策。

（二）尚氏王朝。

朝贡贸易不仅给琉球带来了庞大的利润，增加了财富，而且也理所当然地加强了琉球内部三个政权间的竞争和权力利益争夺。最终，出身于山南的英雄巴志，在推翻了中山王察度的统治后，尊自己的父亲为中山王（即第一代中山王）。紧接着他于1416年灭了山北政权，1429年左右灭了山南政权，结束了三山分立局面，实现了琉球统一。随后巴志即位为第二代中山王，建立了尚氏王朝，将首里城定为王都，为第一尚氏王朝的统治打下了基础。于是在与明朝建立朝贡关系后不到30年，一个独立的以海洋贸易立国的琉球王国兴起了。

统一后的琉球中山国分为三个省：中山为中头省，辖14府；山南为岛窟（一作尻）省，辖12府；山北为国头省，辖9府。府，土名"间切"，所属皆称"村头"，土名"毋喇"。[51]史称"第一尚氏王朝"。

第七代国王尚德王相继征服了喜界岛、马齿山（庆良间群岛）、古米（久米岛）等岛，扩大了琉球王国的领土范围。1469年（明成化五），琉球发生内乱，尚德王被杀，第一尚氏王朝灭亡。

第一尚氏王朝世系如下：思绍（1406—1421）～尚巴志（1422—1439）～尚忠（1440—1444）～尚思达（1445—1449）～尚金福（1450—1453）～尚泰久（1454—1460）～尚德（1461—1469）。

第一尚氏王朝时期，志鲁布里挑起内乱。1462年，金丸被群臣拥立为中山国国王。1472年，明朝册封金丸（已改名为尚圆）为中山国国王，史称"第二尚氏王朝"。

第二尚氏王朝第三代国王尚真统治时期（1478—1525），贸易发达，且不断对外扩张，为琉球的黄金时期。1500年，尚真平定八重山群岛的远弥计赤蜂之乱。1522年（明嘉靖元）又平定与那国岛鬼虎之乱。1537年，尚清率军北伐，攻取奄美群岛。琉球王国终于将势力扩张到整个琉球群岛，确定了北起喜界岛、奄美大岛，南至宫古、八重山群岛的疆界，即琉球史书中所称"三省并三十六岛"。

第二尚氏王朝世系如下：尚圆（1470—1476）～尚宣威（1476—1477）～尚真（1477—1526）～尚清（1527—1555）～尚元（1556—1572）～尚永（1573—1588）～尚宁（1589—1620）～尚豊（1621—1640）～尚贤（1641—1647）～尚质（1648—1668）～尚贞（1669—1709）～尚益（1710—1712）～尚敬（1713—1751）～尚穆（1752—1794）～尚温（1795—1802）～尚成（1803）～尚灏（1804—1834）～尚育（1835—1847）～尚泰（1848—1879）[52]

明成化二十三年（1487），明朝册封尚真为琉球国王。他确立了琉球的官员品秩、朝仪制度、神官制度、赋税制度、行政划分，扩建了首里城，废除了殉葬习俗，召各按司赴首里居住，颁布《刀狩令》，禁止私人拥有兵器，确立了琉球国的政治经济体制，此后琉球进入稳定发展的时期。但《刀狩令》也使得琉球军事实力大为衰退，为1609年庆长之役琉球战败埋下了伏笔。

三、琉球两属时期。1609年日本萨摩藩入侵，至1879年日本明治政府废藩置县。

1609年，日本萨摩藩在德川幕府的许可下，入侵琉球。尚宁王被掳至日本被迫签订《制裁令十五条》：琉球国向萨摩藩称臣，奄美群岛割予萨摩藩。但是，中国清朝政府拒绝承认日本对琉球群岛的主权。琉球中山国也坚持向清朝进贡。因此，琉球国进入了"两属时期"。

即便琉球王国要向中国和萨摩藩进贡，但是，琉球国仍然保持着独立的国家制度和完善的政府机构，自主的外交权力和武装力量，自主地确定本国的经济方针，保留和延续着本国的民族文化和官方文书，奉中国清朝为正朔，使用清朝纪年。

四、谋求复国时期。1879年冲绳设县到1945年第二次世界大战结束。

1879年（明治十二）3月30日，日本明治政府派军警把琉球国王尚泰押解到东京。另一方面，日本在琉球强行实施"琉球处分""废藩置县",把琉球一分为二:北部的奄美大岛划归九州鹿儿岛县,南部改为"冲绳县",派县知事行使管理权。日本明治政府还强迫琉球王国断绝与中国的一切联系,甚至与中国的贸易也归日本明治政府管理。

当时琉球王尚泰不甘心当亡国奴,派使臣到清廷哭诉,恳求大清保护附属国。日本方面建议把琉球划分成两部分:冲绳本岛及其北方岛屿作为日本的领土,而南部的先岛群岛则作为中国的领土(谈判中没有涉及钓鱼岛列岛)。由于清廷部分大臣的坚持和琉球人的请求,清廷最终未与日本签订相关条约,即未承认日本拥有琉球主权。

1880年9月,中方在谈判中最后妥协,提出了《琉球专约拟稿》,以日本提出的方式把琉球划分成两部分。然而清朝光绪皇帝拒绝批准这一条约,并且指示中方代表与日本继续协商。日本方面断然拒绝,协商破裂。

1882年,日本驻天津领事竹添进一与清廷恢复谈判,但在琉球问题上没有达成协议。

1895年,甲午战争,中国战败,与日本订立丧权辱国的《马关条约》,将台湾、澎湖列岛割让给日本,并赔偿白银两亿两。琉球同时也就成了日本的囊中之物,详见第六章。

五、现代冲绳。1945年以来,见第七章。

第四节　传统社会文化

我们从中国册封使、琉球王国外交使节及漂流者的见闻中，可以追溯到明朝时期琉球王国的传统社会文化。这些口述历史是很宝贵的。

明清两朝册封使的《使琉球录》，朝鲜济州岛船军梁成、罗州岛萧德诚、济州岛人金裴等人漂流到琉球群岛的见闻，以及琉球王国的史书和现代学者的田野调查，都有关于琉球群岛传统文化的记载。笔者2013年12月到冲绳所见所闻，对了解琉球群岛的传统文化也很有帮助。

明清两朝，前往中国的琉球人很多，有使臣、留学生、水手和商人等，而人数最多的是留学生。一部分留学生是王室亲族和大臣子弟，即官生，入京都国子监读书，还有一部分人在福州或江苏吴具学习。他们的学习面很广，有儒学、天文、地理、医学、音乐、绘画等，学习的技艺有冶炼、造船、铸钱、烧瓷、烧墨、制茶、制糖、制伞等，再加上明清朝廷颁赐的历法。因此，琉球王国不仅使用中国历法，官方也采用汉文撰写史书，甚至外交文书，就连婚丧祭仪、衣着打扮都仿照中国明朝的礼仪和式样。只有在饮食方面，琉球人席地而坐，菜肴、主食都是各人单独使用食具，只有喝酒时共用一个杯子，即一人喝后，递给下一个人喝，依次循环。

清道光丁亥年（1824），琉球国使团赴京途经苏州时，随行的琉球人吕凤仪拜当地名医曹存心为师，潜心学习中医。三年后学成回国。后来，吕凤仪将自己在行医时遇到的疑难杂症等病例，以写信的方式向曹存心请教。曹存心则对病例逐一分析，妥善解答。曹存心将二人往返信札汇编成《琉球百问》。这本书中的101问，涉及内科、外科、妇产科、儿科、眼科、针灸和本草药性等门类。[53]可见，中国中医药对琉球国影响至深。

琉球国的传统歌舞有《团扇曲》（六童舞）、《笠舞曲》（四童舞）、《兰花曲》（三童舞），总名为《太平歌》。其中《老人舞》《团扇舞》《笠舞》一直保存到现在。当时所演戏曲《鹤、龟二儿复父仇》，现在仍在上演，名为《二童敌讨》。宗教上琉球亦祀关圣、观音、土地、妈祖诸神。

因为琉球与中国的特殊关系的缘故，琉球国内建有文庙，用来祭祀孔子和学习儒学。文庙在久米村泉崎桥北（今那霸中心），创始于康熙十二年。[54]庙中制度，俎豆礼仪都按照中国程式进行。1669年（清朝康熙八），琉球国在文庙的南边建起了明伦堂，成为府学。琉球国内的儒教教学从八岁开始，学校安排通事中一人为训诂师，教授学生。每个月的三、六、九日，还要请紫金大夫到讲堂讲学，向学生解释中国的朝贡典礼，考察学生的勤惰，以便选拔有用之才保举做官。1798年（清朝嘉庆三），琉球王尚温建国学于王府北，又建乡学三所，国中子弟由乡学选入国学。从此，确立了琉球的教育体系。

首里城淑顺门 ◂

琉球王国大殿,这是典型的中日琉三国文化结合体,二战中被美军「马萨诸塞」号彻底摧毁,2000年被联合国列为世界文化遗产。◂

首里城久庆门 ◂

琉球大鼓舞 ▶

冲绳石狮 ◀

那霸石敢当 ▶

康熙十一年（1672），紫金大夫金正春报告，国王在久米村的大成庙已建好，庙中塑孔子圣像，立四配十哲。王命儒臣于春秋行释奠礼。康熙五十八年（1719），程顺则又提出建明伦堂，堂左右两厢的房子储藏经书。国王又命紫金大夫程顺则刊刻《六谕衍义》十六条、《月令》等，用作教材，教授学生。又挑选大夫、都通事、秀才中文理精通者一人为讲解师，句读详明者一人为训诂师。在启圣祠内办的学校，招收有一定文化基础的通事、秀才，由讲解师督导他们学习。天妃宫办的学校，招收七岁以上儿童，由训诂师督导他们学习。首里、那霸两地都有塾学，以教子弟。至今琉球国中彬彬文雅，诗书弦诵，皆有华风。中华声名文教之盛，无远弗届矣。至于秉奉正朔，贡使至京必候十月初颁发历法后带回。陪臣子弟与凡民中优秀者，则请来士大夫教他们，以培养长史、通事，学习汉语，办理入贡之事。有的跟着日本僧人学书日文而已，也有学诗的，能作诗。[55]

古琉球国的许多遗迹已被列为世界文化遗产。联合国教科文组织之所以把冲绳城堡废墟列入世界遗产目录，因为它属于自己独一无二的文化，又和日本、中国、东南亚有着密切的联系。总共有九处的遗址被列入这个目录，包括五座城堡：位于今归仁村的今归仁城，位于读谷村的座喜味城，位于胜连町的胜连城和北中城村，位于那霸市的中山王国的首里城、园比屋武御狱石门和玉陵（中山王室陵墓）。

从首里城的规模，特别是它浓厚的中国色彩，谁都可以想象得出，当时琉球王国与明清中国的关系，确实是非比寻常的。

首里城结构复杂，大致可分为外廓和内廓两部分。外廓有欢会门、继世门、久庆门、栫门等四座城门；内廓有瑞泉门、漏刻门、广福门、左掖门、右掖门、淑顺门、美福门、白银门等多座城门。首里城的结构与北京的紫禁城、汉城的景福宫和昌德宫十分相似，周边还有王家园林、龙潭、王家寺庙圆觉寺、国学孔子庙、弁财天堂等古迹。

其次，综合朝鲜漂流者金裴、梁成等人的所见所闻，[56]当时琉球王国的社会生活、传统习俗大致如下：

有水田、旱田，十月种苗，以手治之，也用锸，不用耒耜。翌年正月分苗种之，五月熟，刈其穗，不取其藁。其蘖苗又盛，十月再收之。琉球群岛的传统农作物有小豆、木麦（即牟麦，俗称大麦）、小麦、绿豆、生苎。

琉球国文化基本是由本地世居民族的民俗发展起来的，所以其文化具有极其独特浓郁的本国色彩。琉球语是福建东南的汉语杂糅日语和本地世居民族语发音的语言，与日语同为阿尔泰语系，但与汉语和日语都不能相通。因此，琉球官方文书是汉字，而账本债条等商用语言则多为日语。琉球语本身是未受过教育的平民所使用的方言。

琉球人容貌与朝鲜人同。[57]琉球国人没有姓氏，而以所生之地为名。人少则呼小名，唯父子不能同名，孙名可以同祖名。薙顶发后，改名为"某地筑登之座"。20岁以上，有职务的，称为"某地筑登之"，但是称"筑登之"，也不必真是有官职的。闽人三十六姓后裔久米人，7岁以后称"若秀才"，剃发后王籍其名，称之"秀才"。然后逐步提升为"大夫""长史"。

一说女孩15岁，开始黥指。用针刺手指，黥以墨。年年如此，到了中年，就变得黑里带黄了。

男女衣服是用綦纹细布或素质染绘的布做的。宽博交衽，袖子有二尺多宽而短（长不到手指）。夹衣可正反两面穿。内衣短小。男女衣服都是竖领。颈部一个纽扣。右胸部一条带子。男子外衣区别在于带子。有的带子长一丈四五尺、宽六七寸，围在腰间。带锦细花最贵，大花次之，龙蟠红黄缎又次之。幼童及僧衣两胁下皆不缝。起初，不戴帽子，用帕子缠头。后来改用薄樫木片为骨，上用帕蒙，前七层或九层，后十一二层。以紫色最贵，其次为黄色，再次为红色，青、绿色最低下。履无贵贱，男女皆草靸，名曰三板。编草为底，上横平梁，中界寸绳，用时举足入梁，纳绳于拇趾二趾间。贵宦之人也穿布或皮袜，长只到脚踝。[58]

在文学艺术方面，流传至今的琉球王国的歌舞有民族传统歌舞表演。有的在剧场，有的在露天广场。如集体舞大鼓舞，由两位拉三线琴的女子（或男士）引导（可能兼作指挥），青年男女若干人，穿红衣，扎头巾，一手执鼓，一手挥鼓槌击打，脚下舞动，铿锵有力。还有舞狮等。乐器有三线、四线、横笛、埙等。在我们看来,那种叫作三线琴的乐器,很像中国的三弦。

据传,大鼓舞起源于盂兰盆会。这是佛教仪式之一,每年农历七月十五日,佛教徒为追荐祖先而举行。流传很广的目连救母故事就是这个仪式的主要内容。中国梁朝开始流行。后来,在已有的仪式外,增加了拜忏、放焰口等,以致相沿成习。这一习俗可能由中国传入琉球王国,进而发展出一种新的形式——大鼓舞。

还有组踊(kumiudui),形成于城寨时期,是一种融合音乐、叙事和舞蹈的舞台表演艺术。[59]

琉球人在街道、公司、住宅的房顶安放石狮子,以辟邪、招财、祈福。在各类商店里,都可以看到一排排等待出售的石狮子。中国大陆及港澳台等地也有安放石狮子的习俗,但都安放在祠堂、庙宇及古代衙门之前,民间住宅前或房顶上没有安放石狮子("风狮爷")的习惯。2013年12月4日,笔者到那霸王国村王国历史博物馆参观,其中的陈列品都是多姿多彩的冲绳石狮子和亚洲各地的石狮子,而没有一件关于琉球王国的其他文物或图片,好像石狮子就代表了琉球王国的历史。

据说在门口、街衢巷口、交通要道的路口放置一种叫作石敢当的小石碑,可以驱邪避灾,给一家人带来安详平静的生活。唐代宗大历五年(770),有人得到石敢当刻石,[60]说明放置石敢当的习俗在中国由来已久。汉元帝(前48年—前33年在位)时,史游著《急就章》就提到"石敢当"。唐太宗的中书侍郎颜师古《急就章注》说,石敢当,所当无敌,故可以祓除不祥。

琉球盛行两种墓葬,一种是龟甲墓,一种是破风墓。龟甲墓亦盛行于中国南方浙江、福建、广东一带,而破风墓则是琉球特有的一种墓葬。琉球王家陵园玉陵是世界上最大的破风墓。

古代琉球人盛行一种叫风葬的习俗。人死后,将其尸体置于洞窟中风化,直到三年之后由其亲族女性将其遗骨洗净并埋葬。此习俗与中国南方客家人拾骨葬相似,但现在已经基本被废除了。琉球群岛传统坟墓,都是龟甲墓。有的坟墓与村民住宅紧挨着,或者说,一个村子分两部分,一边是阳宅,活人的生活场所;一边是阴宅,死者的安息之处。这应该是琉球王国的传统墓葬习俗。

还有清明节扫墓的习俗。有这样一件事,在美军嘉手纳基地内,有当地两户居民的祖坟,他们不同意从基地中迁走,美军也没有办法。每年清明节扫墓,美军都要派车到基地大门口把他们接进去,等祭祀完毕再送出大门。这件事不仅说明琉球人的后裔一直坚持清明节祭祖的习俗,同时也说明他们不愿意放弃祖祖辈辈相传的土地。

棺长三尺,仅及身之半,死者屈足而殓,即仰身直肢葬。以前,每三年开棺看视,再封起来。现在没有这一习俗了。[61]琉球群岛还有洗骨葬的习俗:中元节前后,每天用溪水洗死者的尸体,去除腐烂的肉,收取尸骨,缠布裹草埋葬。[62]现代用"厨子瓮"。

1879年被日本吞并之前,琉球人传统服饰的外形,与中国的汉服相似。作为汉字文化圈的一员，琉球人亦尊崇儒学，尊敬孔子等儒家圣人。官方文书用汉字书写，年月日使用中国历法，叫作"奉正朔"。

后来，受日本文化影响，琉球人也开始使用字母拼写本国语言。册封使陈侃的《使琉球录》，就记有琉球国的48个字母，及由这些字母组成的词语。如"身体门"：头读"嗑蓝子"，耳读"眉"，牙读"华"，鼻读"花那"，手读"帖"，脚读"恶失"，发读"加蓝"等。[63]

琉球国在饮食、音乐、建筑等方面深受中国影响，使得琉球在文化上有接近中国的特点和风俗。如农历除夕、清明节扫墓、端午节赛龙舟、中秋节赏月等，就连民间的大鼓舞，也与盂兰盆会有关。中国武术在琉球发展而成的"手"，亦称"唐手"或"唐手拳"，是现代空手道的原型。中国武术由明朝闽人三十六姓带往琉球，结合了琉球当地一些格斗技术，发展成琉球特有的武术手。

琉球人的习俗受中华民族传统习俗，特别是福建民俗的影响很深。如琉球王国没有本国文字。[64]明初洪武、永乐时，赐给琉球国三十六姓闽人，又许陪臣子弟入国学肄业，中华文字逐渐传入。明清时期，使用中国明朝与清朝纪年，也使用中文撰写文件、著作。张学礼《中山记》说，著作、文书等，有华风焉。官宦之家，俱有书室、客轩，架列《四书》《唐书》《资治通鉴》等集。这些在琉球国翻印的书籍，开本比明朝刻本高且宽，可能是为了方便在旁边书写琉球语译文的缘故吧。与外国签订条约，同样使用中文与中国纪年。如1854年7月11日，与美国（原文"亚米利加合众国"）签订的《通商条约》（原文为竖写繁体字）如下：

合众国全权钦差大臣兼水师提督被理以洋书、汉书立字

琉球国中山府总理大臣尚宏勋、布政大夫马良才应遵执据

纪年一千八百五十四年七月十一日

咸丰四年六月十七日在那霸公馆立

琉球国人也使用一种称作"伊鲁花"的文字。他们读中国书时，多用钩挑旁记，逐句倒读，实字居上，虚字倒下逆读。文移中参用中国一二字，上下皆国字。与华人酬接，则全用汉文矣。[65]

清朝册封使徐葆光说，琉球国使用一种与中国汉字不同的文字——伊鲁花。琉球中山国王府用伊鲁花夹杂少量汉字书写国内官方公文书，用以发布政令。[66]

饮食文化方面也同中国汉民族一样，而有别于大和民族。琉球人喜欢吃琉球汤面（面条上加两块五花肉或排骨及蔬菜）、岛豆腐，喝泡盛米酒，也吃大米饭。但是，冲绳不再种水稻，大米来自九州岛等地。

琉球不仅土地远离日本本土，历史、文化、风俗也与日本本土迥然有异。最主要的原因就在于琉球一直是中国的附属国。同时，由于地理位置使然，使它跟隔海的两个强邻，即泱泱文化大国中国和推行武家政治的封建国家日本，不得不经常打交道，琉球文化亦

受到日本文化的深远影响。不少琉歌歌人不仅擅长创作琉歌，亦长于汉诗与和歌。琉球的建筑更像是琉球、日本、中国三国的融合体。

琉球还有许多异于中国和日本的文化，例如，琉球特有的冲绳料理，以及酒类食品泡盛等，在中国和日本本土皆无。芭蕉布也是琉球传统文化之一。在冲绳本岛北部的名护市大宜味村有喜如嘉芭蕉布会馆，是展示芭蕉布传统文化与生产、销售芭蕉布的场所。琉球文化在中日两国文化的交汇大潮中凸显出独特的个性。琉球人固有的宗教信仰为琉球神道，佛教和道教也很盛行。

日本用武力吞并冲绳的历史却是事实。冲绳当地人的反应也很复杂。考古学家安里嗣淳给自己起了个中国名字"孙中路"，并将其印在自己的名片上。他说："日本琉球的士族都有中国名字，是要保留曾经和中国、日本两国和平相处的冲绳的历史文化。"

汪楫《使琉球杂录》说，妇女比男人勤快，家家纺织蕉布，不然，就没办法做衣服了。背柴火、运水，都是妇人去做，男的只下地耕作。[67]

胡靖《崇祯癸酉记录》说，用餐时，菜肴都是干制品，没有调料，每人各盛一盘而不共同食用。相反，只用一只杯子，相互传递饮酒。与明朝相比，有"我合彼分（菜肴），我分彼合（饮酒杯子）"的区别。[68]

周煌《琉球国志略》说，琉球国刑法有死刑三种：一凌迟，一斩首，一枪刺。轻刑五种：一、流放；二、在太阳下暴晒；三、夹；

四、带枷；五、鞭打。[69]

琉球的节日庆典有：首里城祭。在日本冲绳县，每年10月下旬至11月上旬举行首里城祭。主要活动"琉球王朝绘卷行列"，是模仿琉球王朝时代中国使者访问时的情景。扮演国王、王妃、中国使者等的都是从公开招募的市民中挑选出来的，再加上随行的传统文艺队列，参加人数达千余人。

冲绳海洋祭。是延续四个月的海上大狂欢活动，活动期间将举行各种体育比赛，时间为3月下旬至7月下旬。

那霸赛龙舟。是5月上旬渔民举行的祈祷丰收仪式，其特点是选用的船体更大，称为爬龙船，同时还有放烟花等活动。

那霸拔河大会。那霸拔河赛（那霸大纲挽）起源于古代琉球王国时期。在每年10月上旬的那霸节上举行，是一项备受关注的活动。

冲绳体育盛会。以"保持健康和促进文化发展"为主题，11月下旬至12月下旬，在冲绳县各地纷纷举行各种体育竞技比赛和文化活动。琉球群岛是空手道的故乡。

冲绳花卉节。2月中旬至3月下旬，以国营冲绳纪念公园的花节和洋兰博览会为开端，冲绳县内举办各种花卉展。

冲绳的音乐舞蹈。琉球音乐也受到了一些中国音乐的影响，琉球人特有的乐器三线，是代表琉球文化的乐器，其原形为中国的三弦。琉球民俗中至今尚存许多中国文化的痕迹。士大夫闲暇时，轻声唱歌，弹三线和之，其音哀怨，抑而不扬。

琉球群岛的传统文化可以分为两大文化圈，以上介绍的传统文化基本上是属于以琉球本岛为中心的北琉球文化圈。此外，还有以石垣岛、宫古岛（即先岛诸岛）为中心的南琉球文化圈。自新石器时代以来，先岛诸岛的考古文化就与冲绳本岛为中心的文化圈内涵不同。[70] 即使在现代，先岛诸岛也仍然在传承本地的特色文化，如融合了竹富岛上特有的部落政治、历史与文化，而形成岛上特有的仪式——种取祭（Tanadui），至今已延续六百年多年。仪式包括广场文艺表演（庭艺能）、舞台文艺表演（舞台艺能），以及在行进路上吟唱的道艺能等。[71] 当然，自尚真王统一先岛诸岛后，北琉球文化圈的传统文化也传入南琉球文化圈。如泛灵主义，即相信所有的东西都有灵。御岳信仰认为神灵居住的空间，可分为岛、村落、氏族与个人等不同层级，最具地方代表性的或许是祭祀祖先的御岳，海洋与外来神崇拜等。[72]

【注释】

1. 2014年3月19日13:14，中央民族大学外国语学院张吉伟副教授发来的电子邮件。

2. 转引自［南宋］王象之：《舆地纪胜》卷一百三十《福建路·泉州·风俗形胜》，道光二十九年（1849）惧盈斋刊本。［南宋］范子长《皇朝郡县志》、［元］汪大渊《岛夷志略》所记的三十六岛指中国澎湖列岛。

3. 冲绳最西端的岛屿与那国岛晴天可以看见台湾，最南端的波照间岛在台北之南。

4. ［清］徐葆光：《中山传信录》。大岛（土名乌父世麻），即奄美大岛，今属九州鹿儿岛县。

5. 赵绮芳：《仪式、展演与文化》，台北：台湾大学《考古人类学刊》第81期，第83—110页，2014年。

6. 台湾银行经济研究室编：《清光绪朝中日交涉史料选辑》。

7. 据中国地图出版社编：《日本地图》，1984年；福冈人文社：《冲绳县全图》第二版，2013年10月。

8. 日本昭文社：《分县地图·冲绳县·索引》，2013年第4版。当地居民梅村幸子说，冲绳没有河流。朝鲜世祖惠庄大王二年（明代宗景泰七年，即1456），船军梁成自济州岛漂流到琉球国，在琉球国逗留一个月返回朝鲜。他说，琉球国"无大川"。（《李朝实录·世祖实录》卷二十七）

9. 日本昭文社：《分县地图·冲绳县·索引》。

10. 吴壮达编著：《琉球与中国》，第5页。按：2013年日本福冈人文社出版的《冲绳县全图》，八重岳在冲绳岛西北部国头郡本部町，标高454米。

11. ［清］徐葆光：《中山传信录》。

12. 间切，就是府的意思。

13. 明初洪武皇帝赐给琉球国三十六姓人口的居住地。

14. ［清］张廷玉等撰：《清朝文献通考》卷二百九十五《四裔考·琉球》。

15. 冲绳居民梅村幸子提供。

16. 据吴壮达编著：《琉球与中国》第7页表一。有些年份2月平均气温最高为17.8℃、7月平均气温最高可达32.3℃。有些年份2月平均气温最低为13.9℃。7月平均气温最低为27.3℃。

17. 吴壮达编著：《琉球与中国》，第9页。

18. 冲绳县立博物馆等编：《博物馆陈列指南》，第104页。

19. 杨仲揆：《琉球古今谈》（台北：商务印书馆，1990年），第317—318页。

20. 当地将制作的米酒称为"泡盛"。

21. 冲绳县立博物馆等编：《博物馆陈列指南》，第62页。［清］周煌辑：《琉球国志略》卷十四"小民皆食番薯"。

22. 《清朝文献通考》卷二百九十五《四裔考·琉球》。

23. 姜崇仁：《台湾VS冲绳染织博览会/中县登场》，台北：《自立晚报》2002年10月5日，第5版。

24. "无形文化财"，即非物质文化遗产。

25. 《冲绳观光安心安全指南》。

26. 2012年抄录于北京大运河森林公园灭亡动物坟墓墓碑。

27. 《清朝文献通考》，第45页。书中凡注有"复制品"的为笔者2013年12月4日上午参观首里城时见到的实物，未注明的据文献记载。

28.《清光绪朝中日交涉史料选辑》，第24页。

29. 研究台湾早期史的曹永和教授提出琉球历史的五分法是：原始琉球、古琉球、近世琉球、近代冲绳和现代冲绳五个阶段。见《中国海洋史论集》，第205页。

30. 冲绳县立博物馆·美术馆编辑印行：《博物馆陈列指南》，第90—91页。

31. 日本旧石器时代的考古发现，是藤原新一造的假。见徐建新：《透视日本旧石器时代考古造假事件》，北京：《世界历史》2002年第6期。

32. 原件由冲绳县立埋藏文化财团收藏。

33. 原件由京都大学考古研究室收藏。

34. 冲绳县立博物馆等编：《博物馆陈列指南》，第21页。

35. 冲绳县立博物馆等编：《博物馆陈列指南》，第20页。

36. 日本考古学分期法是：绳纹时代（约公元前5000年至公元前3世纪，可分为早期、前期、中期、后期、晚期），"弥生时代"（可分为前期、中期、后期）和"古坟时代"（约1世纪至7世纪，可分为前期、中期、后期）。8世纪进入"历史时代"。

37. 卢柔君：《琉球先岛群岛下田原期与台湾东海岸花莲溪口新石器时代遗址之文化内涵探讨：新资料及技术选择观点的尝试》，台北：台湾大学人类学系《考古人类学刊》第81期，第29—82页，

2014年12月。

38. 转引自［日］井上清著，天津市历史研究所译校:《日本历史》(天津：天津人民出版社，1974年)，第246页。

39. ［日］中根淑:《琉球立国始末》，收入台湾银行经济研究室编印:《清代琉球记录续辑》。

40. ［日］井上清著，天津市历史研究所译校:《日本历史》，第246页。

41. 梁嘉彬:《琉球亡国中日争持考实》，台北:《大陆杂志》第48卷第5、6期，第1—26，21—48页，1974年5、6月。

42. 林耀华:《关于"民族"一词的使用和译名的问题》，原载《历史研究》1963年第2期。林耀华考证，吴汝伦1903年去世。

43. 曹永和称"前期城寨时代"，赵绮芳称"城塞（gusuku）"。

44. 按司是琉球的地方行政单位，也是各个岛屿所固有的官职。各行政区划的长官都是世袭，也是琉球的大贵族和地方势力，曾经参与琉球国内的政变。其他官职有管理刑罚的察度官、管理外交的耳目官、管理贸易的那霸官、收税官员等。

45. 分散在冲绳县村落间的圣地，人们在此举办各类祭祀活动。

46. 赵绮芳:《仪式、展演与文化》。

47. 冲绳县立博物馆等编:《博物馆陈列指南》，第26、27页。

48. 冲绳县立博物馆等编:《博物馆陈列指南》，第28页。

49. 明刀，古代燕国（公元前11世纪至222年）使用的货币。

李学勤《冲绳出土明刀论介》，北京：《中国钱币》1999年第2期。李学勤认为，战国时期（公元前475年至公元前221年），存在一条由河北、辽东到朝鲜、日本、琉球群岛的航线。

50. 冲绳县立博物馆等编：《博物馆陈列指南》，第22页。

51. ［清］周煌辑：《琉球国志略》卷二，第3—5页，丛书集成初编本，上海：商务印书馆，1936年。按，据《明史·琉球传》，洪熙元年（1425）封巴志为中山王，还没有尚姓。正统七年（1442）封尚忠为中山王。可能明朝赐中山王姓尚约在洪熙元年（1425）到正统七年（1442）之间。

52. 冲绳县立博物馆等编：《博物馆陈列指南》，第34页。本书有删节。1872—1879年，尚泰被日本封为琉球藩王。

53. 傅朗、谢必振：《〈琉球百问〉初探》，福建泉州：《海交史研究》1998年第1期，第109—117页。

54. 即唐营，明洪武皇帝赐给琉球中山王国的三十六姓聚居的村落。在那霸市内。

55. 《福建通志》卷六十四《外岛》。

56. 他们的见闻分别见：［朝鲜］梁成、萧德诚二人见闻，载朝鲜《李朝实录·世祖惠庄大王实录》卷二十七；［朝鲜］李继孙：《琉球国闻见录》，载朝鲜《李朝实录·世祖惠庄大王实录》卷二十九；［朝鲜］金裵、姜茂、李正：《漂流琉球等岛见闻》，载朝鲜《李朝实录·成宗康靖大王实录》卷一○五。引用上述资料时，只在引文后用圆括号注入姓名，以标明资料来源。如"国无大川"（梁成）。

57. 见李继孙：《琉球国闻见录》，金裴、姜茂、李正：《漂流琉球等岛见闻》。

58. 《清朝文献通考》卷二百九十五《四裔考·琉球》。

59. 赵绮芳：《仪式、展演与文化》。

60. ［宋］张邦基：《墨庄漫录》。

61. 《清朝文献通考》卷二百九十五《四裔考·琉球》。

62. ［明］何乔远：《闽书》卷一四六《岛夷志》。

63. ［明］陈侃：《使琉球录·夷语夷字附》。

64. ［清］徐葆光：《中山传信录》卷六《琉球语》。

65. 《清朝文献通考》卷二百九十五《四裔考·琉球》。

66. ［清］徐葆光：《中山传信录》卷六。

67. ［清］汪楫《使琉球杂录》，转引自《清一统志》。

68. ［明］胡靖《崇祯癸酉记录》，转引自《清一统志》，癸酉为崇祯六年，1633年。

69. ［清］周煌《琉球国志略》。

70. 卢柔君：《琉球先岛群岛下田原期与台湾东海岸花莲溪口新石器时代遗址之文化内涵探讨：新资料及技术选择观点的尝试》，台北：台湾大学《考古人类学刊》第81期，2014年12月。

71. 赵绮芳：《仪式、展演与文化》。

72. 同上。

第三章 海洋贸易之万国津梁

1458年，琉球中山王国铸造了一口"万国津梁"钟，认为琉球本岛如同海外各国船只往来的渡口一般，表达琉球群岛在世界贸易中的地位。

第一节　中琉早期商贸往来

第一章已说明《隋书·流求国传》记载的古流求，是当时的台湾岛。自唐宋以来，琉球群岛与中华的往来，也有了文献可证。不过，使用的名称依然是"流求"二字。大致说来，有贸易往来的是今琉球群岛。当时台湾岛上的世居少数民族还过着采集、狩猎的原始生活，除了氏族、部落间的以物易物外，还没有商业活动。二者是比较容易区别的。

中国史籍关于琉球王国与中国大陆贸易往来的记载，至少可以追溯到唐代文献。如韩愈（768—824）《送郑尚书序》说，在岭南海外的国家，有耽浮罗、流求、毛人、夷亶之州（原注：或作"洲"）、林邑、扶南、真腊、干陀利等（原注：耽浮罗国、流求国、毛人国、夷州、亶州、林国邑、扶南国、真腊国，都是海外"蛮夷"之国）。

这条史料不仅记载了流求等海外国家和地区的名称，重要的是韩愈还说，东南方的国家很多（"以万数"），有的时候等到风向潮流合适，就到中华来朝贡。"蛮、胡"商人（原注：胡或作"夷"），驾驶船舶往来海上。如果选派得当的岭南主政人，不仅能得到很好的治理，而且也没有杀人放火、偷窃抢劫的社会问题，也不会有狂风暴雨、洪涝干旱、疾病瘟疫之灾。外国的货物也会天天运到中国来，珠、香、象、犀、玳瑁等稀奇之物，多得用不完。因此，选派到岭南主政的人，常常比其他地方重要。韩愈认为，委派郑权这样文武兼备，懂得大局，受人尊重、信任和有威望的人，担任岭南节度使是合适的人选。[1]

柳宗元《岭南节度飨军堂记》说：唐制，岭南节度使管辖五个府，府辖州各十多个。岭南外海有一百多个"蛮夷"国家，如"南番"流求、诃陵。西方有大夏、康居。他们到岭南来，都归"押蕃舶使"[2] 管理。

韩愈这篇写于823年的《送郑尚书序》和柳宗元的《岭南节度飨军堂记》，告诉我们的信息是：当时的流求，已与岭南有贸易往来。

北宋蔡襄《荔枝谱》说，福建种植很多荔枝，商人按片承包收购，然后通过水路，用船运到新罗、日本、流求等国。这些国家的人都很喜欢吃。[3] 说明已有商人把福建的荔枝贩运到了流求国。

北宋徽宗宣和二年（1120），泉州知州陆藻《修城记》说，泉州海外一个国家有三十六岛，城里有八十家画坊，人口有五十多万。[4]

有八十家画坊的地方，应该是琉球群岛上的古琉球王国。当时福建沿海的人对琉球王国有这样的了解，说明两地是常有往来的。

北宋李复《与乔叔彦通判书》说，传闻流求国在海边建有馆舍，用来招待从中华前来的客商。又说，这个地方距离泉州不太远，一定有海商往来。请帮助寻访其国历史与风俗、礼乐、山川、草木、禽兽、耕织、器用等事，其他事项也可加以探究，如果有所收获，请记录下来给我一读。[5]

把迎宾馆建在海隅，与福建有海商往来的流求国，无疑就是琉球群岛上的琉球国。这可以从漂流到琉球国的朝鲜人亲历之事及册封使的记载得到证实。朝鲜李朝世祖二年（明景泰七年，1456），济州岛船军梁成等，在海上遇风漂流到琉球国，"住水边公馆"。该馆距王都不足五里。馆旁土城，有百余家，居民都是朝鲜人和"中原人"（明朝人）。[6]李朝成宗十年（明成化十一年，1475），朝鲜人金裴等漂流到琉球群岛南部的宫古岛，后来被护送到琉球国都首里城。他也说："处于一馆，距海未五里"。[7]现在能见到的最早册封使记录，就是明嘉靖十三年（1534）陈侃的《使琉球录》。他引《使职要务》说，洪武、永乐时，册封使"驻海滨"。[8]清册封使周煌《琉球国志略》卷六"天使旧馆"注引"胡靖记"，诏谕琉球国的行人杨抡，住在西偏小楼，名叫"听海"。胡靖《听海楼诗二首》，有"夜听鱼龙出水吟""寒涛喷洒连天雪""万顷波光入彩毫"诗句。可见，接待明朝册封使的天使旧馆也在海边。[9]

北宋董逌《广川画跋》说，他看到其中的一幅图，外国宾客来朝，按礼宾衙门排列的次序站列。东边依次是三韩、百济、日本、勃海、扶桑、勿吉、流求、女国、挹娄、沃沮次之，西首……[10]

这有两种可能：一是在宋代或其以前的人，已看到流求使者了。二是正如前面提到的，宋代人是知道有个流求国的，因此在勿吉与女国使者中间画上一位流求国的使者。看画的董逌就这样描述了。

南宋楼钥的《攻媿集》卷三有这样的诗句："琉球大食更天表，舶交海上俱朝宗。势须至此少休息，乘风径集番禺东。不然舶政不可为，两地虽远休戚同。"

可能在元朝时，中国大陆东南部与琉球国之间已有人员往来。《明史·琉球传》说，永乐九年（1411），中山王派遣到中国明朝读书的留学生说，左长史朱复（即程复）是江西饶州人，在琉球国辅佐中山王察度已40多年，办事勤勉。今年80多岁了，请准许他退休还乡。永乐皇帝先任命朱复为琉球国国相兼左长史，再办退休。明钱仲益写的五言古诗《送程长史》诗："元季遭乱离，跨海理商舶。其家素饶赀，倍息额有获。居安而择地，遂作流求客……去时邻家儿，学语尚咿轧。今来见罗拜，长大过半百。"[11] 这诗说明他本人在元末至正年间（1341—1368）已移居琉球国，并逐步走上仕途。到74岁时，应琉球国中山王的请求，再次到琉球国任职。

元朝延祐四年（1317）十月的一天，海外的婆罗公人，到其他国家去做生意，在海上遇到风涛，船毁人亡。活下来的14人漂流到温州永嘉县。报告到皇帝那里之后，下令江浙行省资助他们返回家乡。[12]

万历《温州府志》记载婆罗公人海上遇难漂流之事比较详细。元延佑四年（1317）六月十七日黄昏时分，有无柁小船漂流到永嘉县海岛中海山的燕宫地方。船内有14人，5人身穿青黄色衣服，另外9人都穿白色衣服。其中一人携带木简35根。这些木简长短不等，有的上面刻的是圈圈，有的刻的像画，笔画都与汉字不同，看起来不像字。[13]他们的语言没有人懂。温州路（元朝一级地方行政单位，上隶属于江浙行省，下辖永嘉等县）没有人知道他们是何方人士。只好用彩笔把人和船画下来，委派官员把他们送到江浙行省。当年十月，朝廷中书省把这件事报告给仁宗皇帝。皇帝下令寻找懂得他们语言的人。经询问才知道，这些人是海外婆罗公管辖下的密牙古人。他们出发乘大小船两艘，共60多人，是到撒里即去做生意的。中途遇风，大船被毁，只有14人乘小船漂流到永嘉县中海山岛的燕宫。于是，皇帝下令把他们送到福建行省泉州路，等有人去他们国家时，顺便把他们带回去。[14]

这起婆罗公密牙古人的漂流事件，给我们透露了以下信息：

《元史》与万历《温州府志》新记载两个海外地名：婆罗公、密牙古；密牙古人与撒里即这个地方有贸易往来；元朝有懂得密牙古语言的人；元朝仁宗皇帝（1312—1320）及朝廷官员知道婆罗公、密牙古与福建地方有来往，所以把漂流来的密牙古人送到福建，等有人到婆罗公去时，顺便把14人带回去。

据日本学者藤田丰八考证，密牙古就是琉球王国的宫古岛。撒里即，马来语"海峡"的意思。这里指新加坡（原文"新嘉埠"）海峡。宋元时称作"龙牙门"，[15] 即今新加坡海峡东南之林加群岛。[16]

这说明，早在元代，琉球人与新加坡等南洋地区就有了贸易关系。

琉球王国与中国元朝有往来，除了朱复及琉球国密牙古人漂流到温州外，还有以下资料为证。

元朝人宋本的《舶上谣》之二有诗句说："流求真腊接阇婆，日本辰韩秽貊倭。番船去时遗碇石，年年到处海无波。"[17]

曹永和认为，宋本到过的地方有流求、真腊（今柬埔寨）、爪哇（阇婆）、日本、朝鲜等地。据《舶上谣》之八，当时海船运来的商品，大都是南海宝货，如"薰陆胡椒腽肭齐（脐）"。

元朝人杨翮于至正元年（1341）写的《送王庭训赴惠州照摩序》说："世传岭南诸郡近南海，海外真腊、占城、流求诸国蕃舶岁至，象、犀、珠玑、金贝、明香、宝布，诸凡瑰奇珍异之物，宝于中州者，咸萃于是。"[18]

可见，在宋元时期，琉球群岛与闽粤沿海是有商贸往来的。难怪元仁宗降旨，将宫古岛（密牙古）的漂流人口，先送到泉南（福建），等方便时，再带回本国。

明朝时同样如此。陈侃《使琉球录》评论琉球贡物说，只有马与硫黄、螺壳、海巴、牛皮、磨刀石，乃其土产，至于苏木、胡椒等物，都是从暹罗（今泰国）贸易得来；所谓攉子扇，就是日本扇。[19] 琉球与暹罗做生意，还见于《明史·暹罗传》，永乐二年（1404），有外国船漂流到福建海岸，经主管这方面事务的部门盘问，原来是暹罗商人到琉球做生意的。于是，扣留了他们的货物，并报告明朝廷。永乐皇帝说，两国友好往来，互通有无，是好事嘛。航行中不幸遭风漂流，本应该给予同情和帮助，怎么可以扣留他们的货物牟利呢？命有关部门帮助修船并给予粮食（粟），等到顺风时把他们送到琉球国去。[20]

清康熙五年（1666），琉球国遣使补近四年入贡时被风漂没的贡物。康熙皇帝说，琉球国进贡的玛瑙、乌木、降香、木香、象牙、锡、速香、丁香、檀香、黄熟香等十件，均非本国土产，免其进贡。[21]

一方面，康熙皇帝指示要削减贡品的数量，尤其是玛瑙、乌木、降香等十种从外国买来的物品，以减轻琉球国的负担。另一方面，也说明琉球国仍然与东南亚有着密切的贸易往来。

《姑苏志》记载，章格由进士授南京工部主事，升南京刑部郎中，再升广东按察副使，巡视海道。当时琉球使臣蔡璿等，带领数十人用本地产品到邻国做生意，遭风漂流到广东香山港。守臣按海寇处理，想处死请功。章格为他们辩护，奏请皇帝批准，把没收的物资归还给他们，并放行。[22]

琉球国与中国、日本、朝鲜及东南亚各国，有着频繁的贸易往来。后来，又与美国等西方国家签订了贸易协定。由此可见，琉球国称得上"万国津梁"。

第二节　明朝的海洋政策

明朝的海洋政策，积极进取开拓的时间少，消极保守的海禁时间长。

洪武皇帝朱元璋相信自己是天命所归，当了明朝开国皇帝，为"天下共主"。因此，对海外各国的态度虽然比较积极，但仅允许在朝贡体制的框架内进行朝贡贸易而已。对于私人的海外贸易，则严禁"下海通番"，也就是实行海禁政策。

朱元璋采取的主要措施是：派遣使者到海外宣告中国新王朝明朝的建立，诏谕各国前来朝贡。《洪武皇帝实录》记载，从洪武元年（1368）诏谕朝鲜，到洪武五年（1372）诏谕琉球为止的五年间，经诏谕前来朝贡的有朝鲜、日本、占城、爪哇、西洋琐里和琉球等30多个国家。洪武五年派遣杨祥诏谕琉球的诏书，可以代表其对外政策宣示，诏书说，过去，帝王统治天下，凡是日月所照到的地方，无论远近，都一视同仁……我被臣民拥戴，当上皇帝，定国号为大明，建元洪武。为此，派遣使者到外国，传达我的用意。使者到后，外国酋长都已称臣入贡。只有你琉球远在中国东南海外，没有来得及告知。今特派遣使者前往晓谕你们知道。[23]

洪武五年（1372）十二月壬寅（1373年1月23日），中山王察度派遣其弟泰期等奉表称臣，贡方物。洪武皇帝下诏赐察度《大统历》及织金文绮、纱罗各5匹，赐泰期等文绮、纱罗袭衣各有差别。从此，开启了中琉两国的宗主国与藩属国的关系，琉球成为以中国为宗主国的东南亚国际新秩序的一员。

明朝实施海禁的原因主要有：明初，为了防范张士诚、方国珍残部及其他流亡海上的武装人员；其次，沿海的人往往为了私自前往外国贩卖香料等货物，引诱外国人充当海盗。因此，禁止进行走私贸易。到了洪武二十七年（1394）正月，断绝与那些在进贡、互市中不诚实的国家往来，严禁沿海商人私自前往互市。这时，只准琉球、朝鲜、真腊、暹罗入贡；第三，为了防范海盗，特别是倭寇的侵扰，命令礼部严厉禁止，违者一定要从重量刑。明初，一度不准贩卖香料等货物。现有的货物，限两个月内售完。两广所产香料，当地人自用，而不许越过南岭买卖。

宣德八年（1433）六月，明朝再次实行海禁（严私通番国之禁）。八月，又命令漳州卫指挥同知石宣等"严通番之禁"。正统十四年（1449）六月，福建巡海佥事董应轸说，依以往案例，沿海居民私通外国，贸易番物，泄漏事情及引海贼劫掠边地的，正犯极刑，家人戍边，知情故纵者罪同。近年来，民往往嗜利忘禁，复命申明禁之。景泰三年（1452）六月，命刑部出榜，禁约福建沿海居民不准收买贩卖中国货物，特别是军器。有人说，黄萧养之乱，多因海寇而起，所以下令禁止。

万历时，开放海外通商。万历二十七年（1599）二月，分别任命宦官到浙江、福建、广东担任市舶司使，管理对外贸易。

嘉靖末年福建开而复禁。此时又开通福建互市，但禁止买卖硝磺。很快，浙江、广东两市舶司也恢复设置，仍然用宦官担任市舶司使。[24]

明朝实施海禁的主要做法有：

一、派军队巡海捕倭。洪武七年（1374）正月，以靖海侯吴祯为总兵官，都督佥事于显为副总兵，巡海捕倭。[25]《明史纪事本末》[26]记载，洪武七年六月，靖海侯吴祯率领沿海各卫所士兵，追捕倭寇，直到琉球大洋，抓获倭寇人和船只，把俘虏送到京师（今南京）。

嘉靖年间（1522—1566），被明军打败的倭寇从浙江逃到琉球国境内。世子尚元派兵抗击，消灭许多倭寇，并救出被倭寇掳掠的六个中国人，并送还给明朝。[27]

二、在沿海筑城、驻军防守。洪武十七年（1384）正月，信国公汤和巡视浙江、福建沿海城池。为了防范倭寇，禁止老百姓下海捕鱼。[28]洪武二十年（1387）四月，江夏侯周德兴前往福建沿海，在要害处筑城，并对福州、兴化、漳州、泉州四府，实行每户三丁抽一，练兵防倭。[29]十一月，信国公汤和回到南京，筑宁波、临山等五十九城。洪武二十七年（1394）八月，吴杰及永定侯张铨率致仕（退休）武臣，备倭广东。[30]

三、将澎湖等沿海岛屿的民众迁回内地安置，设防军队撤回，并拆毁建筑设施而墟其地。同时，在沿海要地筑城，设水寨，驻军防守。据《泉郡志》记载，澎湖，原来隶属于泉州晋江县。后来，因为倭患，墟其地。[31] 又如，洪武二十年（1387），由于昌国县（今舟山县）濒海，老百姓中有人"从倭为寇"，因此废除宁波昌国县，把那里的老百姓迁移到宁波的卫所当兵。[32] 据《闽书》记载，洪武中，遣江夏侯（周德兴）巡视海防。周德兴委派福州右卫指挥李彝具体办理。李彝贪得无厌，被海坛山（今福建平潭县）的居民驱赶。李彝非常愤怒，就把这个海坛山画成一个很小的孤屿，而且画的离琉球近（一更水程），离大陆远（三更水程）。洪武皇帝看到图后，以为是个孤立小山，老百姓还被坏人利用干坏事，便命令他们都搬到大陆来，给予官田耕种、官室居住。于是，东南至福建、广东，东北到直沽（今天津沿海），以及澎湖三十六屿的老百姓，统统搬迁到大陆来。因为只给三天的期限，迟搬的人就被处死。于是，没有船只，他们就用门板、床席等编成筏子渡海，又遇到大风，十之有九被淹死。[33]

永乐二年（1404）六月，百户李诚报告，流民叶得义还在东洋平湖（今澎湖），没有回到大陆。于是，派遣李诚带着叶得义等到澎湖诏谕。[34]

这样做有其积极的一面，但也带来了负面影响。对于山多田少，

"以海为田""通番为业"的福建沿海百姓，无疑断了他们的生活来源。这样的海禁是禁止不了的。反而使当时的澎湖岛、台湾岛成为走私活动的据点，甚至成为不法之徒逍遥法外的逋逃之薮。如海盗陈老、曾一本、林凤等，以及荷兰殖民者都曾在澎湖盘踞。日本走私商人、倭寇则将台湾岛的鸡笼（今基隆）、台员（今台南安平）和打狗（今高雄）作为走私活动的集合地。自此，澎湖常常成为盗贼屯聚之地。明朝有一位叫作郭造卿的人士认为，澎湖有三十六岛，如果不预为设防，就会逐渐被海寇占据为巢穴，官军很难向他们发起攻击，以前的教训是应当汲取的。[35]

顾祖禹《读史方舆纪要》说："明初洪武五年（1372），汤信国经略海上，以岛民叛服难信，议徙之于近郭。二十年（1387），尽徙屿民，废巡司而墟其地。继而不逞者潜聚其中，倭奴往来停泊取水，亦必经此。嘉（靖）隆（庆）以后，海寇曾一本等屡啸聚为寇。"[36]

郑和七下西洋，给人以明朝实行的是很开放的海洋政策的印象，其实未必然。七下西洋固然有扩大对外交流的积极一面，实际也有一说认为，郑和七下西洋是奉永乐皇帝朱棣之命，"踪迹"[37]建文，到海外寻找建文帝朱允炆的下落，防止建文帝集聚力量，回来复辟。这是永乐皇帝派郑和下西洋的目的之一。

永乐皇帝不仅派郑和到海外寻找，还派一路人马在国内搜寻。永乐五年（1407），派都给事中胡濙，遍行天下州、郡、乡、邑，隐察建文帝的下落。胡濙的母亲去世请假，永乐皇帝都不准他回乡奔丧，要他在外继续寻找。直到永乐二十一年（1423），胡濙才回到北京。当时永乐皇帝在宣府。胡濙立刻赶到宣府，虽然永乐皇帝已睡下了，但他一听说胡濙回来，"急起召入"，听胡濙报告寻找建文帝的情况。胡濙到四鼓（四更）才出来。永乐皇帝朱棣听说建文帝可能逃到海外去了，才放下心来。[38]

由于时移境迁，明宣德年间（1426—1435）的郑和下西洋活动，则成为垄断的官营海外贸易。其经营的货物，都是供宫廷、皇族使用的奢侈品，并没有多少可用于国计民生的货物。对于老百姓，依然实施不准下海贸易的锁国政策。在郑和第七次也是最后一次下西洋回来的宣德八年（1433），以及正统十四年（1449）、景泰三年（1452），都颁布过禁海令。以嘉靖年间（1522—1566）实施的海禁政策最为严厉。隆庆（1567—1572）、万历（1573—1620）年间，一度解除海禁，发给船引，准许福建开洋通番，贩运至东西洋（东南亚）及鸡笼（台湾基隆）等地，但不准前往日本。硫黄铜铁等与军用有关的重要物资是不准运出去买卖的。到了天启（1621—1627）以后，西势东渐，葡萄牙、西班牙、荷兰人陆续航海来到东方，海禁已经阻挡不了这些西方殖民者的脚步。

有明一代，倭寇及西方殖民者不时来到我澎湖等岛屿，谋求与中国明朝通商。郭造卿说，红毛番（指荷兰人）占据台湾（指安平）为巢穴，沿海的老百姓，往往到台湾与红毛番做生意。占据吕宋的佛郎机（西班牙人）看到明朝实施海禁，也携带货物到鸡笼、淡水（即台湾北部基隆及淡水河北岸的沪尾一带），与那些私自前往朝廷禁止之地的"奸民"做生意。实际上，有禁洋之名，并没有达到彻底禁洋的目的。[39]所谓上有政策，下有对策。一是入海为盗，海禁一严，就到沿海抢劫；二是持有前往东粤高州、福建福州，甚至苏杭买货的"文引"（指执照），实际上是载着货物到交趾（今越南）、日本和吕宋等地，买卖牟利。[40]

明朝中叶，福建巡抚黄承玄基于当时倭寇侵扰，提出要加强澎湖防卫。天启年间，因为红毛番（荷兰人）一度侵占澎湖，并带兵到福建沿海抢掠，于是在澎湖筑城和炮台，设游击一人，把总二人，统兵三千驻守。[41]《明史·琉球传》记载，万历四十四年（1616），日本有取鸡笼山（今基隆，也指代台湾岛）之谋。琉球中山国王尚宁派遣使者向明朝政府报告。万历皇帝下令"海上警备"。[42] 1603年1月，沈有容率军队到今台南一带驱逐倭寇。[43]崇祯八年（1635），给事中何楷上《靖海策》，针对海盗、荷兰殖民者以台湾岛为据点，骚扰沿海的情况，提出"必严通海之禁"，以达到"红毛舍此而去，然后海氛可靖"。但未被采纳。[44]

总之，明代的海洋政策，开放与禁止都是随着沿海的形势和政治、海防的需要而定。清朝建立之初，为了防范台湾岛上的明郑势力打回大陆，也曾实施海禁。

第三节　万国津梁

琉球国因其特殊的地理位置，以东北亚和东南亚贸易的中转站著称，贸易发达。1458年，琉球王国铸造了一口大钟，称"万国津梁"钟，悬挂在首里城王宫正殿。在钟的铭文里，中山王尚泰久曾自豪地夸耀"琉球国者，南海胜地，而钟三韩之秀。以大明为辅车，以日域为唇齿，在此二中间涌出之蓬莱岛。以舟楫为万国之津梁，异产至宝充满十方名刹。"这说明海洋贸易时代，琉球王国与海外国家有着频繁的贸易往来和在国际贸易中的独特地位与作用。当时，琉球国人在国际贸易活动中是多么活跃。

琉球国土贫瘠，农业难以发展，靠转口贸易获得所需物品，并由此富裕起来。琉球群岛上的琉球王国，与中国的册封和朝贡关系始终没有间断，先后保持了500多年，直到琉球完全被日本吞并为止。琉球就通过这种关系，一方面可以从中国获得大量的物资供应（包括贸易、赏赐和交换得到的）；另一方面，在明清两朝实施锁国政策期间，成为当时中国对外贸易的"总代理"。琉球的船只，不仅往来于那霸与福州之间，还北上日本、朝鲜，[45]又南下安南（越南）、吕宋（菲律宾）、暹罗（泰国）、新加坡、亚齐、爪哇（以上两地均在今印度尼西亚）、马六甲等，琉球商人足迹遍布整个南洋。明朝时期的琉球那霸港，是15至16世纪东南亚最繁华的商港，主要经营转口贸易。他们引进了采用中国造船技术的山原船，繁荣了民间的航运业。[46]

琉球的船只可能比较大，航行速度也快。宋代诗人罗公升形容为"鸡林、日本、琉球、阇婆，万斛之舟，卯发而辰至。"[47]用现在的话来说，就是琉球的大船，只要三四个小时就能到浙江杭州了。

明成化十二年（1476），漂流到琉球国的朝鲜人金裴发现"江南人及南蛮国人皆来商贩，往来不绝"。[48]可见，当时琉球贸易往来十分活跃。

琉球海外贸易的大宗货物是向中国出售日本的白银、漆器、刀剑、屏风和扇子，将中国出产的药材、瓷器、丝绸、铜钱转售到日本和朝鲜，并将东南亚、印度和阿拉伯半岛出产的犀牛角、苏木、香料、锡、糖、象牙、乳香、龙涎香等销售到中国、日本、朝鲜三国。

福州是琉球主要的在华贸易港口，琉球商人在福州交易的货物种类繁多，有各种手工业品、医药、香料、矿产、海产、纺织品及其他珍奇货物。福州还有人"代售球商之货"。琉球商人从福建带走的货物主要是陶瓷、漆器和丝绸三大类。

琉球国对中国的朝贡贸易在康熙初年已经十分发达，运到中国的货物主要有金银罐、金银粉匣、蕉布、苎布、胡椒、苏木、盔甲、马、鞍等，额外增加的朝贡之物无定额。

万历以后，日本属岛度佳喇商民到琉球国进行贸易，往来不绝，贸易收入可观，国库充裕，因而国家安定。为此，琉球国人称度佳喇为宝岛。[49]

对于国力不断萎缩的琉球王国来说，更头疼的事就是欧美列强闯入亚洲。英国、法国、美国和荷兰等国的舰船先后来到琉球，他们要求通商和开展基督教的传教活动。为了避免武力冲突，琉球方面只得耐下心来与他们谈判以拒绝其要求。

1853年5月，美国的全权大使、海军准将佩里（Matthew C. Perry）的舰队到达琉球，以绝对强大的武力攻占首里城。1854年3月，佩里在《神奈川条约》的签订过程中，要求日本开放琉球的那霸港口。日方谈判代表向佩里表示，琉球是个遥远的主权国家，日本天皇和政府无权决定它的港口开放权。

1854年7月11日，佩里与琉球国政府以汉文、英文两种文字正式签订《琉美修好条约》。除要求开放那霸为通商口岸外，还要求向美国的船只补给水、食品和柴火，当船只遇险时要提供救助，保护外国人墓地等。[50]

除美国外，琉球与英国等其他西方国家也有过官方接触，并签署了类似的开放口岸条约。

琉球与东南亚的经济关系是互补的作用。16世纪，荷兰、西班牙、葡萄牙等国的势力已经进入东南亚，他们的产品通过琉球这个中转站卖到朝鲜、日本，获得了丰厚的利润。但16世纪末至17世纪，随着西方国家与中国建立直接的贸易联系，以及萨摩入侵，琉球的转口贸易地位趋于衰落。此后，琉球的财政日益窘迫，有时甚至出现无钱接待册封使而向萨摩藩借贷的情况。

琉球与东南亚的贸易活动,[51]可以从他们当时进贡的物品得到证实。如中山王向明朝皇帝进贡的物品有苏木、胡椒（乌木、降香、木香）等物，都是从暹罗（今泰国）交易来的，擢子扇是日本产品。[52]明天顺七年十二月（1463年1月），琉球国使者普须古出使朝鲜，带去的礼物有：锡2000斤、苏木2000斤、檀香100斤、丁香100斤、木香100斤、象牙4条、犀角6个、天竺酒一埕、胡椒200斤。[53]若从象牙、犀角、天竺酒来看，琉球国人可能与非洲，或至少与印度也有贸易关系。

在朝贡贸易中，琉球王国长期处于中国对外贸易的中转站、海上航路枢纽的核心地位，再加上明朝给予的朝贡次数多、免税的优惠待遇，与明、朝鲜、日本和南洋各国的贸易蓬勃发展。从1450年起的一百多年是琉球王国的黄金时代，王国富裕堪比当时地中海地区的威尼斯、热那亚。日本学者滨下武志作了这样的描述："琉球在华南和东南亚之间有两条贸易路线——东侧路线从泉州（或者福州）开始，连接琉球、台湾和苏禄。这条线路不仅使琉球和东南亚朝贡贸易国家开展贸易，而且，从16世纪和17世纪以后，琉球亦以马尼拉为中心，与西班牙开展贸易（用丝交换白银）；以台湾为中心，与荷兰东印度公司开展贸易。同时，这条线路可以从福州深入中国北部，联系中国北方大豆和豆饼的出口贸易。这样琉球就沿着中国的东海岸贯通了南北贸易。西侧路线，是起于广州，连接东南亚朝贡国（包括暹罗、马六甲、苏门答腊）的航线路线。这条贸易路线交易的商品是大米、海产品、苏木、胡椒、辣椒。这样，这条线路和华南地区（广东、广西、湖南等）的食物生产密切相连。"[54]

即使到了现代，由于台湾当局明令禁止海峡两岸通航，琉球一度作为海峡两岸通商、通航的中转地，成为"海峡两岸转口贸易新重镇"，其原因是经由琉球转口的路线更经济，并造成琉球转口路线的外籍商船增多起来。[55] 1988年9月22日，开通了基隆—那霸—厦门转口贸易航线。[56]

【注释】

1.《韩昌黎全集》卷二十一：其海外杂国，若耽浮罗、流求、毛人、夷亶之州（原注：或作"洲"）、林邑、扶南、真腊、干陀利之属（原注：耽浮罗国、流求国、毛人国、夷州、亶州、林国邑、扶南国、真腊国，皆海外蛮夷在国）。东南际天地以万数，或时候风潮朝贡，蛮胡贾人（原注：胡或作"夷"），舶交海中。若岭南帅得其人，则一方尽治，不相寇盗贼杀，无风雨之灾，水旱厉毒之患。外国之货日至，珠、香、象、犀、玳瑁奇物，溢于中国，不可胜用。故选帅常重于他镇。

2. 押蕃舶使，宋朝称"提举市舶司"，管理对外贸易的官员。

3. 原文：商人"断林鬻之"，"水浮陆转……其东南舟行新罗、日本、流求、大食之属，莫不爱好。"上海古籍出版社影印文渊阁

《四库全书》。

4. 原文:"连海外之国三十有六岛。城内画坊八十。生齿无虑五十万。"转引自[南宋]王象之《舆地纪胜》卷一百三十《福建路·泉州·风俗形胜》。

5. [南宋]李复:《潏水集》卷五:"别置馆于海隅,以待中华之客。"

6. [朝鲜]金裴、姜茂、李正:《漂流琉球等岛见闻》,载朝鲜《李朝实录·成宗实录》卷一〇五。

7. 朝鲜《李朝实录·成宗实录》卷一〇五。

8. 王云五主编:《丛书集成初编》,第72页。

9. 王云五主编:《丛书集成初编》,第101页。

10. [北宋]董逌撰:《广川画跋》卷二上《王会叙录·秘阁王会图帐录》。

11. [明]钱仲益撰:《三华集》卷十七《锦树集七·五言古诗·送程长史》。

12. 《元史·卷二十六·仁宗本纪》,第581页。

13. [明]陶宗仪:《书史会要》卷八:"流求国职贡中华,所上表用木为简,高八寸许,厚三分,阔五分,饰以髹,扣以锡,贯以革,而横行刻字于其上,其字体类科斗书。"

14. 万历三十三年重修《温州府志》卷十八。

15. [日]藤田丰八著,何健民译:《中国南海古代交通丛考》,

第350、351页。

16.夏鼐:《郑和七次下西洋地名考》,台北:《大陆杂志》第二十六卷第五期,1963年。

17.［元］苏天爵辑:《国朝文类》(即《元文类》)卷四《乐府行歌》。

18.［元］杨翮:《佩玉斋类稿》卷四。

19.［明］陈侃:《使琉球录》,第75页。

20.《明史》,第8398页。

21.《福建通志·卷六四·外岛》。

22.［明］王鏊:《姑苏志》。

23.［明］姚士观编:《明太祖文集》。

24.［清］王圻:《续文献通考》卷二十六《市籴考·市舶互市》条。

25.《明史·太祖本纪》卷二,第29页。

26.［清］谷应泰:《明史纪事本末》。

27.《明史·琉球传》,第8367页。

28.《洪武皇帝实录》卷一百五十九。

29.《洪武皇帝实录》卷一百八十一。

30.《明史·太祖本纪》卷三,第44、45、51页。

31.［明］陈懋仁:《泉南杂志》卷上。

32.《太祖洪武实录》卷一百八十二。

33. ［明］何乔远:《闽书》卷六《方域志》。

34.《明实录·永乐朝》卷二十九。

35. ［明］郭造卿《闽中经略议》,转引自顾炎武《天下郡国利病书》卷九十六。

36. ［清］顾祖禹《读史方舆纪要》卷九十九《福建五泉州府》。

37.《明史·郑和传》:"成祖疑惠帝亡海外,欲踪迹之。",第7766页。

38.《明史·胡濙传》,第4534—4535页。《明史·成祖本纪》说:"至是始释。"

39. ［明］郭造卿《闽中经略议》,转引自顾炎武《天下郡国利病书》卷九十六。

40. ［明］沈铁:《上南抚台暨巡海公祖请建澎湖城堡置将屯兵永为重镇书》,转引自顾炎武《天下郡国利病书》卷九十六。

41.《明史·兵志三》。

42. ［明］何乔远:《闽书》卷四十《扞圉志》。

43. ［明］沈有容辑:《闽海赠言》。

44.《明史·鸡笼山传》,第8377页。

45. 据［宋］徐兢撰《宣和奉使高丽图经》卷三记载,当时,琉球与高丽已有往来,可能也进行商贸活动。

46. 冲绳县立博物馆等编:《博物馆陈列指南》,第53页。

47.《西湖志纂》卷十一。

48. 朝鲜《李朝实录·成宗实录》卷一百〇五。

49.《中山世谱》卷七"附"。按：吐噶喇列岛中有宝岛，疑度佳喇即吐噶喇同音异译。

50. 也称《琉美修好条约》。当时佩里译作"被理"。见前引文。

51. 冲绳县立博物馆等编:《博物馆陈列指南》，第35页。

52. [明]陈侃:《使琉球录》，第75页。

53. 朝鲜《李朝实录·世祖实录》卷二十七。

54. [日]滨下武志著，王玉茹等译:《中国、东亚与全球经济：区域和历史的视角》，第96—97页。

55. 1988年1月9日台北《经济日报》，转引自1988年2月8日北京《参考消息》第2版。

56.《瞭望》1988年第43期。

第四章 中华藩属国

琉球王国与中国建立朝贡关系，起始于明朝洪武年间。明清朝代更替，琉球国中山王在清初顺治三年（1646），继续朝贡请封，册封使、进贡使依然往来不绝。琉球与中国明清两朝的册封与朝贡关系，先后保持了500多年，直到1879年琉球完全被日本吞并为止。

第一节　册封与进贡

洪武五年（1372）正月，朱元璋派遣杨载诏谕琉球国。诏书说，我受臣子百姓推举拥戴，当了皇帝，国号称大明，建元洪武。因此派遣使者到你们外国，宣告我的旨意。使者所到之处，他们都来称臣入贡。只有你们琉球国，远在中国东南海外，没有来得及告诉你们。现特派遣使者到你们那里去宣示，让你们知道中国改朝换代了。[1]与中华历代皇帝相同，诏书虽然以华夏自居中央，使用了习用的"蛮夷"之类的词语，但并无炫耀武力，进行恐吓、威胁的意思。中山王察度当即派遣其弟泰期随杨载前来朝贡。朱元璋非常高兴，赏赐给中山王《大统历》及文绮、纱罗等物。从此，琉球中山王国与中国建立起了藩属关系。洪武七年（1374）冬，中山王又遣泰期入贡，并给皇太子信。明太祖任命刑部侍郎李浩带着赏赐给中山王文绮、陶器、铁器，另外带七万件陶器、一千件铁器到琉球国买马。洪武九年（1376），泰期随李浩入贡，并说，琉球国不看重绫罗绸缎，而看重瓷器、铁釜。从此，明朝赏赐的物品就以这类物品为主。洪武十六年（1383），中山王、山南王入贡，赐给中山王、山南王镀金银印各一，并派内史监丞梁民前往，劝告三王国停止征战，让百姓休养生息。三王听从劝告，停止争斗。山北王也派使者进贡。洪武十八年（1385），赐山北王镀金银印，并赐中山王、山北王海船。[2]

自洪武二十五年（1392）起，中山王、山南王[3]和山北王先后派遣其侄、寨官子，中山王还派女官生姑、鲁妹二人，到明朝太学读书，他们被称为"官生"。从此，琉球王国时常向中国派遣留学生。明朝不仅负责琉球官生及其随从（书童）的食宿，还要发给冬夏两季衣服、鞋袜及被褥、蚊帐。礼部有的官员认为给予琉球国留学生的待遇太高了，明成祖说，外国子弟慕义而来，一定要衣食充足，才能好好学习。这是太祖留下的规矩，我怎么能违反啊。但对于议论朝政的中山、山南两个留学生，则处以死刑。虽然如此，丝毫没有影响到明朝与琉球国的友好关系。[4]

为了使琉球国航海顺利，明朝特意挑选善于驾驶海船的三十六姓闽人到琉球国定居，担任进贡船的船长、舵手，以及从事翻译等事务。有时，还造新的海船送给琉球国，以方便他们进贡。[5]

永乐二年（1404）二月，中山王察度去世。应世子武宁的请求，明成祖指派礼部官员前往祭祀，并命武宁承袭王位。四月，山南王承察度去世，明成祖遣使封王应祖为琉球国山南王。[6]琉球国王接受明朝册封就是从这时开始的。洪熙元年（1425），派遣中官柴山、副使阮渐前往，册封尚巴志为琉球国中山王。琉球国史《中山世鉴》说，这是赐尚姓的开始。

先王去世，新王以世子（即王储）身份请求中国皇帝册封。尚敬请封过程如下：康熙五十六年（1717），尚敬遣耳目官夏执中、正议大夫蔡温入贡，并报告其曾祖尚贞与父尚益都去世了，上疏请求袭封中山王。他说，我的曾祖父尚贞，于康熙四十八年七月十三日去世，祖父尚纯、父尚益都在康熙五十一年七月十一日去世了。我尚敬作为中山王的世曾孙，不敢僭称中山王，因此请求循例通过册封盛典，继承中山王位，使王业永存，做天朝坚强的外藩。谨遣陪臣耳目官夏执中、正议大夫蔡温等，虔诚地捧着奏章，请皇上开恩，差天使前来册封王爵。这样，我们中山国的藩业才能代代相传。顶礼膜拜，祝皇恩世世不朽！[7]

永乐、洪熙年间，再次赐琉球国闽人三十六姓。这些人都是晋江、南安、龙溪、长乐与福州河口人。不言而喻，这些人都是驾驶船只的能手。

万历三十四年（1606），续赐毛、阮二姓，都住在那霸市内的久米村。

清朝册封使张学礼《使琉球录》说，赐三十六姓以教化三十六岛。他们的子弟多在国学读书，及充当历年朝贡使者。等张学礼到琉球时，只有蔡、郑、梁、金、林五姓了。

朝贡与册封需要解决的几个问题：

（一）规定朝贡的年限。开始时，琉球国的中山、山南、山北三国，分别向明朝进贡和请封。开始时，每年一贡，国力较强的，一年之内多次进贡，国力较弱的，要许多年才进贡一次。《明史·琉球传》说，山北国国力最弱，因此其朝贡亦最稀，自永乐三年（1405）第一次进贡后，到永乐十三年（1415）四月才再次进贡，其间隔了10年。而中山国国力最强且富，经常是一年之内两次或三次进贡，永乐十一年（1413）甚至进贡四次。进贡次数越多，获得的实际利益也更多（通过赏赐和附带的贸易活动）。这种频繁的进贡和接连不断地请求增加朝贡次数，其目的就是为了借朝贡多做生意。

万历二十八年（1600），琉球国世子尚丰请求如祖制派官员前往册封。礼官余继登提出，以往册封琉球，要用几年的时间伐木造舟，册封使有遭遇海上风涛的危险，琉球国为招待册封使一行，花费颇大且劳神费力，建议只派武臣一人与琉球使者前往，祭前王、封新王。这样做，省事省钱，两相方便。[8]

洪熙元年（1425），定二年一贡。成化十年（1474），又发生琉球贡使到福建后，杀死怀安县民夫妇二人，焚屋劫财的事件。地方官吏没有抓到凶犯。为此，成化十一年（1475），礼部请定：琉球两年一贡，进贡人数不超过百人，不能私带货物。自福建进京，不得沿途骚扰百姓。经皇帝批准，下令琉球国照办。琉球使者虽然屡次请求依照祖制每年进贡，但明朝不予批准。嘉靖二年（1523），礼部重申二年一贡的规定，来朝人数不得超过150人。

琉球国之所以请求每年入贡，主要是为了多做买卖，从贸易中牟利。因此，反复申请。明朝礼部官员说，其国接连呈送奏章要求每年一贡，就是为了从贸易中获利而已。[9]

明朝拒绝琉球国每年进贡的原因，其一，是不胜其烦。琉球国为了多获得赏赐，以及顺便做生意牟利，每次同来朝贡的人数较多。进京[10]的人数虽少，除沿途的招待外，到了京城还要给予赏赐和宴请；留在福建的，福建地方政府需按照人数每日供应柴米油盐酱醋茶及鱼肉，这也是一笔不小的开支。

其二，减少琉球国进贡次数，是为了杜绝日本的图谋。万历年间，海上多事，警报频仍。萨摩藩侵略琉球国，加上海盗横行，礼部定十年一贡。1609年萨摩藩入侵琉球的本意，是希望通过琉球与明朝进行朝贡贸易。万历四十年（1612），浙江总兵杨崇业得知日本侵略琉球，是为了假借琉球国的名义与明朝进行贸易，因此建议朝廷禁止琉球国入贡。明廷接受了这个建议。萨摩藩企图通过琉球国与明朝进行贸易的计划搁浅后，反过来向琉球国施加压力，因此琉球国向明朝提出朝贡的请求，明朝准许十年一贡。天启二年（1622），由于琉球国休养生息未久，明朝也因荷兰先后侵入澎湖和台南一带，再加上北方有清军袭来，处于多事之秋，有点自顾不暇，使臣也畏难不愿意前往。天启三年（1623），明廷批准琉球国五年一贡，而二年一贡的旧制一直没有得到批准。虽然如此，琉球国却坚持年年都向明朝派遣进贡使，但被福建地方官以遵守朝命为由，拒绝琉球国人上岸贸易。崇祯年间，封贡之事继续进行。即便明朝的北京、南京已被清军占领，琉球国中山王仍进贡如常。唐王在福建继位，中山王照样遣使进贡。

清顺治十一年（1654），规定二年一贡，进贡人数不得超过150人。准许正副使二员、从人十五名进京，其余来人都留在福建。[11]

其三，为了社会治安。琉球国进贡的一行人中，有一些福建逃犯隐匿其间，他们为了获取中国货物，拿到国外牟利，甚至杀人纵火，进行抢劫。如成化十年（1474），琉球国使臣通事蔡璋等到福州后，杀死怀安县民陈二观夫妻，烧毁他家的房屋，将财物抢劫一空。但地方衙门没有抓到凶犯。成化十一年（1475）四月，琉球国使臣请求如常例每年朝贡一次。皇上根据礼部建议，责令琉球国中山王尚圆缉拿罪犯，依法惩治，并定例为二年一贡。进贡人数只许百人，最多不超过150人；除国王正贡外，不得私带货物；禁止沿途骚扰百姓，以免牵连国王忠顺之意。[12]

（二）确定册封使人选。明朝派使者前往琉球国敕封其王继位，始于永乐二年（1404）。到了正统七年（1442），才定下以给事中为正使、行人为副使的册封使组合。此前派往琉球国的使者，是从宦官（中官）与六部官员中选派正副使各一名。

当时，对册封使的要求是很严格的。正统七年的册封使余忭，受中山王赠送的黄金、沉香、倭扇，被监察部门查到，送交司法部门，结果挨了一顿棍子才被释放。[13] 后来的册封使对于琉球国王的馈赠，就都婉言谢绝了。嘉靖十三年（1534），陈侃担任册封使前往琉球国，临回国时中山王送给陈侃等人黄金等礼物都被婉言拒绝，并建却金亭明志。[14] 直到第二年，琉球国贡使来谢恩时，把馈赠给陈侃等人的40两黄金带来。嘉靖皇帝下旨，要陈侃等收下。明清两朝，婉言拒绝琉球国王或进贡使者黄金等物的还有不少，如郭汝霖（册封使）、杜焕（福建按察检校，负责接待琉球使者）和董旻（册封使）等。[15]

乾隆二十一年（1756），翰林院侍讲全魁、编修周煌担任正副册封使，琉球馈赠黄金，使臣照例不受。中山国王上本诚恳请求。乾隆没有批准，将该国所送宴金，交给琉球国使者带回去。[16]

（三）册封礼仪繁文缛节。以册封中山王尚清为例，其过程大致如下：

首先，核实王储（世子）呈报前代国王去世消息的真伪。尚真于嘉靖五年（1526）去世。嘉靖七年（1528），世子尚清请求明朝册封他为中山王。明朝廷把这件事交给礼部处理。礼部担心会出现春秋时"奚齐夺申生"[17]的事件，责令琉球长史司核实。到嘉靖十年（1531），长史蔡瀚经核实后报告明朝礼部。嘉靖十一年（1532），礼部上奏皇帝，请求派遣正副使前往琉球国进行册封。

其次，嘉靖十一年（1532）五月，明朝廷选派吏科左给事中陈侃担任正使、行人司行人高澄为副使。六月，赏赐给正副册封使一品服，陈侃的补子是麒麟，高澄的补子是白泽。带子上所用的玉自备。

册封使一行还包括正使、副使、随员，以及负责护送的武装官兵，共计500人。

第三，准备皇帝诏书[18]以及祭祀去世国王与赏赐继位国王的物品。

第四，到福建建造海船。嘉靖十二年（1533）五、六月，陈侃、高澄先后到福建，建造海船。原本打算造两艘，正副使各乘一艘，以防海上不测。陈侃觉得，每艘海船的造价要2500多两银子，有点贵。于是，只造了一艘。到嘉靖十三年（1534）三月完工，二十五日出船坞下水。这时，琉球国世子尚清派长史蔡廷美来迎接册封使一行，也到了福州。

第五，出航琉球国。嘉靖十三年（1534）五月八日起航，九日见小琉球（即台湾岛）。十日南风迅猛，舟行如飞，过平嘉山（今彭佳屿），过钓鱼屿（今钓鱼岛），过黄毛屿（今黄尾屿），过赤屿（今赤尾屿）。由于顺风，风力强劲，一天一夜行使了三天的航程。十一日傍晚看到古米山（即姑米山）。陈侃说，这里属于琉球。因此，琉球人"歌舞于舟，喜达于家"。[19]因为风向改变，波浪很大，中途经停热璧山等地，琉球国又派四十艘小船前来牵引，直到二十五日才到那霸港。古代航海,全靠风帆。顺风航行快速,无风则船在海上寸步难移,逆风逆浪,就不知漂流到哪里去了。陈侃一行,前四天很顺利地到达古米山,再一日就可以到达那霸港了。正所谓天有不测风云,风势一变,费了九牛二虎之力,耗时十四天才到那霸港。

第六,迎接册封使。册封使下榻在天使馆,距港口约五里,[20]寒暄招待的事就不必说了,其中有世子尚清赠送黄金事值得一提。陈侃致信尚清说,我们所办的事,都是为了完成皇帝的使命。你赠送黄金是尽礼节,我们如接受就是不义了。赠送与接受之间,自有天理评判。辨明道理,坚守道义,哪敢自欺欺人啊。尚清看到这封信,也就不再提此事。

然后到玉陵举行祭奠先王尚真的仪式。[21]

七月二日,在琉球国官员的引导下,从天使馆到王城(两地相距约30里)宣读敕封诏书。据陈侃记录,距离王城五里外有一座牌坊,上面写有"中山"二字。尚清在此迎接。进入欢会门(现在进入王宫的大门牌坊上书"守礼之邦"),才真正进入王城。以下行礼、举行宴会等,不必赘述。

最后,尚清请求按照惯例,把嘉靖皇帝的诏书留作镇国之宝。陈侃等同意留下,尚清非常高兴。

陈侃的记录中有两点反映了当地的习俗,特简述如下:

一是所饮的酒来自暹罗(今泰国)。食材都是山珍海味。但琉球国没有合适的厨师,请册封使带来的厨师制作。按琉球国习俗,宴会时所有的人都是席地而坐,并有四名男孩唱琉球歌,跳琉球舞助兴。此外,琉球国人八月十五中秋节赏月,二十九日观看龙舟比赛。他们仿照华人游戏法,以夺标为乐。参与龙舟比赛的都是小吏及大臣子弟。他们头上各簪金花,穿彩服,虽被水浸湿了也不在乎。

九月七日,中山王尚清为陈侃一行饯行。这一次的菜肴只有很少几样("数品")。但陈侃形容为"制造精洁,味甚芳旨"。原来,这些菜肴、酒水都是王宫中妃嫔亲手制作的。结束时,琉球国长史又捧出40两黄金送给陈侃一行,自然又被陈侃等拒绝。尚清只好以泥金倭扇两柄相赠,陈侃则回赠自己所用的川扇。前面说过,这些黄金后来由谢恩使者带到明朝廷,嘉靖皇帝下旨让陈侃等收下了。

海上航行,要看风向。明朝郑若曾说:"我使者去必孟夏,来以季秋,乘风便也。"[22]夏天多西南风,便于从福州到琉球;秋天多东北风,便于从琉球回福州。陈侃一行因为要等候东北季风的到来,直到九月十二日才踏上归途。中山王尚清派王亲长史等官,另驾驶一艘船随同到明朝进表谢恩。因为风大,港口到大海虽然只有一里多水路,但"九曲夹岸",又都是石头,一行等到十八日才启程,二十八日到达浙江定海千户所。

第七,新任中山王上谢恩表,派使者到中国谢恩。陈侃的《使琉球录》没有抄录尚清的谢恩表。现将徐葆光《中山传信录》记录的中山王尚敬谢恩表抄录如下,作为附注,供参考。[23]

如此,一次册封活动才算告一段落。

终明之世，琉球中山王国历十二传（正统八年封尚忠，十三年封尚思达，景泰三年封尚金福，七年封尚泰久，天顺七年封尚德，成化八年封尚圆，十五年封尚真，嘉靖十二年封尚清，四十年封尚元，万历七年封尚永，三十四年封尚宁，崇祯六年封尚丰）。琉球共向明朝进贡171次，朝鲜30次，日本19次。[24]由此可见，琉球国与明朝关系的密切程度。

崇祯十四年（1641）尚丰卒，子尚贤嗣位，遣使金应元入贡请袭封。赶上明清两军交战，道路不通，请封没有得到答复。实际上明朝已名存实亡，福王朱由崧在南京称帝，史称南明政权。琉球使者只好留在福建等候消息。

1636年，皇太极改国号为清，年号为崇德。1644年，福临在北京即位。顺治三年（1646），清军入闽，福州通事谢必振带领滞留在福建的使团人员，到贝勒王军前投诚，再到江宁府投经略洪承畴，转送入京。于是，清廷以通事谢必振为琉球中山国招抚使，前往琉球国宣谕。顺治六年（1649），世子尚贤去世，尚质为世子。顺治七年（1650），顺治皇帝封尚质为中山王。琉球国继续与清朝保持朝贡关系。[25]顺治十一年（1654），中山王派官员缴回明朝颁发的镀金银印，[26]清朝又铸造一颗驼纽镀金银印，印文是"琉球国王之印"，颁发给琉球国王。

除了与明朝相同的一套程序外，清朝与明朝朝贡与册封不同之处在于，皇帝与册封使的御书、题字、题诗更多了，增添了传播中

中山世土

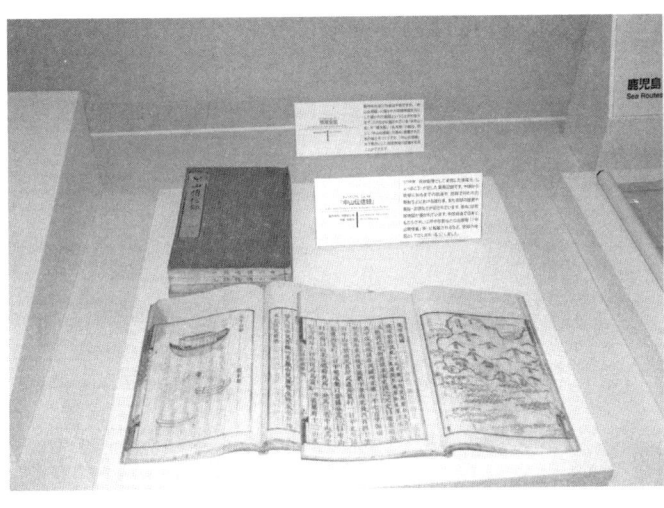

中山传信录

永祚瀛壖

册封使节队列图。描绘的是册封使一行从那霸的天使馆往首里城行进时的盛大场面。

满汉文琉球国王印

辑瑞球阳

华文化的韵味。顺治十一年（1654），封尚质为中山王，赐镀金银印。令二年一贡，著为定例。康熙二十一年（1682），皇上遣官册封琉球国王，并御书"中山世土"四字，赏赐给中山王尚贞。

康熙四年（1665），准许"琉球国王"免于补进庆贺贡物，以及顺治十一年（1654）贡船在梅花港口遭风漂失贡物。康熙五年（1666），琉球国王补贡四年方物。康熙下旨，琉球国王补进漂失贡物，前已有旨免进。这次补进的金银器皿，照例发还给琉球国。[27]

雍正元年（1723），皇上召见琉球国王舅翁国柱于乾清宫，御书"辑瑞球阳"四字，赏赐给中山王尚敬。

乾隆四年（1739），琉球国中山王派遣使者庆贺新年，皇帝御书"永祚瀛壖"四字，赏赐给中山王尚敬。乾隆二十年（1755），皇上遣官勒封尚穆为琉球国中山王，之后御书"海邦济美"赏赐给中山王尚穆。此后，定二年一贡如常例。

道光十八年（1838），改为四年一贡。御书"弼服海隅"赏赐给中山王尚育。

咸丰三年（1853）御书"同文式化"赏赐给中山王尚泰。

同治五年（1866）御书"瀛峤屏藩"赏赐给中山王尚泰。

明朝皇帝虽然没有题字，但据杨仲揆考证，首里城大门上的"守礼之邦"四个字，是取自万历七年（1579）册封诏书中的"足称守礼之邦"。[28]

通观明清两朝对琉球国的进贡与册封全过程，可以得出这样的结论：中华与琉球国的关系，完全建立在自愿的基础上，而且琉球国除了表示是属于明清两朝的藩属国外，在经济上是得到很多实惠的。下节还会讲到，对琉球国在华贸易活动中，中国给予琉球很多方便和优惠，而没有向琉球索要过一分一厘或一颗粮食。

第二节　特殊的贸易形式——朝贡

《明史·食货志》说，海外各国前来进贡，准许携带本国特产，同中国贸易。因此，设市舶司，主官称"提举"，如"福建提举市舶"。这是为了沟通外国，抑制奸商，使相关法律能得以实施，从而消除买卖双方的矛盾与争执。[29]

明朝郑若曾认为，入贡与互市，是二合一的事。外国都以互市为实惠。贡舶与市舶实际上是一回事，分开来说就不对了。为什么说是一回事呢？凡是入贡的国家，朝廷都设市舶司管理。广东市舶司专门管理占城、暹罗等国的入贡与互市。福建市舶司专门管理琉球国的入贡与互市。浙江市舶司专门管理日本国的入贡与互市。外国来入贡时，准许携带本国物产。在明朝官方开办的牙行，同中国百姓进行贸易，被称为"互市"。因此，有贡舶就有互市，不入贡就不许互市。琉球国从来都没有侵犯过中国边境，他们进行朝贡是不言而喻的事。[30]

明郑若曾《开互市辨》说，贡舶是国家法律允许、有市舶司进行管理，这是合法的贸易活动。海商是国家法律不允许的，不属于市舶司管理，是走私贸易。[31]

由此可见，朝贡与互市贸易是一回事。难怪琉球在明朝规定二年、五年或十年朝贡一次之后，屡次向明朝皇帝请求改为每年一贡。成化十一年（1475）、十三年、十四年、十六年与十八年，琉球国一再请求每年一贡。礼部官员说，琉球不断请求年年入贡，不过是为了谋求互市贸易之利。[32]

弘治三年（1490），琉球使臣报告福建地方官，奸商在贸易中勒索、克扣问题。礼部讨论后，皇帝下令福建守臣，今后琉球进贡使者附带货物，招商变卖的，不许"挪借"外商银两，或让外商私出中介费（牙钱）。当地的布政司等衙门、市舶太监等官，都不准巧取豪夺，使外商受到困扰和损失。违反以上规定的按犯罪论处，并作为法令记录在案。[33]

可见，自明朝初年建立起来的朝贡体制，除了宗主国与藩属国的政治关系外，实际上也是一种特殊的贸易形式。其途径有三：

（一）通过入贡与赏赐，实行物资交换或获得货币。洪武十六年（1383），赐琉球中山王察度、山南王承察度镀金银印各一颗。永乐十三年（1415）三月，山南王应祖去世，其子他鲁每被推举为王位继承人，请求册封。明成祖命行人陈季若等前往琉球国册封，同时，赏赐诰命、冠服及宝钞15000锭。[34]这仅是举例说明而已。明清两朝对琉球进贡使者给予的赏赐，人人如此，从无例外。

除赏赐外，对于各国进贡的货物，都折价付给货币。有的货物，给琉球的价格要高于其他国家。根据弘治年间（1488—1505）的定价，琉球国的锡每斤8贯，其他国家500文；苏木每斤10贯，暹罗苏木每斤5贯，其他国家苏木每斤500文。同时规定，可以用货物的价值，折买中国货物。因此规定，每钞200贯折绢一匹。[35]

琉球使者除货物外，还携带数量可观的银两，到中国购买货物，再回到琉球国内或贩运到其他国家。据闽浙总督喀尔吉善等的奏折说，乾隆十二年（1747），两艘琉球贡船向福建地方申报携带白银1万两。经查证，实际所带达10多万两。这类情形并非仅此一例。又如乾隆八年（1743），琉球进贡船入境时申报携带白银5000两，但返回时货物总价值不下10万两。因此，喀尔吉善等提出，对于琉球进贡船携带银两，并没有限制，购买中国货物也没有限额，但应该据实申报，交给地方官办理才是妥当的。[36]

（二）琉球贡使一行到中国后的日常生活，给予优惠照顾。康熙、雍正等皇帝还随时提醒有关官员，不要忘记给予进贡使者赏赐及日常生活用品。如雍正二年（1724）十一月，雍正皇帝嘱咐怡亲王允祥，要防止主管官员疏忽大意，督促他们对前来朝贡的琉球使者等，给予的食物及他们归国时颁给的赏赐，不仅要按定制，而且要选择好的发给，务必使他们得到实惠。雍正七年（1729）十月，琉球中山王尚敬遣陪臣毛鸿基等，上奏章感谢雍正皇帝赏赐敕书、蟒缎、玉器等，同时进贡本地特产。雍正皇帝交代礼部，琉球地处重洋之中，远涉风涛，前来进贡。我很同情他们的艰辛。[37]

清朝廷解释说，这样做，是为了让琉球休养生息。既然已经前来朝贡，对于日常起居的供应，以及船舶等，都要从优给予，以表示我对藩属国人关怀的诚意。雍正皇帝还特意在太和殿召见琉球使者毛鸿基等，赐茶赐坐，加赏琉球国中山王内府织造的缎20匹，玉方花瓠1件，玉灵芝插1件，玉双喜瓶一副，玉狮子壶1件，玉六角壶1件，玉喜寿杯1件，玉螭虎杯1件，玉碗1件，玉花浇1件，玉花插1件，玻璃碗8件，精式瓷器142件，珐琅炉瓶盒一副，玉砚1方，绿端砚1方。又赏贡使毛鸿基钱钞、绸缎。派礼部官员伴送到福建，遣发归国。[38]

（三）在册封与进贡的同时，官方进行贸易活动。如明朝多次派册封使在册封活动之后，在琉球采购马匹和硫黄。洪武七年（1374），命刑部侍郎李浩及通事梁子名出使琉球时，用文绮100匹，纱、罗各50匹，陶器695000件，铁釜990口，到琉球买马。[39]

（四）册封使属员、兵丁等与琉球使臣随员夹带商品进行的贸易，要接受官府管理，违法者治罪。明朝规定：外国朝贡使者一行领赏之后，准许在会同馆开市三五天。但对朝鲜、琉球不设期限。主客司发布告示，张挂在会同馆门口。各商铺和行人都可以进入馆内做买卖，公平交易，限期交货。如赊买或故意拖欠，欺骗勒索外国人，使他们等待很久不能起程回国，以及私自相互交易的，要追究罪责，在馆前戴枷示众一个月。如果外国人故意违反规定，不在会同馆而潜入人家做生意的，没收其货物。没有给赏的，减少给赏的数量（按不同等级递减）。凡会同馆内外四邻军民等，代替番人收买违禁货物者，问罪，除在馆前戴枷示众一个月外，还发边卫充军。[40]如洪武二十三年（1390），琉球中山国使臣翻译私带乳香10斤、胡椒300斤，在进入都城时被门卫查获，按走私应该被没收。明太祖不仅没有没收其走私货物，还赏赐钱钞。永乐二年（1404）四月，山南王使臣私带白金到处州（今浙江丽水）购买瓷器。事情败露后，应该论罪。明成祖说，远方来的人只知道追求利润，哪里懂得中国的禁令。于是，赦免其走私之罪。[41]

虽然给琉球各国以种种优惠和方便，但原则问题是不让步的。明朝禁止金银铜钱等物运往外国。沿海军民私用金银铜钱与外国人做买卖的，或官员纵容的，都要治罪。正统四年（1439）八月，福建巡抚按成规上奏本说，琉球使臣除日常生活供应外，强行要把茶盐醋酱等折成铜钱，不然就谩骂或打人。礼部请治通事之罪，皇帝下令予以告诫。景泰四年（1453）十二月，琉球国王尚泰久奏，请将附带货物，照永乐、宣德间例，给赐铜钱。礼部提出，铜钱系中国所用，难以准给，宜照旧折支绢布等物。皇帝批准礼部的建议。天顺三年（1459）三月，琉球国王又请将货物折价成铜钱，但不予批准。成化十年（1474）四月，琉球使臣沈满志等朝贡，仍然要把他们朝贡的物品折价成铜钱，依然没有得到批准。[42]

清朝对于琉球国朝贡过程中出现的特殊情况以及贸易活动，同样给予很多优惠。

一是体恤琉球国的难处，简化朝贡程序和进贡的土特产品。康熙四十一年（1702）八月、九月，浙江巡抚赵申乔上奏：琉球进贡使臣航行途中遭遇风暴，船被毁，只救出二人。康熙皇帝指示，琉球失水二人，拯救复苏，该地方官加意赡养，等有便船资给发还。他们的船之所以损坏，人落水淹死，都是因为造船不牢固造成的。以后琉球贡使回国时，福建总督、巡抚必须查验船只，务必把船修理坚固。这样，才符合朕怜惜远人的心意。[43]

雍正元年（1723）三月，琉球国进贡头号船触礁沉没，其中进贡表文及土特产一半沉入海里。礼部根据福建巡抚黄国材的报告提出建议：二号船内夷目，准许他们回国。让琉球国补办表文、土特产品。雍正皇帝说，琉球国进贡使臣毛宏健等所坐头号船，人员都触礁沉没了，值得同情，所失表文、土特产品免其补进。二号船内所存土特产品交与来使带回，准许作为下次进贡用。对所赏之物，按照惯例奏明，行文该地方官赏给，让他们起程回国。[44]

雍正七年（1729）十月，雍正皇帝下令，把雍正四年琉球国进贡的物品，作为雍正六年的正贡。今年又是琉球国六年正贡的日期，仍然按照惯例，派遣使者航海前来进贡，情辞恳切，可见他们的诚恳心情。如此，就把六年进贡的物品，作为八年的正贡。假如八年的贡物已经遣使起程，就作为十年的正贡，并行文让琉球中山王知道。[45]

《清朝文献通考》的作者说，为什么要写《琉球考》呢？因为琉球到清朝的朝贡、请封，仍然遵守明朝规定的办法，从不懈怠，受到文教的熏染，颇有华风。我皇上加惠远藩，廷见使臣，慰其劳苦，赐予丰厚，屡宽贡期，盖国家柔远之典，与远人内款之诚，这些都是应该加以记载的。[46]

　　二是减免进出口税收。康熙二十八年（1689）十月，照例对琉球国的进贡船两艘、接贡船一艘附带的货物，免收关税。[47]例如，乾隆二十八年（1763）正月，一次就免去琉球国通事杨文焕等进口关税二百二十六两四钱五分五厘七毫五丝。这是遵例免税。[48]可见，琉球国进贡船只所有进出口货物都是免税的。

第三节　中日对待琉球国的迥异态度

　　从1372年至1646年，琉球成为明朝（包括南明的弘光、隆武政权）的藩属国；从1646年至1879年，为清朝的藩属国。1609年遭日本萨摩藩入侵，此后不断被日本奴役。

　　1872年，日本借琉球使者到访日本之际，突然强制"册封"琉球国王为藩王，并列入所谓"华族"。这是明治政府强行改变日琉关系的第一步。而这些行径，当时对中国隐瞒，在暗中进行。此后，日本政府不断施加政治、军事压力，进一步胁迫琉球断绝与中国的宗属关系，但均遭拒绝。如1875年8月5日，琉球王尚泰答复日方的信中，便说不能"忘却中国累世之厚恩，失却信义""以往对中国隐匿，恳请对中国说明，采取明确处置"。但日本还是不肯罢休。

中华明清两朝与日本对待琉球王国的政策、态度，是大相径庭的。光绪五年正月初七日（1879年1月28日），琉球法司官上荷兰公使加白良函说：琉球国法司官毛凤来、马兼才等，为小国危急，切请有约大国俯赐怜鉴事。我们琉球小国自明洪武五年（1372）入贡中国。永乐二年（1404），前王武宁受明朝册封为中山王，相承至今，一直列为外藩，遵用中国年号、历朔、文字，但国内政令，准许我国自治。大清以来，定例进贡土物，两年一次。逢大清国大皇帝登极，专遣陪臣行庆贺之礼。小国国王嗣位请膺封典，大清国大皇帝遣使册封嗣王为中山王，又时召陪臣子弟入北京国子监读书。遇有漂船遭风难民，大清国各省督抚皆优加抚恤，给粮修船，妥遣回国。自列中国外藩以来，至今五百余年不改。咸丰九年（1859），大荷兰国钦奉全权公使大臣加白良来小国互市，曾蒙许立条约七款，条约中即用汉文及大清国年号，谅贵公使有案可以查考。大合众国、大法兰西国，亦曾与我国立约。其在日本，则旧与萨摩藩往来。同治十一年（1872），日本既废萨摩藩，逼令我国改隶东京，册封我国主为藩王，列入华族，事与外务省交涉。同治十二年（1873），日本勒将我国与大荷兰国、大合众国、大法兰西国所立条约原书送交外务省。同治十三年九月（1874），又强以琉球事务改附内务省。至光绪元年（1875），日本国太政官告琉球国曰："自今琉球进贡清国及受清国册封，即行停止。"又曰："藩中宜用明治年号及日本律法；藩中职官，宜行改革。"我国屡次致书，遣使泣求日本，无如国小力弱，日本决不允从。切念我国虽小，自为一国，遵用大清国年号，大清国天恩高厚，准许我国自治。今日本国，乃迫令改革。查小国与大荷兰国立约系用大清国年号、文字，今若大清国封贡之事不能照旧举行，则前约几同废纸，小国无以自存，既恐得罪大国，且无以对大清国，实深惶恐！

小国弹丸之地，当时大荷兰国不行拒弃，待为列国，允与立约，至今感荷厚情。今事处危急，唯有仰仗大国劝谕日本，使琉球国一切照旧，阖国臣民戴德无极矣。

除别备文禀求大清国钦差大臣及大法兰西国全权公使、大合众国全权公使外，相应具禀，求请恩准施行！[49]

可见，建立藩属关系的手段不同。琉球国首先与明朝建立朝贡藩属关系，是和平外交方式。当时，明朝皇帝朱元璋派遣使者杨载前往琉球国诏谕，没有动用一兵一卒。而琉球国则是在自觉自愿的前提下，到明清两朝来朝贡和请封。台湾学者梁嘉彬指出："琉球在亡国前，所受中国恩惠，经济之培植、贸易之往来、难民之抚恤、教育之传入，与日人之只重剥削，纯恃武力压迫，享权利而不尽义务者不可同日而语。"[50]

无论是萨摩藩，还是日本明治政府，都是使用军事手段，即用武装侵略的方式迫使琉球国臣服。16世纪，日本正处于动乱分裂的战国时代，有200多个大名[51]。各大名急需从对外扩张中获取利益来壮大自己的经济实力，离日本最近且又富有的琉球国，就成了日本入侵的首选之地。丰臣秀吉获取日本的最高统治权后，准备侵略朝鲜。为此，要求琉球为远征军提供粮食等支援，当然遭到琉球国的拒绝，同时将此事通报给了明朝廷。1603年，德川家康取代丰臣秀吉，建立江户幕府，成为日本的实际统治者，琉球又因为拒绝向江户幕府派遣谢恩使团而与德川家康交恶。

1609年（明朝万历三十七），经请示德川家康允许之后，萨摩藩藩主岛津忠恒任命桦山久高为总大将，平田增宗为副大将，率兵3000人、船100多艘、铁炮600挺，从九州山川港出发入侵琉球国。不久首里城被攻破，琉球战败，尚宁王被迫投降，同王子、官员等100余人被萨摩军押送到鹿儿岛。这就是日本历史上所谓的"庆长琉球之役"。时任琉球王国要职的郑迥，因反抗萨摩军入侵和拒绝在投降条约上签字而被投入油锅活活烫死。

明清两朝对于藩属国琉球给予种种优惠，并实行厚往薄来的原则。中国对于藩属国琉球，没有占据其国土，奴役其人民，或进行经济掠夺，也没有在琉球王国设置任何行政、军事机构，更没有对琉球王国的内政进行干涉，而且在经济利益方面给予其种种优惠，目的仅在于传播中华文化。康熙二十四年（1685）十一月二十日，皇帝给内阁下了一道圣谕说，看到赏给琉球等外国的物品不够丰厚，不符合厚往薄来之道。你们会同礼部，考察颁赐外国的例子，酌量增加赏给的物品，定下来之后，再向我报告。

进贡土特产品的价值，往往抵不上赏赐物品的价值；对于琉球国使者携带的商品，或者折价收购，而且价钱要高于其他藩属国；对于琉球国使者携带货物银两，基本不受限额规定，并实行进出口货物免税政策；体恤琉球国进贡时遭到海难事故的困难，减免其进贡次数，或以上一次的进贡物品抵作下一次进贡的物品；出使琉球国的册封使绝大多数不接受琉球国王的馈赠，等等。正如乾隆皇帝所说，接受这些外国朝贡，仅仅是为了使他们能通天朝声教而已，并非要到这些藩属国去设立郡县，设官置吏。[52]

琉球国初无文字。后来，依日本书制字母四十七，名依鲁花，略仿中国切音三十六字母意。或借以反切，或取以连书。琉球有字自此始。后于明初赐以三十六姓，又许陪臣子弟入国学肄业，中华文字渐流入境，今得中国书，多用钩挑旁记，逐句倒读，实字居上，虚字倒下逆读。文移中参用中国一二字，与华人酬接，则全用汉语文。[53]

明朝以后，琉球国的官方文书使用汉语。作为汉字文化圈的一员，琉球人亦尊崇儒学，尊敬孔子等儒家圣人。琉球国从中国引进了许多包括饮食、音乐、建筑等方面的观念，使得琉球在文化上有接近中国的特点和风俗。在1879年被日本吞并之前，琉球人的传统服饰为琉装，其外形与中国的汉服相似。中国武术在琉球发展而成的"手"，亦称"唐手"或"唐手拳"，是现代空手道的原型。中国武术由明朝闽人三十六姓带往琉球，结合琉球当地一些格斗技术，发展成琉球特有的武术手。琉球音乐也受到一些中国音乐的影响，琉球人特有的乐器三线，其原形为中国的三弦。

张学礼《中山记》云："官宦之家，俱有书室、客轩，架列四书、唐书、通鉴等文集。板翻高阁，傍译土言。"[54]因此，其著作文章具有中华风采。

对于分裂时期的琉球三个王国间的争端，明朝洪武皇帝予以劝解："上帝好生，寰宇生民者，众天恐生民自相残害，特生聪者主之以育黔黎。迩来使者自海中归，云及琉球三王互争，于农业少废，人命颇伤。朕闻知不胜怜悯，今因使者往复琉球，特谕王体上帝好生，息征战而育下民可乎？不然恐上帝有变，事可究追故，兹敕谕。"[55]

琉球国对中华明清两朝的进贡，完全建立在其自愿及为了自身利益的基础上，即从贸易中获取经济利益；在政治上，希望得到中华的庇护，以维护国家独立与安全。明万历年间，福建巡抚许孚远上奏折说，近年来，因琉球国与日本萨摩藩地势连属，无波涛之险，由九州萨摩开船四天就能到琉球，因此受日本萨摩藩关白扰害。关白见其路顺，欺其国弱，声称发船来讨伐，要在琉球国北山屯兵。如果萨摩藩占据北山，琉球必为所得。而福建、广东就成为日本人时常出没的地方，甚至盘踞其间，骚扰抢掠，沿海将没有安宁的日子了。[56]

万历三十七年（1609），萨摩藩侵略琉球国，大肆掠夺，并把象征琉球国王权威及其国家文物等，都抢劫到了萨摩藩（"迁其宗器"），琉球国王尚宁也被俘虏到萨摩藩。不久，尚宁被释放归来。虽然其国残破已甚，但仍然遣使向明朝进贡。[57]

在这种状况下，明朝为减轻琉球国负担，决定将琉球国的两年一贡，改为十年一贡。但是，尚宁回国的第二、三年，照旧向明朝进贡。万历四十四年（1616），日本企图侵占鸡笼（今台湾基隆），尚宁立即派使者报告明朝。万历皇帝下令"海上警备"。天启三年（1623），明朝仍然没有恢复两年一贡的惯例，以琉球国"休养未久，暂拟五年一贡"。[58]

可见，琉球国对中华明清两朝的朝贡是诚心诚意的。明末，北京、南京相继被清军占领，明朝实际灭亡了。可是，唐王在福建即位后，琉球国同样派遣使者进贡。[59]

此外，我国还接受琉球国留学生，帮助琉球国培养人才。洪武二十五年（1392），琉球国派遣王子与陪臣子弟入太学。这是琉球人入监读书之始。[60] 康熙二十五年（1686），王遣官生梁成楫、蔡文溥、阮维新、郑秉钧四人入太学，附贡使舟来闽，遭风折桅，漂至太平山修船，至康熙二十七年（1688）到京，入监读书。奉旨："照都通事例，廪给优渥，春秋四季，给裘葛靴帽，被褥俱备，从人皆有赐。又月给纸笔墨朱银一两五钱，特设教习一人，博士一员，督课之。"[61]

不仅给予留学生充足的供给，就是其家属也照样供给。如永乐八年（1410）四月，琉球官生石达鲁自其国省亲，带着妻子女伴回来。皇太子命工部赶制有关物品，统统给予衣巾、靴袜、被褥、枕席。[62]

郑孝德、蔡世昌在国子监读书三年，进步很快，所作论说文以及骈体文，都写得不错，值得一读，书法也属端正大方。[63]

琉球留学生蔡宏训病卒，赐银百两营葬，二百两赡养其家。[64]

康熙二十七年（1688），议准琉球国陪臣子弟入国子监读书。把附近房屋十余间拨给琉球国子弟，作为住居之所。选派文行兼优贡生一人担任教习，俾讲解经书，尽心启发训导。博士一人专管所有事务，祭酒、司业等不时督促，务使他们能好好学习道艺……其子弟住房、食用、四时衣服，要督促有关衙门按时发放，务令得所。[65]

对于学成遣归，或中途回国探亲，或意外死亡的留学生，给予优厚抚恤。如雍正二年（1724）琉球国留学生蔡宏训病故，特赐白银三百两。其中，二百两交贡使带回琉球蔡家，另外一百两交礼部官，在近京地方营葬。雍正六年（1728），琉球官生郑秉哲说父母衰老，盼望他回国，养老送终。以前，琉球官生入国子监读书，都是由琉球国王上疏请求，才准许回国。礼部认为，郑秉哲虽然没有向琉球国王上疏请求，但他请求回国赡养父母，是人子之孝思，且情辞真挚，实可同情，应该让他回国。雍正皇帝下达旨意，照都通事例赏给大彩缎各一匹,里绸各一匹,毛青布各四匹。随从二人亦赏毛蓝布各四匹。礼部宴请一次,由朝廷官驿送到福建,随同贡使毛汝龙等一起回国。[66]

乾隆四十五年(1780)九月,礼部奏琉球国进贡副使正议大夫蔡焕办完事回闽途中病故,应照例给予棺价银两。内阁撰祭文颁发该布政司,备办祭品。派人致祭买地茔葬,立石作为标识。[67]

对于琉球的漂流人口,予以照顾和补偿。乾隆二十四年(1759),琉球国商民金任之等四十人、照屋等十三人,遭风漂入内地,资送归国。乾隆二十五年(1760)琉球漂风商民嘉手川等三人,大领筑登之亲云上等八名,山阳西表等三十六人,麻支宫良等四十六人,均照例资送归国。乾隆二十六年(1761)正月,琉球漂风商民黑岛,首里太屋子等四十二人,资送归国。七月,琉球漂风之系数等九人,大湾等十五人,照屋等二十一人,先后资送归国。[68]

对于琉球国进贡时的不当之举,如永乐四年(1406)琉球国进阉者数人,被永乐皇帝断然拒绝。永乐皇帝说,他们也是为人之子,没有罪过而处刑,于心何忍?下令礼部退还琉球国。[69]礼部官员说,退回去,可能会伤害他们归化的心意,还是留下,但不让他们再送就是了。永乐皇帝说,说空话不如示之以实事。这次不遣送回去,他们还会谄媚朕,一定还会有接踵而来的。天地以生物为德,帝王就可以绝人类吗?最终还是送还琉球国。

相反,日本的目的非常明确:占领其国土,奴役其人民,掠夺其经济。

第一，据琉球国史《球阳》记载：萨摩藩侵入琉球后，派遣阿多等奉行十四人、随从一百六十八人进驻琉球，在琉球重新划分地界，征收税赋。强迫琉球向萨摩藩进贡就是承担缴纳重税的义务，八重山群岛的人头税便是从此时开始征收的。岛津久家将琉球的领地限制为八万九千零八十六石（其中国王的藏入地限定为五万石）。

第二，萨摩藩在琉球设立"在番奉行"所，由本田伊贺守出任第一任在番奉行，监视琉球的行政。在番奉行所成了凌驾于三司官之上的特权机构。

第三，在姑米、马齿两岛，两国同时派官员管理来往贸易和收税，此举更可夺占中琉之间的贸易利益。

第四，被萨摩藩俘虏到鹿儿岛的尚宁王，同岛津久家前往骏府城朝拜德川家康，又前往江户城朝拜征夷大将军德川秀忠。

第五，1611 年，尚宁王在鹿儿岛被迫与萨摩藩签订《制裁令十五条》，承认萨摩藩对琉球的控制之后，才被释放归国。强迫琉球将奄美五岛（即喜界岛、德之岛、奄美大岛、冲永良部岛和与论岛）划归萨摩藩直辖，也就是强迫琉球割让奄美群岛给萨摩藩。汪楫的《使琉球杂录》提到，琉球人非常忌讳提到奄美群岛。

第六，琉球对外贸易的文书依然是汉语文言文（除对日本外），但国内发布政令的文字，则被迫由汉语文言文改为日语候文（相当于日语的文言文）。

第七，到了清朝，琉球与清朝官方继续朝贡贸易，萨摩藩却从中抽取较大份额的利润。萨摩藩在两百年后的幕末时代，能够有足够的资本成为倒幕运动主力，进而成为维新政府的主事者之一，与此不无关联。

庆长琉球之役对琉球的影响非常深远，琉球从此从一个独立自主的国家变成半独立状态。在番奉行所成了凌驾于三司官之上的特权机构，有时候也成为琉球官员间斗争的工具。例如1667年的北谷惠祖事件、1734年的平敷屋友寄事件和1858年牧志恩河事件，都有在番奉行所插手其间。而萨摩藩则借入侵琉球所得来的利益，弥补帮助丰臣秀吉入侵朝鲜和参加日本内战（关原之战）的军费与损失。

附　录

1611年（明万历三十九）签订的《制裁令十五条》，浓缩了萨摩统治琉球的基本方针。从中可以看到，萨摩试图对琉球王国的贸易实施管制，对收领俸禄者实施限制，进而对琉球国的风俗习惯予以取缔。其主要条款有：

无萨摩的命令，禁止与中国进行朝贡贸易。

剥夺那些虽出生于门第家庭，但却无官职者的俸禄。

禁止向女子提供俸禄。

禁止私下缔结主仆关系。

禁止大量建造寺院。

严禁与那些未经萨摩许可的商人进行贸易。

严禁将琉球人贩卖到日本本土。

务必按萨摩官员的规定收取贡粮和公用物品。

不得架空三司官（琉球的官职名）而听从他人。

禁止强买强卖。

禁止喧哗争吵。

商人或农民除了对已规定的各种税收外，如有对无理残暴之事需要进行申诉者，应向萨摩藩申诉。

禁止琉球向日本的其他藩国派遣贸易船。

必须使用日本的度量衡。

禁止赌博等违背人道的行为。

凡违反以上条款者即迅速处以严厉的惩罚。

庆长十六年辛亥九月十九日[70]

萨摩藩希望假借琉球的名义同明朝进行朝贡贸易，因此在1609年冬季，琉球使臣毛凤仪、金应魁奉岛津久家之命，以进贡为名义来到福州柔远驿。但二人秘密将尚宁王的奏折交给福建巡抚陈子贞，报告萨摩藩入侵琉球之事，希望明朝向日本交涉。陈子贞迅速将此事上报明廷。明廷于次年七月得知此事，万历帝降旨暂缓贡期。此外，另有身在鹿儿岛城的三司官郑炯所写的密函一封，由长崎商人带往中国，内容是请求明朝皇帝讨伐日本。但被金应魁以一百金重金收购后，隐藏起来，没有让明朝皇帝得知。因此，琉球国的救国愿望没有得到实现。

1879年4月，日本宣布废除琉球，改为明治政府直接管辖的冲绳县。

【注释】

1. 转引自［明］严从简：《殊域周咨录》。

2. 《明史·琉球传》，第8361—8362页，《小方壶斋舆地丛钞》第十帙。

3. ［明］俞汝楫编：《礼部志稿》卷三十五："中山王察度，山南王承察度，山北王怕尼芝。"［明］郑若曾：《郑开阳杂著》卷七《琉球考》称："中山王察度，山南王承宗山，山北王怕尼芝。"本书以《礼部志稿》为是。

4. 《明史·琉球传》，第8362页。

5. 《明史·琉球传》，第8362页："赐闽中舟工三十六户，以便贡使往来。"

6. 《明史·成祖本纪》，第81页，《明史·琉球传》，第8363页。

7. ［清］郝玉麟等修：《福建通志》卷六十四《海岛·琉球国》。

8. 《明史·琉球传》，第8368页。

9. 《明史·琉球传》，第8366页。

10. 洪武时为南京，永乐以后为北京。

11.《清朝文献通考》卷二百九十五《四裔考·琉球》。

12.［明］俞汝楫编:《礼部志稿》卷九十二。

13.《明史·琉球传》，第8365页。

14.康熙二十二年（1683）汪楫、林麟焻前往册封时还看到这个亭子。林麟焻《竹枝词》有"观风先到却金亭"句。转引自［清］王士祯撰:《池北偶谈》卷二。

15.康熙二十二年（1683），汪楫一行谢绝宴金一百九十二两，礼部认为不能收。康熙皇帝令收受。见《清朝文献通考》卷二百九十五《四裔考·琉球》。

16.《清朝文献通考》卷二百九十五《四裔考·琉球》。

17.见左丘明《国语·晋语》。大意是:晋献公与齐姜生太子申生，申生有同父异母弟重耳、夷吾。后来，晋献公打败骊戎，得其女骊姬，生奚齐。骊姬为了把自己的儿子奚齐立为太子，在申生带兵打了胜仗之后，在晋献公面前说，应该把申生、重耳、夷吾分别派到外地去镇守，以保卫晋国的安全。结果，晋献公为三人筑城，并派遣到各地去。有一次申生到祖庙祭祀，骊姬趁机在酒和菜肴中下毒，把申生招来，让他向晋献公敬酒。晋献公把酒洒在地上，地面就鼓起来了。申生吓得逃了出去。骊姬拿肉喂狗，狗死；让小臣喝酒，小臣也死了。结果，申生被迫上吊自杀，重耳、夷吾逃出晋国。于是，奚齐取代了申生的太子地位。最后，重耳在外游历十九年，增长了才干，回到晋国执政，他就是晋文公。

18. 封尚清为中山国王的诏书之一："奉天承运皇帝诏曰：朕恭膺天命，为天下君。凡推乎庶政，必斟酌。夫古礼，其于锡爵之典，未尝以海外而有间。尔琉球国，远在海滨，久被声教。故国王尚真，夙绍显封，已逾四纪。兹闻薨逝，属国请封。世子清德唯克类，众心所归，宜承国统。朕笃念怀柔之义，用嘉敬顺之诚。特遣正使吏科左给事中陈侃、副使行人高澄，赍诏往封尔为琉球国中山王。仍赐以皮弁冠服等物。尔宜慎乃初服，益笃忠勤，有光前烈。凡国中耆俊臣僚，其同寅翼赞，协力匡扶，尚殚事上之心，恪尽臣藩之节，保守海邦，永底宁谧，用弘我同仁之化，共享太平之休。故兹诏示，俾咸知悉。嘉靖十一年八月（加盖皇帝之宝玉玺）。"封尚清为中山国王的诏书之二："皇帝敕谕，琉球国故中山王尚真世子尚清，惟尔世守海邦，继膺王爵，欲顺天道，世事皇明。尔父尚真，自袭封以来，恭勤匪懈，比者薨逝，良用悼伤。尔以冢嗣，国人归心，理宜承袭。兹特遣正使吏科左给事中陈侃、副使行人司行人高澄，赍诏往封尔为琉球国中山王，并赐尔及妃冠服彩币等物。尔宜祗承君命，克绍先业，修职承化，保境安土，以称朕柔远之意。钦哉，故谕。颁赐国王纱帽一顶（展角全）、金厢犀束带一条、大红织金胸背麒麟圆领一件、柒旒皂皱纱皮冠一顶（旒珠金事件全）等共25种；赐王妃纻丝二匹、罗二匹和白氎丝布十匹。嘉靖十一年八月十七日（加盖广运之宝印）。"《谕祭文》："维嘉靖十一年岁次壬辰 月朔日 皇帝遣正使吏科左给事中陈侃、副使行人司行人高澄，谕祭琉球国中山王尚真，曰：惟王嗣守海邦四十余载，敬天事上，诚恪不渝，宜永寿年，为朕藩屏。胡为遘疾，遽尔告终。讣音来闻，良用悼惜。遣官谕祭，特示殊恩。灵其有知，尚克歆服。祭品：牛一只、猪一口、羊一腔，共15种。"

19. 这是中国官方文书对钓鱼岛列屿的最早记载。同时说明，钓鱼岛列屿属于中国，不属于琉球国。

20.《清一统志》卷四百二十三。

21.《清一统志》卷四百二十三。

22.［明］郑若曾:《郑开阳杂著》卷七《琉球考》。

23. 中山王尚敬的谢恩表：琉球国中山王臣尚敬，诚欢诚忭、稽首顿首，谨奉表上言：伏以圣武弘昭，特重内屏之在；皇文丕振，复膺外翰之权。隆体统于藩臣，安内而兼攘外；焕规模于旧制，纬武即是经文：拜命增虔，抚躬益励。恭惟皇帝陛下，道隆尧舜，德迈汤文。统六合而垂衣，教仁必先教孝；开九重以典礼，作君又兼作师。臣敬世守藩疆，代供贡职：荷龙章之远锡，鲛岛生辉；沐凤诏之追扬，丹楹增色。对天使而九叩，望象阙以三呼。谨遣陪臣向龙翼、程顺则等虔赍土物，聊表芹私。伏愿乾行不息，泽沛弥崇：统王会以开图，合车书者千八百国；占天时而应律，验祯祥于三十六风。将见文麟献瑞，彩凤来仪矣。臣敬无任瞻天仰圣、激切屏营之至。谨奉表称谢以闻。雍正六年十一月初十日奏，琉球国中山王臣尚敬谨上表。

琉球国中山王臣尚敬谨奏：为恭谢天恩事。臣敬弹丸小国，僻处海隅；深沐皇恩，允臣嗣封。康熙五十八年，蒙钦差正使翰林院检讨海宝、副使翰林院编修徐葆光等赍捧诏敕、币帛，随带员役坐驾海船二只，于本年六月初一日按临敝国。臣依旧例，令通国百官臣庶奉迎诏敕，安于天使馆中。拣吉于六月二十六日，先蒙谕祭臣曾祖琉球国中山王尚贞，复蒙谕祭臣父琉球国王尚益；续于七月二十六日，宣读诏敕，封臣敬为中山王。荷蒙钦赐蟒缎等项，并妃彩缎等物。臣敬率领百官拜舞叩头谢恩外，随请于天使恳留诏敕为传国之宝；蒙天使查验前封卷轴，依听许留，付臣一并珍藏。窃惟圣朝加意抚柔，有同覆载；臣敬等曷胜感激！为此特遣陪臣法司王舅向龙翼、紫金大夫程顺则、使者杨天祐、通事蔡文河、副通事郑元良、蔡墉等赍捧表章、土仪，赴京恭谢天恩。仰冀睿慈俯鉴下悃，臣敬无任激切屏营之至。谨上奏以闻。

贡物：金鹤二（银座，全）、甲一副（护手、护臁，全）、金靶鞘腰刀二、银靶鞘腰刀二、黑漆靶鞘镀金铜结束腰刀二十、黑漆靶鞘镀金铜结束衮刀十、黑漆洒金马鞍一（辔、镫，全）、金彩画围屏四、扇五百、土绵二百、纹蕉布二百、土苎布一百、白钢锡五百斤、红铜五百斤。

24. 冲绳县立博物馆编：《博物馆展览指南》，第35页。

25. 冲绳县立博物馆编：《博物馆展览指南》，第78—79页。《琉球·冲绳历史年表》记这次册封在1650年（顺治七）。

26.《大清会典》卷二十八。

27.《大清会典则例》卷九十四《礼部主客清吏司·朝贡下》。

28. 杨仲揆:《琉球古今谈》,第271页。

29.《明史·食货志》原文:"海外诸国入贡,许附载方物与中国贸易,因设市舶司,置提举官以领之,所以通夷情,抑奸商,俾法禁有所施,因以消其衅隙也。"第1980页。

30. [明]郑若曾:《筹海图编》卷十二。

31. [明]郑若曾:《江南经略》卷八。

32.《明史·琉球传》,第8365—8366页。

33. [明]俞汝楫编:《礼部志稿》卷九十二。

34.《明史·琉球传》,第8364页。

35. [明]俞汝楫编:《礼部志稿》卷三十八。

36. 闽浙总督喀尔吉善等:《闽浙总督喀尔吉善等奏陈琉球国贡船在闽贸易情形折》,见《中国琉球关系档案选编》。

37.《清世宗宪皇帝(雍正)圣训》卷三十五。

38.《福建通志·卷四·外岛》。

39. [明]王世贞:《弇山堂别集·市马考》。

40. [明]俞汝楫编:《礼部志稿》卷三十六。

41. [明]俞汝楫编:《礼部志稿》卷一圣训。《明史·琉球传》,第8362—8363页。

42. [清]王圻:《续文献通考》卷十《钱币考·明·钞(附银)》。

43.《清圣祖仁皇帝（康熙）圣训》。

44.《清世宗宪皇帝（雍正）圣训》卷三十五。

45.《清世宗宪皇帝（雍正）圣训》卷三十五。

46.（乾隆二）《福建通志》（总裁郝玉麟）卷六十四《外岛·序》。

47.《清朝文献通考》卷二百九十五《四裔考·琉球》。

48.乾隆二十八年正月二十三日，《福州将军福增格奏琉球国贡船到闽遵例免税折》，《中国琉球关系档案选编》。

49.台湾银行经济研究室编：《清季申报台湾纪事辑录》，台北：台湾文献丛刊第247种，1968年。

50.梁嘉彬：《琉球亡国中日争持考实（上）》，台北：《大陆杂志》第48卷第5期，1974年。

51.大名，相当于中国春秋战国时代的诸侯。

52.［清］傅恒等：《平定准噶尔方略》。

53.《清朝文献通考》卷二百九十五《四裔考·琉球》。

54.转引自《钦定大清一统志》卷四百二十三。

55.［明］姚士观编：《明太祖文集》卷八《勒·谕琉球山北国王怕尼芝》。

56.《钦定大清一统志》卷四百二十三。

57.傅朗、谢必振：《〈琉球百问〉初探》，福建泉州：《海交史研究》1998年第1期，第109—117页。

58.《明史·琉球传》，第8368—8369页。

59.《明史·琉球传》，第 8369 页。

60.《明史·琉球传》，第 8370 页。

61. 乾隆二年《福建通志》卷六十四《外岛》。

62.《福建通志·卷六四·外岛》。

63. [明]俞汝楫编：《礼部志稿》卷五十二《吕震列传》。

64. [清]陆宗楷：《国子监志》(《钦定国子监志》)卷四十一。

65.《清朝文献通考》卷二百九十五《四裔考·琉球》。

66. [清]陆宗楷：《国子监志》卷二十九《官师二》。

67. [清]陆宗楷：《国子监志》卷四十一。

68.《清朝文献通考》卷二百九十五《四裔考·琉球》。

69.《清朝文献通考》卷二百九十五《四裔考·琉球》。

70.《明史·琉球传》，第 8363 页。

第五章 日本「南进政策」的尝试
——牡丹社事件与吞并琉球国

日本明治政府看到欧美列强在不断地侵蚀亚洲,尤其是用坚船利炮打开中国大门,瓜分中国土地,建立势力范围,加紧推行其殖民化进程。这不仅使日本感到了自身危机的存在,而且也为其没有分得一杯羹深感焦虑,甚至发出这样的感叹:丰臣秀吉的继任者德川家康实行锁国政策,使日本"失去了向海外发展的时机,让欧美抢了先,实在令人遗憾"。[1]

鹿儿岛县大山纲良参事致琉球国中山王尚泰书中有"欲与宇内强国对立"一说,就可以看出明治政府蠢蠢欲动的野心。

当时福泽谕吉鼓吹"脱亚入欧论",其中就包含要日本政府仿效欧美列强实行改革,建立强大的军队,与西方列强一起,参与瓜分中国,进而霸占其他亚洲国家。

台湾学者陈世庆指出,鸦片战争之后,日本深知中国积贫积弱,特别是明治维新之初,霸气横溢,处心积虑,想夺取琉球,侵占台湾,以实现其"南进政策"的野心……日本明治政府的侵略步骤,是先蚕食琉球诸列岛,再及台湾。[2]

"牡丹社事件"则是日本妄图攫取中国台湾的试探,也是为吞并琉球国铺路,可谓是一箭双雕的诡秘手段。

第一节　日本的"南进政策"

1867年正月,睦仁天皇登基,发布讨伐幕府密诏,征夷大将军德川庆喜遂请求归政。于是,天皇下令废除摄政、关白、征夷大将军等职,幕府至此寿终正寝。这不仅是日本,也是亚洲近代史上的一件大事。1868年,日本改元明治元年,宣布进行明治维新。

明治维新思想家一改过去向中国学习的传统,提出了转身向西、脱亚入欧的发展方向,发誓要用不太长的时间,在远东建立一个西方式的现代国家。要达到这个目的,日本必须走一种发散型的发展道路,走出海岛,踏上大陆,与世界上的诸强国直接竞争,最重要的一个目标,就是要确定作为一个现代国家,其领土边界应该勘定到哪里。在经过激烈辩论后,日本首先兼并了无人占领的北海道,作为日本殖民地的处女作。在与沙俄就库页岛和千岛群岛边界初步达成共识后,日本就转向南方,把注意力集中到琉球国和中国的台湾岛。当时的中国,走的是内敛型的发展道路,为了自身发展,心无旁骛,在外交政策上也选择了孤立主义原则。由于西方列强的掠夺与压迫,无法继续充当以往宗藩朝贡体制中的老大,宗藩体制开始解体。[3] 这就给日本吞并琉球以可乘之机。

1868年,日本明治天皇《御笔信》确立的"大陆政策",是日本"南进政策"的雏形。这个政策的首要目标是征服中国大陆,其方向有二:一是向北,先"征韩",即吞并朝鲜半岛,再进入中国东北、华北，同时觊觎俄罗斯的远东地区；二是向南，经过琉球国侵占中国的台湾，再以台湾为跳板进入中国东南沿海地区，并进一步征服吕宋（今菲律宾）等南洋各国。[4]

日本制定的向南侵略计划，被称为"南进政策"。20世纪日本军国主义发动的侵华战争依然是为了实行这一政策。为此，中国人民进行了艰苦卓绝的十四年抗日战争，最终取得了胜利。

1868年2月8日，日本明治政府发布《外交布告》，确立了"大力充实兵备，使国威光耀海外万国"的战略方针。实施这一战略规划的阶段目标为：第一步，先占领朝鲜，吞并琉球；第二步，侵占中国的东北和台湾；第三步，以此为跳板，向中国大陆进攻；第四步，进军欧美，"经略进取万国"，进而称霸全世界。为了实施其"大陆政策"，日本周密计划，统筹安排，举国行动，文武并进，一步一步实施其"脱亚入欧""统治宇内"的政策。[5]

岛国日本向外扩张领土，觊觎中国宝岛台湾由来已久。早在丰臣秀吉（1537—1598）当政时，就图谋"建设亚细亚大帝国"。他的计划是先占领朝鲜，再征服中国，甚至东洋及南洋。这个计划被概括为"南方治理经略"。[6]这可以说是日本明治政府提出"南进政策"的滥觞。1592年，丰臣秀吉发动了侵朝战争，企图进而征服中国。丰臣秀吉狂妄地打算亲自渡海，坐镇宁波指挥战争，攻占中国，把日本首都迁到北京，甚至梦想远征印度，统一天下。

1823年佐藤信渊在《宇内混同秘策》中宣称，日本为"世界万国之根本，故全世界悉应为其郡县，万国之君主皆应为其臣仆"，并狂妄地断言，日本"混同世界，统一万国，何难之有"。[7]

1855年，日本学者吉田松阴提出："一旦军舰大炮稍微充实，便当开拓虾夷。晓谕琉球，使之会同朝觐；责难朝鲜，使之纳币进贡；割南满之地，收台湾、吕宋之岛，占领整个中国，君临印度。"[8]

还有一个叫中村纯九郎的，在中日甲午战争之初，就向时任海军军令部长的桦山资纪提交了一份建议书，充分暴露了日本侵略者对富饶的、具有重要战略地位的中国宝岛台湾的贪婪欲望，也和盘托出了日本借口牡丹社事件，实为侵占台湾的图谋。他提出："愚以为应在此冬季另外组建新的别动师团，南下进攻台湾并占领该处。查台湾位于北纬22度到26度，东经120度到122度。气候只有春夏秋三季，并无冬季，土质丰腴，盛产米麦，夙称清国之粮仓，可见一斑。其他还有甘蔗、樟树、毛竹等特产，且其地势接近我冲绳，距离仅数十海里。一旦获有此岛，确是我南大门之钥匙、冲绳县之屏障。如不归我有，将永远是我冲绳县之大患。我政府过去即有此意，明治七年（1874），曾兴师去台湾南部征伐该处番人，对番人进行教化，并开拓荆棘，拟建新的殖民地。"[9]

进入20世纪，在两次世界大战中，日本都是实行侵略的一方，其目标就是实行日本独霸亚洲的所谓"大东亚共荣"。这就说明，从丰臣秀吉的"南方治理经略"，到明治政府的"南进政策"及两次世界大战推行的"大东亚共荣"，是一脉相承的。

吉田松阴提出的主张，对其学生伊藤博文和山县有朋等人产生了深刻的影响。[10]伊藤博文是以后的日本首相，也是《马关条约》谈判的日方首席代表。伊藤博文在谈判时所说的话，赤裸裸地暴露了日本侵略者企图吞并我国领土台湾的野心。请看马关谈判第四次问答节略（李即李鸿章，伊即伊藤博文）：

李：赔款还须请再减五千万，台湾不能相让！

伊：如此，当即遣兵至台湾！

李：我两国比邻，不必如此决裂！总须和好！

伊：赔款、让地，犹债也；债还清，两国自然和好。

以下第五次问答节略：

李：可写明"至台湾一省，俟本约批准互换后，两国再行互议交接章程"。

伊：我即派兵前往台湾；好在停战约内，台湾不在其内。

李：本约内可将台湾删去，俟贵国自取！

伊：交接之时何不限定？

李：此事我难专主。

伊：六月为期太久，换约后总理衙门可否即定简明章程？此约一经互换，台湾即交日本。

……

李：一月之限过促。总署与我远隔台湾，不能深知情形，最好中国派台湾巡抚与日本大员即在台湾议明交接章程，其时换约后两国和好，何事不可互商？

伊：一月足矣。

李：头绪纷繁，两月方宽，办事较妥，贵国何必急急，台湾已是口中之物！

伊：尚未下咽，饥甚。[11]

从这两段对话，尤其是从"尚未下咽，饥甚"六个字可以看出，日本军国主义急欲侵占台湾。这是为什么呢？日据时期曾在台湾总督府任职的中村纯九郎，在1894年8月中日甲午战争爆发之初，说过这样一段话，很能说明台湾在日本明治政府"南进政策"中所处的地位："我国欲扩展海运，也必须先在海外占有基地，台湾就是我向南洋群岛和支那地方伸手的极佳跳板。一旦占有该地，不仅使我国南大门的锁钥更牢固，而且是我国向南洋群岛和支那沿海扩充势力的最佳策源地……当前，某国（即美国）移大舰队至太平洋，或设防于布哇岛（即夏威夷岛），或于新加坡建设新设施以扼太平洋之咽喉，用以争霸太平洋。果如此，则位于太平洋之我台湾之价值，当不止于体现殖民政策之经验，它不啻为我南方锁钥的险要之地，也是明治大帝扩大帝国之遗业……所在之处。[12]"

所谓"南进政策"的本意就是日本明治政府要仿效欧美列强，实行改革，富国强兵，以抢先侵占亚洲邻国。1854年，岛国日本被美国海军将领佩里率领的炮舰打开国门，被迫签订"亲善条约"后，极力推行"失之于西方，补之于东洋"的方针，[13] 谋划侵略朝鲜、中国台湾。1872年对琉球国实行"废王国立琉球藩",1879年再废藩设冲绳县,以及1894年发动甲午战争等,都是日本明治政府对外扩张政策的实行,是一步步蚕食亚洲的有预谋的行动。

早在1593年(明万历二十一),丰臣秀吉就派原田喜右卫门携带文书到台湾"诏谕"高山。1600年(明万历二十八),日本国内对于中国的生丝及丝织品消费需求扩大,实行较为友好的通商政策。但是,由于明朝对于日本的不信任,双方仍然不能直接通商。

在明朝的朝贡贸易体制中,琉球国可以两年一贡,也可以年年朝贡,甚至一年两三次朝贡,朝鲜三年一贡,而日本只能十年一贡。因此,日本只好通过第三地,如琉球、交趾(今越南)等地获取中国的生丝及丝织品等。到了庆长十四年(1609年,明万历三十七)、元和二年(1616年、明万历四十四),有马晴信分别派其家臣与长崎代官村山、其次子秋安、部将明石道友等到台湾"视察",持《异国渡海御朱印状》到台湾,试图在台湾建立与明朝进行贸易的据点。1624年,荷兰殖民者占领台南一带后,日本人滨田弥兵卫还以武力与荷兰人发生争斗,但没有达到目的。后来,也有日本商船到台南大员(今安平)经商,收购中国出产的生丝、丝织品和台湾的鹿皮。

日本人当时看到欧美各国相继侵入亚洲,势若蔓延,认为这对亚洲人来说实在值得忧虑。于是揣度时势,认为只有下决心奋起才能保障亚洲人的利益。现在,英法两国在南,俄人在北,荷兰及西班牙在东、南海,皆已割据土地,称雄一时。这些欧美国家还没有窥及的，只有台湾一岛。台湾是亚洲东方的海疆，如果西方人拿去了，那么亚洲人就没有机会了。更何况中国的兵力，历年来都不能慑服"生番"。那些西方人看到这种情形，难道还不垂涎啊？现在，只要我们日本穿铠甲、执兵器，率领军队前往征伐而据为己有，就可以免得西方人捷足先登。假如天下知道欧洲以东，有英国控制的各属国，亚洲以东，也要以日本为魁首，才能挽回时势，以限制欧洲的侵入。[14]

总之，台湾作为日本真正落实"南进政策"的一大据点，已经被明治政府领导人明确定位下来。[15]美国人类学家本尼迪克特说过，第二次世界大战，日本、意大利以及德意志已踏上了压迫弱小民族的邪恶道路，战败也未能使日本从道义上否定其"大东亚"理想。"在今后很长很长一段时间里，日本必定还会保持它的某些天生的态度。"[16]看来，这种天生态度至今也没有改变。历史真能捉弄人，本来站在反对日本保持"某些天生的态度"的美国，为了在当今世界达到遏制中国的目的，其总统奥巴马与日本首相安倍晋三沆瀣一气，要确认"发挥日美同盟在亚太地区的主导作用"。[17]这与1874年出兵侵略台湾时，认为自己是"魁首"毫无二致。如此，是值得爱好和平的人们高度警惕的。

这种种活动，都是日本以后试图侵占台湾的前奏。借口琉球漂流民遭难事件出兵台湾，是日本为窃取台湾所作的一次试探。

琉球国漂流民遇害事件的发生，终于使日本找到了侵略台湾和吞并琉球国的借口。

第二节　牡丹社事件

牡丹社事件的起因，表面上是因为琉球国漂流民在台湾遭难问题，实质上是日本明治政府为了实行其"南进政策"，企图侵占台湾和吞并琉球才产生的。

牡丹社事件的经过包括：琉球国漂流民在台湾南部遇害；日本军国主义明治政府寻找借口出兵台湾，作为推行其"南进政策"的第一步；中日签订《北京专约》，使日本找到了吞并琉球国的借口。

一、琉球国漂流民遇难。

（一）据时任福建海防同知张梦元报告，[18] 清同治十年十月二十九日（1871年11月30日），琉球国太平山（宫古岛）和八重山（石垣岛）各一艘船，装载土特产前往中山王府交纳完毕，从那霸港返回宫古岛和石垣岛。中途遇暴风，其中宫古岛的那艘船漂流到台湾东海岸的八瑶湾，即今屏东县牡丹乡东海岸港仔鼻与南仁鼻之间的港湾，其东方有高士村、八瑶社，再向西是牡丹乡所在地石门村，其南偏西就是石门古战场遗址。[19] 船上共有船员69人（船长岛袋），其中3人在海中淹死，66人登陆。登陆的船员中，54人被高士佛社和牡丹社排湾族人杀死。因为排湾族人有猎头习俗，有的被砍掉头颅。[20] 另有12人被当地居民救出，送到凤山县（辖境范围相当于今高雄市和屏东县），再被送往台湾府（在今台南市），分别受到凤山县府和台湾府的保护、照料和资助。

1871年12月28日，石垣岛的一艘船（船长松大）载有45人，漂流到福建省台湾府海面触礁破碎，幸遇台湾民船救起，同样受到凤山县府和台湾府的保护、照料和资助。

1872年1月17日，台湾府将琉球国难民松大、岛袋等57人护送到福建省福州柔远驿（俗称"琉球馆"），得到妥善抚恤，提供食宿、衣服及零用钱。当年七月，57人平安回到琉球。

对于琉球国遭难漂流民，清朝廷及地方政府都给予了很好的关照和抚恤。福建地方政府自他们住进琉球馆之日起，每人日给米一升，盐菜银六厘，回国之日另给行粮一个月，照例加赏物件，折价领取，由公库银内支出，造册报销。因为他们的船只被撞坏，于同治十一年（1872）七月附搭琉球便船回国。[21]

福州将军兼署闽浙总督文煜、福建巡抚王凯泰在奏折中说，已下令台湾镇、道、府认真查办，以儆效尤。同治皇帝批示道："着照例办理，并着督饬该镇、道等认真查办，以示怀柔。"[22]这说明，自琉球漂流民遇害之事发生后，清朝廷和福建省早已指令台湾道派员，从枋寮到琅峤一带建筑隘寮，选举隘首、隘丁驻守，遇有外国遭风船只，可以随时救护。

（二）日本借机制造侵台借口。琉球漂流民事件的当事人，一方是中国清朝的百姓，一方是中国藩属国琉球国的臣民，与日本风马牛不相及。但是，此时正值日本明治维新后国内情势不稳，日本欲以外事转移内政问题，于是明治政府以琉球漂流民遇害一事，制造借口，趁机推行其"南进政策"，出兵侵略台湾。

首先，假借琉球国名义。日本人说，九州岛萨摩地方人与琉球人"有亲谊"。因此，琉球国为了漂流民遇难事件，请求日本责备台湾。日本报纸还说，琉球国近来派使者去见日本国王，特恳请帮助申冤。又说，琉球商人被"生番"杀害，"求其援手"。[23] 对于以上言论，有几点疑问值得提出分析：

第一，所谓萨摩藩与琉球有"亲谊"，实际上是萨摩藩于1609年以3000多兵力侵入琉球，攻占首里城，把琉球国王和大臣都俘虏到萨摩。琉球国大臣郑迵在萨摩藩入侵时曾指挥武装抵抗，被俘到萨摩后又不屈服，萨摩藩就用油锅把他活活烫死。萨摩藩逼迫琉球国王签订《制裁令三十五条》，才把他们释放回国。[24] 在武力下能建立起"亲谊"来？

第二，琉球国法司官毛凤来、马兼才给荷兰大使的信函说，我国国王经过大清国大皇帝遣使册封，才能继承中山王位，大清国还时常招收琉球国子弟到北京国子监读书，遇有漂船遭风难民，大清国各省督、抚都优加抚恤，给粮、修船、妥遣回国。自列中国外藩以来，至今五百余年不改。可见，大清国天恩高厚。又说，漂流民被杀害之事，"未尝求恤于天朝，日本从中谀奉，代鸣不平。"[25]

琉球国人对中国清朝感恩戴德，溢于言表，并认为日本代鸣不平，是拍琉球国的马屁。《申报》发表《论日本要约琉球》指出，琉球难民被杀，没有请求清朝廷抚恤。日本从中阿谀奉承，代鸣不平，实为多事。[26]

第三，琉球国石垣岛、宫古岛的郡长、书记、村长及他们的助理等人，是驾船到中山王府去缴纳"方物"（土特产）的。[27]但到了日本人那里，却变成商人了。这不是别有用心地编造谎言又是什么？

其次，妄称琉球国为"日本所属"。事实证明琉球国是享有主权的独立国家。琉球国法司官毛凤来、马兼才等给荷兰大使信函说，我国虽小，自为一国，遵用大清国年号。[28]

不仅琉球国人根本不承认琉球国属于日本，中日两国学者的看法及美国等外交文书，也都认为琉球不属于日本。日本学者中根淑《琉球立国始末》说，以往说琉球国是源为朝的后代建立的，实际上，源为朝被流放到伊豆大岛，曾侵入鬼界岛，并没有到琉球，引源光圀《日本史》："至长宽（1163—1164）、承安（1171—1174）际，其不属（日本）者鬼界以南。"又引《续日本纪》，备载南岛诸夷，但有奄美、夜久、度感、信觉、球美等名目，并无琉球也。[29]

1882年，清出使日本随员姚文栋的《琉球小志·跋》指出：万历三十七年（1609）萨摩藩侵略琉球，尚宁王被俘，琉球才被逼属于日本萨摩藩，那时已是明朝中叶以后了。近来，有好事的日本人穿凿附会，以为南岛（指萨南诸岛）朝贡，古初简策已有之，又谓舜天王是其皇族源为朝之子，甚至疑开国祖天孙氏亦为其裔，多方牵合，目的就是掩盖（1879）灭亡琉球国的罪恶。[30]

《日本史》中的长宽、承安两个年号，相当于中国南宋孝宗的隆兴元年、二年和乾道七年至淳熙元年。可见，说琉球国自古属于日本，是毫无根据的。

琉球与日本原是独立平等的两个国家。德川家康统一日本后，希望恢复对明朝的贸易。1606年（明万历三十四），岛津家久奉德川家康旨意，给琉球国王尚宁写了一封信，希望琉球王能从中斡旋，以恢复日本与明朝的商品贸易，信中说："中华与日本不通商舶者，三十余年于今矣。我将军（德川家康）忧之之余，欲使家久与贵国相谈，而年年来商舶于贵国，而大明与日本商贾，通财货之有无。"[31]

信中两次称琉球为"贵国"，这充分说明，在1609年萨摩藩入侵琉球国之前，甚至也可以说在1879年明治政府废琉球藩改设为冲绳县之前，琉球与日本是平起平坐的独立自主的国家。吴壮达评论说："这个文书最可注意之点有二：其一，措辞语气，全然是商量的态度，日本既然称琉球国为'贵国'，可见当时的琉球，还受到日本的相当尊重，而能保持着对手国的地位。其二，日本欲假手于琉球，与我国恢复贸易关系。"[32]

1854年，美国海军将领马休·佩里曾率领舰队停泊于琉球国那霸港，琉球国官员对佩里说："国事一切由王自主，并不归于日本统辖。"佩里还与琉球国签订《美琉通商条约》。1860年，日本与美国重订《日美通商条约》后，佩里说："（原先）日本所立的琉球条约，作为废纸。琉球之为日本属国与否，日本未尝明言也，则琉球为自主之国。"[33]

又如，英国既与日本签订通商条约，同时又与琉球另外签订条约。可见，琉球与日本实际是两个独立国家。[34]

不仅琉球国认为自己是一个独立国家，中国、美国、法国、荷兰等国都承认琉球的独立国家地位。

另一方面，日本人也同样认为，琉球是外国。日本人撰写的《琉球史记》说，琉球自明迄今，使用中国纪年以奉正朔。至于文字，也崇尚华文。1854年琉球与美国立约、1855年与法国立约、1859年与荷兰立约，都用中国文字，年月日悉依中国纪年。[35] 桦山资纪当年写的《日记》说，听说琉球人4名漂到台湾某地。到了上海才知道，"这可能是因为备中（今日本冈山县）的遇难者被送往上海，误传为琉球人的缘故。"[36] 藤崎济之助也说，"误传的琉球人实际为本国人。"桦山资纪与藤崎济之助所说的"误传"，就把日本与琉球二者之间的界限划得清清楚楚。

由此可见，日本不敢明确说出琉球是日本的属国，那么，琉球为自主独立之国，就很清楚了。

二、日本出兵侵略台湾，同样编造了种种借口。

（一）编造"台湾生番地方不隶中国版图"。关于这一点，日本外务省派遣来中国的使者副岛种臣、柳原前光、大久保利通，以及西乡从道，无不如此狡辩。日本方面总是以"台湾生番地方为无主地，不隶中国版图"为说辞。同治十二年（1873）七月二十五日，日本使者柳原前光在照会中说，"台湾生番，为无主野蛮，本不必问之中国""琉球之事，日本应自为办理"，以及"中国允许日本自行办理"等谎言。

清朝总理各国事务衙门官员恭亲王奕䜣、文祥、沈葆桢及福建省和台湾府的地方官员反复驳论，并出示《台湾府志》加以证明。

英国驻华公使威妥玛就日本出兵台湾，询问恭亲王奕䜣"生番居住之地，是否隶入中国版图"，奕䜣明确答复："台湾生番地方，系隶中国版图。"[37]同治十三年（1874）三月二十九日，恭亲王奕䜣给日本国外务省照会声明："查台湾一隅，僻处海岛……地土实系中国所属。中国边界地方，似此生番种类者，他省亦有，均在版图之内，中国亦听其从俗、从宜而已。"批驳日本方面的谬论。[38]

同治十三年（1874）四月二十七日，恭亲王奕䜣给日本驻华公使柳原前光的照会指出："台湾全地久隶中国版图"。[39]

闽浙总督李鹤年用《万国公法》批驳西乡从道，他说，"查《万国公法》，凡疆内植物、动物、居民，无论是生长在本土的，还是外来的，按理都应当归本地方律法管辖。"又载发得耳（瑞士法学家）说："各国之属物所在，即为其土地，他国即不应过问；各国自主其事，自任其责。"

同治皇帝向军机大臣等发布上谕:"生番"本来就隶属中国版图,朝廷一视同仁。朕多次要求你们设法抚绥,不得视同化外,听任他们惨遭日本人荼毒。[40]

同治十三年(1874)六月初八日,帮办台湾事宜、福建布政使潘霨,与台湾道夏献纶、随员张斯桂等,带着沈葆桢的照会及柳原前光信函,前往日本军营会晤西乡从道。西乡竟托病不见。十二日会谈,西乡从道仍坚持"生番非中国版图"。潘霨拿出《台湾府志》有关生番各社岁输番饷之数,与各社所立字据,让西乡从道看。西乡理屈词穷,恼羞成怒,喋喋不休地说"所用兵费没有着落"。

《申报》发表《论台湾生番宜惩办事》一文说,查《万国大律》,凡地属何国,则应归何国约束。倘有他处人民为其属地人所杀害,则必先向有此地之国与之理论。[41]说明在当时就已引用国际法来分析日本关于台湾问题的种种言论,指出其是非曲直。

(二)编造清总理各国事务衙门(简称"总理衙门")准许日本"自行征伐"台湾"生番"。日本横滨《西字新报·论东洋伐台湾事》说,日本实质是要出兵台湾,但"不愿"与中国交战。日本外务大臣副岛种臣从北京返回日本,却宣称已与中国商定,准日本自行征伐。[42]恭亲王奕䜣指出,你(柳原前光)与郑永宁都是上年随副岛种臣来京人员,副岛种臣并没有与中国商量,为什么捏造"中国允许日本自行办理"?柳原前光无可狡赖,只得承认"总署(即清朝廷总理各国事务衙门)从无允许之事",琉球之事,应由琉球国请中国处置。[43]

实际上，副岛种臣作为大使，在天津见李鸿章、在北京见军机大臣文祥，都没有提出关于琉球国漂流民在台湾遇难问题。其原因据《日本国志》说，副岛种臣觉得"难于启口，因派副使柳原前光问（清国）总理衙门"，[44] 就如何处理琉球国漂流民遭难一事，提出由日本讨伐台湾"生番"。清朝总理衙门官员予以驳斥，严正指出，琉球是中国的朝贡国，不是日本属国，不用你们越俎代庖！[45]

日本外务省与前来北京的使节，在日本侵略军到达台湾西南部之前，总是编造谎言，回避用兵之事。1873年农历五月间，副岛种臣派柳原前光和翻译官郑永宁到总理各国事务衙门，只是提出"台湾生番戕害琉球人民之事，拟遣人赴生番处说话"。副岛种臣离开北京回国前夕，与恭亲王奕䜣见面，两人握手话别。奕䜣提出以后须按照《中日修好条规》的规定，"两国所属邦土不可稍有侵越"。副岛种臣回答说，这本来是我们的心愿（"固所甚愿"）。由此可知，副岛种臣并没有同总理衙门商议如何处置琉球难民一事，担任总理各国事务衙门大臣的恭亲王奕䜣，也从来没有答应"条规"规定以外的事。[46]

（三）其他谎言。因师出无名，日本侵略者总是犹抱琵琶半遮面，借口厦门海面练兵和追拿逃犯，把军舰开到中国领海。同治十二年（1873）二月二十五日，日本海军春日舰到厦门港停泊。带兵官海军少尉家柯，当即拜谒台澎道宪，先表示是来借教场阅兵，被驳回。再询问来意，又说是因为日本国内乱，首犯在逃，所以派军舰到中国沿海各埠访查缉拿。最后才说，以前有民船两艘，以遇险漂至台湾，为"生番"所残害，现打算追究。

一会儿说借教场阅兵，一会儿又说是追查日本逃犯，东拉西扯，遮遮掩掩，谎话连篇。其真正的目的，却隐藏在"打算追究"的背后。

其次，把出兵征讨说成是"问询""告诫""开导""薄示惩戒"等。

日本公使柳原前光在日军已侵入台湾南部琅峤一带，还要谎称"欲发使人向生番相问"。[47]

日本全权办理大臣大久保利通，回复清总理各国事务衙门大臣恭亲王奕䜣的照会说，查贵王大臣徒引条规，加人以侵越邦土、违犯条约，是岂友邦所宜出于口乎？[48]

闽浙总督李鹤年回复西乡从道的照会说，台湾全地素属中国，日本国政府并没有与总理衙门协商准许如何办理，就统兵前来台湾，既与《万国公法》违背，又与《中日修好条规》第一、二两条不合。[49] 琉球岛是我属国中山国疆土。本部堂一视同仁，已严令该地方官责成"生番"头人，限期交出首凶，按律论罪。总之，台湾隶属中国，应由中国自办，不用日本国代劳。各国公使都在京师，必以本部堂为理直。今回复照会，请你们撤兵回国，以符《万国公法》和《中日修好条规》。[50]

李鹤年的照会以《万国公法》和《中日修好条规》为法律准绳，以台湾"生番"隶属中国版图，台湾地方当局已采取措施加强对外国难民的保护等实际事例，逐一批驳日本入侵台湾西南部的种种借口和谬论，真是淋漓尽致。

日本明治政府心怀鬼胎，为侵略台湾找借口，理不直，气不壮。日本派副岛种臣出使中国，其任务之一是与清朝廷谈琉球国漂流民在台湾遭难事。《日本国志》说，副岛种臣到北京总理各国事务衙门，只谈觐见同治皇帝的礼节问题，对于出兵台湾之事，觉得不好开口，[51]就派遣副使柳原前光于五月二十一日访问清总理各国事务衙门。军机大臣吏部尚书董恂与毛昶熙接待了他。提起台湾问题，毛昶熙等义正辞严地对柳原前光说："台湾番民之杀害琉球民，既闻其事，害贵国人，则我未闻。夫二岛俱我属土，属土之人相杀，裁决固在于我。我恤琉球民，自有措置，何预贵国事而烦为过问？"[52]

同治十三年（1874）五月初八，李鹤年带领台湾兵备道夏献纶及洋将日意格、斯恭塞格等，到琅峤（今屏东县恒春镇）会晤西乡从道，向他出示了沈葆桢的照会。照会指出，"生番"土地隶属中国，"杀人者死"，律有明条。虽然是"生番"，岂能轻纵！但这是中国分内应办之事，不当转烦他国劳师糜饷。乃闻贵中将忽然以船载兵，由不通商之琅峤登陆。台湾百姓惶恐，称不知为什么事得罪你们日本人，使日本国置和约于不顾而出兵台湾。[53]

三、日本出兵侵略台湾。牡丹社事件当事人一方是中国清朝的百姓，一方是中国藩属国琉球的臣民，与日本风马牛不相及。日本却借机侵略台湾，同时实现蓄谋已久的吞并琉球目标。

（一）派间谍事先到台湾刺探情报。

自明治维新后，日本政府为了发动侵华战争和长期霸占中国，很早就开展情报工作，派出大批日人乔装成商人、渔民、僧侣、学者、游医郎中、旅游者、摄影爱好者，甚至乞丐等深入中国各地，广泛搜集各种情报，如自然地理、政治经济、军事文化、水陆交通、宗教民俗、文物古迹、方言俚语、生活习惯等。然后，交由专门机构深入研究，为发动侵华战争作参考。[54]

1874年，日本以讨伐台湾牡丹社为借口，出兵侵略台湾就是这么做的。

1872年7月，八重山石垣岛和宫古岛获救的岛民回到那霸港时，驻在琉球国的日本官吏将此事急报给鹿儿岛县参事大山纲良。大山纲良向明治天皇上了一封奏折，请日本政府"兴师问罪，征伐台湾"。同时，大山纲良也将此事通报给熊本镇台鹿儿岛分营。1872年7月28日，鹿儿岛县的伊地知壮之丞，奉命带着大山纲良的奏折及《驻琉球岛官员报告书》《川平头目等四人的申报书》到东京呈报。但日本朝廷没有批准大山纲良的奏请。[55]

7月25日，鹿儿岛分营长桦山资纪在得知消息的当天，就从鹿儿岛出发，于27日下午抵达熊本镇台，但因熊本镇台司令长官桐野利秋陆军少将出差，就直接赶往东京。桦山资纪从鹿儿岛出发，在酷暑中日夜兼程，用了14天时间来到东京。

桦山资纪以一个少佐军官的身份去直接向陆军部长报告，不知越了多少级。

他在东京的主要活动，一是到陆军省向西乡从道少辅报告琉球国漂流民在台湾被杀死的情况，并提交了《关于探险台湾生番的意见书》。最终，与西乡从道"达成了关于台湾问题的协定。外务省关于台湾事件的意见也初步决定"，并"将其意见书提交给正院"。二是多次找同乡西乡隆盛（参议）、西乡从道（少辅），"还奔走于山县大辅、板垣参议、村田、黑田、仁礼、三岛、伊集院、黑木、伊地知、野津、上原、别府等其他数十位朝野要人之间，为促进朝廷关于台湾事件的商议，做出了非常大的'努力'。"[56]

桦山资纪奔走于权贵之间，历访当权要人，可谓费尽心力，甚至在途中被人力车撞倒，口内受伤，也没有停止奔波。桦山资纪这样卖命，只能说明他侵略台湾的心情是多么急迫。

他的这些活动最后得到明治政府同意，由外务省编成《琉球民被台湾生番杀害调查书》。外务卿副岛种臣也极力奔走，明治政府"于是冒认琉球为其所属，决定为兴问罪之师"。[57]

桦山资纪是日本鹿儿岛萨摩人，其父桦山爱辅是日本贵族院议员，获封伯爵。他曾师从西乡南州，年轻时任熊本镇台鹿儿岛分营长，少佐军衔。1873年，桦山资纪以旅游者身份潜入台湾进行间谍活动。他"深入番地，探察地理之形势，物资之丰否，民俗之文野，以期他日一旦有事而有所作为。"桦山资纪把这次间谍活动写成日记。[58] 1874年，明治政府派遣西乡从道以讨伐牡丹社为名，率日军侵略台湾西南部，桦山资纪被擢任参谋，出了不少歪点子。在日本侵略军分三路进攻牡丹社时，桦山资纪担任其中一路的指挥官。其间，他还作为副岛种臣的随员，参加在北京的种种外交活动，包括参加与清总理衙门的谈判。藤崎济之助说，桦山资纪当年虽然是一个佐官，但在日本侵略台湾的一系列行动中，"应该说乃处于征台之发起人、主要倡导人的立场，成为征台之中心，征台之机轴，或活跃于东京，或活跃于清国，乃是该事件自始至终具有'伟大功绩'之人。"[59] 后藤文夫则说，桦山资纪是隐于牡丹社事件背后的中心人物。[60]

西乡南州（桦山资纪曾师从此人）与副岛种臣策划，先派桦山资纪到台湾"观察形势"。[61] 同治十三年（1874）二月初七，桦山资纪、水野遵二人，携带旅游护照，由旗后口（今台湾高雄市旗津区）到枋寮。初十，即坐小舟进抵琅峤，察看牡丹社、龟仔角等处山势形胜，当天即返回旗后。随带仅有纸笔等件，可能想绘琅峤一带舆图。[62] 后来水野遵奉命参军，在西乡从道的侵略军中担任海军翻译。同治十三年（1874）七月十六日，水野遵遁入猪朥束、高士佛诸社，声言索取前年琉球人被戕首级，实躬带远镜，周览各山。[63] 1894年中日甲午战争后，日本攫取台湾，桦山资纪担任第一任台湾总督，水野遵则担任总督府民政局长。他将自己潜入台湾进行间谍活动和参加侵略牡丹社的经历，写成《征番私记》，其中关于桦山资纪的那部分内容，于1923年3月发表在《台湾时报》上。

噶玛兰（今宜兰县）通判洪熙恬报告，噶玛兰厅所辖苏澳一带，自上年以来，常有日本人来往。（1874）五月初三，有日本船一只，驶往后山沿海而去。船内备有糖、酒、哗吱等物，声称欲与"生番"联和，准备在后山建码头、做生意。所雇水手都是比较熟悉后山一带港路的人。查日本人垂涎台湾地方，早就成竹在胸了。[64]

与桦山资纪一起潜入台湾进行间谍活动的还有成富清风、儿玉利国（海军大尉）、高屋（海军少佐）、城主静、上田新助等。这些人都是野心勃勃的日本军人，有的就在中国留学，能讲一口流利的汉语。他们隐瞒真实身份，持旅游护照，走遍台湾的各个地方搜集情报，特别对台湾西南部沿海一带的情报搜集尤为详尽，为日后军事侵略台湾做准备。他们还以小恩小惠的手段，收买当地世居少数民族，妄图建立微型殖民地。"首先占领奇莱（或写作"岐莱"，今花莲县城所在地），然后窥机占领南澳平原（今台湾省宜兰县南澳乡一带）"。但是，当地的"平埔族熟番，任凭他们的煽动，毫不动容"，这些日本人的侵略计划以失败告终。

1874年8月15日，后湾营内美国人机慎，带同日本兵20多名，到石门、牡丹社等处游览，并拍照山水地图。[65]

持旅游护照到台湾来"游历"的日本人的所作所为，是地地道道的间谍行为。当时,《申报》刊载多闻子的来信,揭露他们的真正意图:有日本人四名,雇墨西哥国人卑鲁剥船,到后山岐莱港地方,想在明年春天建筑码头,招商贸易。这是想蚕食我国疆土之实迹,昭然足据。[66]

台湾学者王诗琅在《日人台湾刺探记》中指出:"日本自明治维新以来,国力日见充实,以新帝国主义国家为目标,急起直追。到明治中叶,它的野心更勃勃欲试,亟谋向外发展。这时候他们对横在台湾海峡和太平洋之间的台澎,当然很清楚地认识到它们的军事、政治、经济的重要性和价值,所以居心蓄虑,早就想把它们攫取而后已。远者不谈,自牡丹社事件以后,其有目的的行动,已是昭然若揭,企图是明显的。除了这些公开的侵略行动以外,日本还不断地进行着所谓'调查'。据故老说,'日据'前,全台重要地方时常发现善操华语的'化缘僧',宜兰则有日本人的制造业者,台北有日人的'妓馆'。这些人是不是'第五纵队',我们虽然不敢妄加断定,但无疑其中可能部分是假借这些行业来做掩护的间谍。除了这些奇怪的人物以外,据日人的记录,还有闻名的'军'方和'官'方人员的刺探行动,而且令人感到愤怒的,就是他们还附带着收买单纯的先住民、煽动反清、制造叛乱的使命。首任台湾总督(1895—1896)桦山资纪、初任总督府民政长官水野遵、厦门日本领事上野的台湾'踏查',就是最好的例子。"[67]

（二）日本出兵侵略台湾。

看起来好像堂堂正正的理由，实际上是掩耳盗铃，欺骗世人罢了。日军侵略台湾，早已磨刀霍霍。这种侵略行径毕竟违背中日两国签订的《中日修好条规》和《中日通商章程》，以及《万国公法》。同时，那时的日本军事实力也不见得比清朝强大。但是，日本有副岛种臣、柳原前光、大久保利通这些善于诡辩的外交家，有为侵略台湾冒险犯难、奔走呼号的桦山资纪，以及"逃脱之贼徒"[68]西乡从道中将等人。日本遂冒天下之大不韪，悍然于1874年5月出兵台湾。

果不其然，没过两天，即同治十三年（1874）四月十七日，奉明治天皇的敕令，日本陆军中将西乡从道，统率海陆军侵入台湾西南部。他们在琅峤（今屏东县恒春镇、牡丹乡辖境）建军营10座，驻兵700人；中军营帐在距琅峤不远的四重溪侧，驻兵1500人；在琅峤以南的龟山，建有房屋。在逼近"番社"一带，驻扎1500名士兵，形成半圆形包围态势。

当时形势及各国舆论，均不利于日本。日本明治政府内部决定停止"征台"，要求西乡从道回到东京，军队停留在长崎。他竟"拒不奉命"，并说，"必要强留某，则奉还敕书，躬自捣丑虏巢窟，毙而后已。万一清朝异议，朝廷（指日本朝廷）目臣为亡命流贼，则于答之乎何有？"西乡从道遂连夜发兵，[69]农历四月八日到台湾。

西乡从道在照会中说，日本国皇上委派本中将，深入"番地"，召集他们的酋长，百般开导，诛其凶犯，薄示惩戒，使他们不再重蹈前辙，以安良民。[70]

日本出兵侵略台湾，美国人李仙得起了推波助澜的坏作用。李仙得曾任美国驻厦门领事八年。每年都有三四次到台湾活动，因此，十分熟悉"生番"风土人情，可以用"番语"与"番众"对答、交流。李仙得卸任后，被日本政府聘任为二等官，作为侵台日军顾问。

由于清廷的消极防御政策，日军在琅峤登陆得逞。同治十三年五月十七日（即1874年6月30日）日本在琅峤悬示谕民，[71] 有该地是日本国属下之地等语。据此信息，则东洋蚕食之原谋，竟殆有实证了。但更可恶的是，不是在生番之地，而是在凤山县所属之熟番及寄居华民的村庄。告示内都用华文，因为当地居民都懂华文。

五月十八日，日军分三路进攻番社：一由风港，一由石门，一由四重溪。每路约五六百人。"生番"不敢拒敌，纷纷逃散。日军即将牡丹社、高士佛社、加芝成（来）社、竹仔社居民房屋焚毁，并滥杀无辜。另外，岸上倭兵2000多人，海口尚有轮船三只。[72]

同治十三年（1874）五月，清廷命船政大臣沈葆桢以巡阅为名，率兵到达台湾，企图在悄无声息间解决问题。随后，清廷又派福建布政使潘霨协同沈葆桢处理台湾事务。沈、潘二人到达台湾后，在军事上展开了部署。由于一味想着能"不战而屈人之兵"，不但使清军丧失了战略主动，而且使得日军得寸进尺，攻破了18个"番社"。日军占据他们赖以生存的土地，多次向牡丹等社发起攻击，烧毁他们的住房，枪杀世居少数民族群众，断绝他们与平地汉族人的往来与交换，切断了盐、粮食等生活必需品的供应。日军的暴行遭到当地世居少数民族排湾族人的顽强抵抗。据当年四月二十六日《申报》报道，一位部落首领（酋长）表示，宁愿决死一战，也不愿低头屈服。应潘霨与夏献纶派人召集而来的各"生番头目"有百五六十人。[73]

侵台日军无恶不作。他们残杀无辜，烧毁居民房屋，还调戏良家妇女。五月初五，驻扎在双溪口的日本兵，到已降服的猪朥索等社，抢劫猪鸡，强奸"番妇"。[74] 日本军营虽然集中在龟山、风港等处，但仍然不时游弋各庄。五月二十八日，日本兵5人在枫港新街顺兴商铺内，调戏张杨氏。她的族人张来生前往阻止，被日本兵刺成重伤。街坊抱不平，以砖头攻击日本兵，击伤一日本兵头部。二十九日，"新街、柴城自禁各人不到日营买卖。"[75]

台湾世居少数民族在反抗战斗中，杀死日军12人，杀伤多名。又因为天气炎热，疫病流行，日军死亡人数近550多人。[76]

史称这次日军侵略台湾一事为"牡丹社事件"。

（三）企图占有台湾。

首先，在日本派到台湾进行间谍活动的人中，不仅有桦山资纪、水野遵这样前往台湾南部进行侦查活动，为日军登陆做准备的，还有到东部地区进行阴谋活动的。

成富清风在与台湾地方官员打交道时，用其字称刘穆斋，在与当地世居少数民族打交道时，用日本名成富清风。[77] 同治十三年（1874）四月二十三日，成富清风一行四人到不是通商口岸的岐莱港（今花莲港）去。结果，所乘的船在花莲港外触礁沉没。他们游泳上岸，并将行李等也搬上岸，雇人看守，许给工资，把带去的斧锯等物寄存在该处。然而，很快又声称丢失1000块银圆。[78]

办理台湾等处海防兼理各国事务大臣沈葆桢，责成台湾道夏献纶到花莲港查办日本人在岐莱船破失银一案，连日对该处头人李振发、南势社"番目"（酋长）润澜、加礼宛社"番目"八宝、附近居民曾生等，分别询问。他们提供的情形大致相同，没有发生抢劫的事，不知道丢失1000块银圆的事，也没有将地租给日本人，只有受雇搬挑、看房带路的人，陆续得到工钱银计约180元，并不是租地银子。他们提供的情况被采信而结案。

对此，沈葆桢在呈送给总理各国事务衙门的报告中说明，依据当时《中日修好条规》第三条，禁商民诱惑土人；第十四条，条约沿海未经指定口岸，不准驶入；第二十七条，船只如到不准通商口岸私做买卖，准地方官查拿。今台湾后山岐莱地方，中国所辖，并非通商口岸。此次前赴岐莱的成富清风、儿玉利国、上田新助，虽该国领事品川请给游历执照，何得潜往勾引"土番"？种种情节，均违和约……将（成富清风等人）的游历执照追销。同治皇帝看后，同意沈葆桢的意见和建议。[79]

实际上，成富清风等人编造遭到抢劫、丢失银圆，目的只有一个，就是与琉球漂流民事件相呼应，污蔑台湾各地的世居少数民族都一样"野蛮"，需要"文明"的日本前往教化，为出兵侵台制造借口。

其次，《清朝全史》披露副岛种臣向日皇献计的说辞，暴露了日本的侵台野心。他说："欲制列国觊觎台湾之心，欲收土番之地于版图，欲得土地于清朝，欲收中国之民心，此数者，非臣莫属。臣请自赴清国，借交换条约之事，以人在北京，游说各国公使，以绝媚嫉之野心。然后与清廷议谒清帝之礼，质以韩国之关系，告以征番之理由。"[80]

中村纯九郎更是一语中的，他说："明治七年（1874），曾兴师去台湾南部征伐该处番人，对番人进行教化，并开拓荆棘，拟建新的殖民地。"[81] 白纸黑字，还能辩解为"非贪其地""素非贪土住兵者"吗？这与柳原前光说要在台湾"生番"地方"设官施政"，如出一辙。

再看日军其行。同治十三年（1874）五月二十一日，日本轮船一艘，停泊在龟山下的射寮港，船中除士兵200多名、日本女人10多人外，还带有酒、米、铁链农器，以及松、桐、杉树苗各数百株，草种、花种等，分植后湾、龟潭湾等处。[82] 既然是打仗，为何要把农具、树苗、草种、花种，从日本运到台湾来？这不是想在台湾建立殖民地又是要干什么？

同治十三年（1874）七月初一，寓住日本的朝鲜国人李绍圣投书《申报》说，日本国屯兵台湾凤山县境，搭盖板屋，妄出告示，真狂悖极矣……近闻日本东京告示其国民，欲抽三丁之一，带农具等赴台，战则为兵，不战为民，真是蔑视中国啊。又口出狂言："中国万不敢战，索偿军需，必可由我。"[83]

早在1874年4月17日，美国纽约《斐拉路德报》就发表评论说，日本出兵台湾的目的，就是最终"永远占据之"。[84]

日本兵临台湾，其欲侵占台湾的企图，真是"司马昭之心——路人皆知"。

（四）日本撤兵原因。

第一，舆论对日本不利。《申报》发表《论日本定议撤兵》一文，再次指出："是以中外之人恶其（日本）显背《万国公法》，故中西新报皆群起而议其非也。"[85]

美、英等国都表示了"局外中立"的立场。两国驻日公使都指示本国国民不准参与、帮助日本出兵台湾的行动。英国、美国还收回或停止向日本租借运输船。已经在日本侵台军中任职的克色里、瓦生，驻华公使指示他们二人退职。[86]美国虽下令不准美国公民在日本军中任职，但美国人李仙得不听招呼，在回国途中经过日本，被日本聘官。他将所画的台湾地图交给日本，并为日本出兵侵台出谋划策。后来，当其经过厦门时，立即被美国水兵逮捕，并送交美国驻上海总领事处理。[87]

第二，日本羽翼未丰，实力未必强过中国。当时有评论认为，对于日本有两艘铁甲船,不必过于恐慌。日本共有所谓战船四艘,小炮船七艘。二艘铁甲船,还有一艘锅炉裂破的兵船。如沈葆桢在奏折中说,日本铁甲船的铁甲只有四寸厚,而且船头船尾没有护甲,一小时只能航行"九革纳"。另一艘战舰也比较破旧,航速不过每小时"六革纳耳",实在不能与我们中国新造的大船相匹敌。我们中国战船配置大多是"革白勒"(德国克虏伯大炮)炮,是当今最精的炮,航行速度比日本铁甲船快"二三革纳"。"我船可辗转自如,以精炮远轰,而自立于不败。"因此,日本不能与中国的二大船及二十多艘师船抗衡。[88]沈葆桢这样一分析,很清楚日本人是虚张声势。

第三,日本摸清了清朝底细,抓到了吞并琉球国的借口和敲诈真金白银的目的。早在四月十七日,还没有发生战斗,西乡从道就宣称已支出兵饷白银300多万两。[89]这种夸大其词的说法,只是为了今后向中国索要赔偿制造舆论。

1874年9月,日本内务卿、全权办理大臣大久保利通来到中国,在英、美公使的调停下,经过多次谈判,于10月31日,中日双方签订了《日清互换条款》(《北京专约》,或称《台事专条》)。[90]清政府答应给日本抚恤银10万两,日军在台建筑费40万两。先付10万两,其余40万两在12月20日日本兵撤出台湾后付清。

第四,日本兵死伤严重,支撑不下去了。到了夏季,台湾疾疫瘴气流行,每天都有四五个日本兵死去,病者不计其数。日本兵因水土不服,又经常遭受"生番"的突袭,伤亡已达1/3。[91]西方报纸刊载消息说，日本赴台湾之士兵，因病死亡者不下六百人。[92]一说，日军在入侵台湾的过程中，死在台湾世居少数民族的弓箭、长矛之下的有12人，因瘴气疾疫病死的有550多人。[93]

对于这次军事侵略没有达到殖民台湾的目的，中村纯九郎称，"识者均以此为千秋憾事"。[94]

但是，清政府与日本签订的《北京专条》(又名《北京专约》)却埋下了一个隐患，即等于承认日本为被杀琉球人出兵的合理性。后来日本声称，清朝在《北京专约》中，已经承认琉球是日本属土，琉球人是日本属民。

第三节 《北京专约》与"球案"[95]

在日本出兵台湾的过程中，虽然李鸿章、沈葆桢等主张闽省设防，但并非一定要用武力，而是要联系外交，靠欧美各国使节评论曲直是非。即使沈葆桢到台湾后，清朝廷从大陆调集了20万大军到台湾，也只是为了壮声势，并不与日军交锋。恭亲王奕䜣认为"兵端不可遽开"，英、法两国使臣愿为调停，虽不无利人兼利己之心，只要他们愿意代为斡旋，何乐而不为呢。[96]

大臣是这样，同治皇帝也拿不出什么好主意，同样把希望寄托在外国干预上。他在一道上谕中说："邀集各国领事，公评曲直。日本兴兵显背条约，固属理屈词穷，若能就我范围，敛兵回国，自可消弭衅端。"[97]

清朝廷害怕使用武力，只是论理而已，派沈葆桢为钦差办理台湾等处海防兼理各国事务大臣，命福建镇、道等官归沈葆桢节制，准许他调遣江苏、广东沿海各口轮船，[98] 使他能够与日本及各国按约辩论。清廷将注意力放在"以夷制夷"，寄希望于外国干涉调停上。

在这样的指导思想下，只能花钱买日本从台湾撤兵。结果，在英、法等国使节的调停下，与日本政府签订《中日北京专约》，专约内容有三条：一、日本国此次所办，原为保民义举，中国不指以为不是。二、前次所有遇害难民之家，中国定给抚恤银两。日本所有在该处修道建房等件，先行筹补银两，另有议办之据。三、所有此事，两国一切来往公文，彼此撤回注销，永作罢论。至于该处"生番"，中国自宜设法，妥为约束，以期永保航客，不能再受凶害。此条约的签订对中、日、琉都有深刻的影响。清朝等于放弃了对琉球国的宗主权，事实上打开了琉球灭国之路的大门。结果，以清朝赔偿40万两军费、抚恤金10万两，才换来日本侵略军撤离台湾。

由于清朝在1874年《北京专约》中承认日本出兵系"保民义举"；又让日本向琉球遭难民众转交抚恤款，等于授权给日本了。[99] 由此，给了日本吞并琉球的口实。在北京签订《北京专约》的大久保利通，回到日本后便向明治天皇提出，通过与清国谈判，清国已承认我征"番地"为义举，并出银两抚恤受害难民，足以表明琉球属于我国版图。

实际上，早在明治维新后，日本已迅速走上对外侵略扩张的军国主义道路。1609年萨摩对琉球国的侵略掠夺，还只是日本西南某个岛藩的强盗行为，现在，日本则要进行整个帝国主义国家的侵略扩张了。明治初年的"征韩论"中，就提到了要侵占琉球，甚至宣布琉球王国是日本的领土。

大久保利通回到东京，就向明治天皇建议，为将来计，希望政府借机断绝琉球与中国的关系，在那霸设置镇台分营。[100] 明治天皇接受建议，1875年7月10日，派遣内务大臣松田道之赴琉球，传达天皇的命令：一、废除清朝年号，使用日本年号。二、废止琉球对清朝的朝贡和庆贺清帝即位而派遣使者的惯例，同时废除琉球国王更迭时接受清朝册封的惯例。琉球今后与清朝的交涉概由日本外务省管辖办理，撤销在福州的琉球馆，贸易业务由日本领事馆管辖等。三、废除琉球法律，使用日本法律。四、琉球应效仿日本进行藩政改革，模仿日本的职官制度。五、琉球"藩王"入朝，研究政治改革与兴建之法。

琉球国并不认为自己的国家已隶属于日本。他们说，明洪武五年（1372），琉球国已臣属中国，一百多年后，才与日本来往。更何况中日《北京专约》，并没有载明琉球国专属日本，因此，琉球国实在不敢与中国断绝关系。俗话说得好，"与其无信而生，不如守义而死。"[101] 同治十三年（1874），琉球国照样向清朝进贡"方物"。可笑的是，日本外务省居然发送照会，向清总理衙门讨要琉球国的"贡物"，遭到中外媒体的批评和驳斥。[102]

琉球国最初拒绝了日本的全部要求，亲日派的高官摄政尚健、三司官向有恒等也被迫辞职。后来迫于形势，接受了日本关于内政方面的要求，但拒绝与清朝断交，称与清朝断交"有失信义"，琉球方面绝对"坚守信义，以为保国之用具"。1875年9月11日，松田道之离开琉球，琉球派遣三司官毛有斐、马兼才、向德宏等人随松田赴东京。对于琉球提出的要求，日本方面给予种种理由加以拒绝。

清朝随后宣布不承认日本有这个权利，但于事无补，并将琉球这个一直依仗中国扶持的小国，推到了日本的魔爪之下，中断了琉球对华藩属关系。

日本终于通过出兵台湾，迫使清朝廷签订中日《北京专约》，得以实现梦寐以求的对琉球的吞并，而琉球则被迫断绝了与中国持续500多年的朝贡关系。西乡从道宣称，对台湾的报复措施是"日本帝国政府的义务"。也就是说，日本出兵台湾就是向内外宣示琉球归属日本的一种证明行为。琉球国本来属于被称为"华夷秩序"的朝贡体系，而明治政府将其作为"琉球藩"，迫其归属日本，正是妄图通过1874年5月22日出兵台湾而对内外确定下来。[103]

日本的贪欲并不止此，他们还把修改《中日修好条规》及《通商章程》与解决琉球问题捆绑在一起，企图与西方列强"利益均沾"，同样享有到中国内地通商的权利。清朝廷大臣与封疆大吏对日本的无理要求进行了长时间、激烈的争辩，都认为"球案"与改约不能相提并论。宣统皇帝的老师陈宝琛说："球案结，琉球灭。改约，中国堤防溃。"南洋大臣张树声也不同意琉球问题结案和改约，他说，球案与改约，不能牵连并议，这是如风马牛不相及的两回事。北洋大臣李鸿章说，球案、改约，"暂宜缓允"。[104]因此，光绪皇帝拒绝批准关于解决琉球问题条约的草案。日本使臣宍户玑不得不返回日本。由此可见，日本吞并琉球国，清政府并没有予以承认。因而，成为有待重议的悬案。

1894年中日甲午战争，清朝战败，1895年签订《马关条约》，清朝把台湾、澎湖割让给日本，"球案"不再被提起。1949年中华人民共和国成立后，中国政府废除了帝国主义强加给中国的所有不平等条约，一切帝国主义势力都被清除出中国大门。对于1972年美日对琉球私相授受，中国政府一概不予承认。吴壮达、王作荣、张海鹏等的观点说明，时至今日，"球案"仍然是个悬而未决的问题，可以重新讨论。

【注释】

1. ［日］藤崎济之助著，全国日本经济学会译:《台湾史与桦山大将：日本侵台始末》(台北：海峡学术出版社，2003年)，第55页。

2. 陈世庆:《台湾牡丹社边防始末：甲午前日本觊觎台湾之一端》，台北:《文献专刊》第1卷第4期，第28—42页，1950年12月。

3. 马勇:《甲午战争:缘起、过程及教训》,见《北京日报》2014年6月23日,第19版。

4. 张炜:《一场日本精心谋划的侵华战争》,见《参考消息》2014年3月12日,第11版。

5. 戚俊杰:《日本为甲午战争精心准备26年》,见《参考消息》2014年7月11日,第11版。

6. [日]藤崎济之助著:《台湾史与桦山大将:日本侵台始末》,第52、53页。

7. 王晓秋:《从日本对华观的演变看甲午战争》,见《参考消息》2014年6月26日,第11版。

8. 转引自肖裕声:《甲午战争的历史告诫》,见《参考消息》2014年3月6日,第11版。

9. [日]藤崎济之助著:《台湾史与桦山大将:日本侵台始末》,第628页。

10. 肖裕声:《甲午战争的历史告诫》,见《参考消息》2014年3月6日,第11版。

11. 台湾银行经济研究室编:《马关议和中之伊李问答》。

12. [日]藤崎济之助著,全国日本经济学会译:《台湾史与桦山大将:日本侵台始末》,第628页。

13. 米艾尼:《"黑船来航"强迫日本打开国门》,见《北京日报》2014年9月17日,第1版。

14. 同治十三年（1874）五月初七日《申报·论东洋伐生番说》。

15. ［日］纐缬厚：《日清战争与日本帝国主义的形成》，见《参考消息》2014年7月14日，第11版。

16. ［美］鲁思·本尼迪克特（Ruth Bencdict）著，孙志民、马小鹤、朱理胜译，庄锡昌校：《菊花与刀——日本文化的诸模式》，第17页。

17. 日本读卖新闻网站2014年4月24日报道，转引自2014年4月25日《参考消息》第1版《美日夸口联手主导亚太事务》。

18. 同治十一年（1872）二月二十五日，福州将军兼署闽浙总督文煜、福建巡抚王凯泰奏折。［清］王元稚，台湾银行经济研究室编：《甲戌公牍钞存》。

19. 《台湾省地图册》（北京：中国地图出版社，1991年）。

20. 童春发：《台湾原住民史：排湾族史篇》，第32页。这个部落群有石门、牡丹、汝乃、高士佛、八瑶等十社。

21. 同治十一年（1872）二月二十五日福州将军兼署闽浙总督文煜、福建巡抚王凯泰奏折，见［清］王元稚：《甲戌公牍钞存》。

22. 福州将军兼署闽浙总督文煜、福建巡抚王凯泰奏折，同治十一年（1872）四月二十四日《申报》。

23. 见同治十二年（1873）十月十五日《申报》。

24. 冲绳县立博物馆编：《博物馆展览指南》，第43页。

25. 光绪五年（1879）正月初七日《申报》，琉球法司官毛凤来、马兼才等致荷兰公使加白良函。

26. 光绪五年（1879）正月十七日《申报》。

27. 同治十二年（1873）五月二十六日《申报》"南海奇事（一则）"；[日]藤崎济之助著，全国日本经济学会译：《台湾史与桦山大将：日本侵台始末》第164页。这是他"通过多方调查"得到的情况。按照名单所列，并没有商人。只是第169页"附记"提到，"听说首里的人，大多是搭船的商人"。

28. 光绪五年（1879）正月初七日《申报》，琉球法司官毛凤来、马兼才等致荷兰公使加白良函。

29. 台湾银行经济研究室编印：《清代琉球记录续辑》。

30. 同上。

31. [日]木宫泰彦著，胡锡年译：《日中文化交流史》（北京：商务印书馆，1980年），第624页。

32. 吴壮达编著：《琉球与中国》，第91页。

33. 香港《循环日报·西报论琉球所属》，转引自同治十三年（1874）十一月初七日《申报》。

34. 同治十三年（1874）十一月十三日《申报·记中西各人论琉球事》。

35. 光绪六年（1880）正月二十五日《申报·纪论辩琉球事》。

36. 转引自[日]藤崎济之助著，全国日本经济学会译：《台湾史与桦山大将：日本侵台始末》，第175页。

37. 恭亲王奕䜣同治十三年（1874）三月二十九日奏折，台湾银行经济研究室编：《同治甲戌日兵侵台始末》。

38. 同上。

39. 台湾银行经济研究室编：《台湾对外关系史料》。

40. 同治十三年（1874）五月二十五日上谕，见［清］王元稚：《甲戌公牍钞存》。

41. 同治十二年（1873）三月十三日《申报》。万国大律，又称万国大法，即国际法。

42. 同治十二年（1873）三月二十三日《申报》。

43. 同治十三年（1874）七月二十五日总理各国事务恭亲王等奏折，见［清］王元稚：《甲戌公牍钞存》。

44. 转引自陈世庆：《台湾牡丹社边防始末：甲午前日本觊觎台湾之一端》。

45. 同治十二年（1873）闰六月初五《申报》。

46. 同治十三年（1874）三月二十九日，总理各国事务衙门恭亲王等奏折附录《给日本国外务省照会》，见［清］王元稚：《甲戌公牍钞存》卷一。郑永宁答复的原话是："台湾生番地方，只以遣人告知，嗣后日本人前往好为相待，其意皆非为用兵"。

47. 日本翻译官译为"只愿派使告诫而已"。见同治十三年七月二十一日《申报》。

48. 同治十三年八月二十四日大久保利通给总理衙门照会。见

［清］王元稚:《甲戌公牍钞存》。

49. 修好条规第一条:"两国所属邦土,不可稍有侵越。"第三条:"两国政事禁令,各有异同。其政事应听己国自主,彼此均不得代谋干预。"

50. 同治十三年（1874）三月二十三日,闽浙总督李鹤年回复西乡从道的照会,见［清］王元稚:《甲戌公牍钞存》。

51. 同治十三年（1874）三月某日,总理各国事务衙门复英国威使函附录三月二十六日文煜将军照会。见［清］王元稚:《甲戌公牍钞存》。

52. 转引自陈世庆:《台湾牡丹社边防始末:甲午前日本觊觎台湾之一端》。

53. 同治十三年（1874）四月二十四日,闽浙总督李鹤年回复西乡从道的照会,见［清］王元稚:《甲戌公牍钞存》。条约规定,一国船只不得航行到另一国的不通商港口。

54. 沈秋农:《"他是谁,为了谁":高仓正三〈苏州日记〉为侵华战争服务解密》,见《北京日报》2014年10月13日,第20版。

55. ［日］藤崎济之助著,全国日本经济学会译:《台湾史与桦山大将:日本侵台始末》,第155—162页。

56. ［日］藤崎济之助著,全国日本经济学会译:《台湾史与桦山大将:日本侵台始末》,第172—173页。

57. 陈世庆:《台湾牡丹社边防始末:甲午前日本觊觎台湾之

一端》。

58. [日]藤崎济之助著，全国日本经济学会译:《台湾史与桦山大将：日本侵台始末·自序》。

59. 同上。

60. [日]藤崎济之助著，全国日本经济学会译:《台湾史与桦山大将：日本侵台始末·序一》。

61. 桦山资纪（1837—1922）是日本殖民政府的第一任台湾总督，但很少有人知道他在牡丹社事件中的所作所为。

62. 凤山县枋寮巡检王懋功、千总郭占鳌报告，见[清]王元稚:《甲戌公牍钞存》。

63. 同治十三年（1874）八月初二，办理台湾等处海防大臣沈葆桢等奏折，见[清]王元稚:《甲戌公牍钞存》。

64. 同治十三年（1874）五月十一日福州将军文煜、闽浙总督兼署福建巡抚李鹤年、总理船政前江西巡抚沈葆桢奏折，[清]王元稚:《甲戌公牍钞存》。

65. 委员郑秉机报告，见[清]王元稚:《甲戌公牍钞存》。

66. 同治十三年七月三十日《申报·选录多闻子寄华字申报馆书》。原文称"东洋"，本书引文直接改为"日本"。岐莱，今花莲市。

67. 见[日]藤崎济之助著，全国日本经济学会译:《台湾史与桦山大将：日本侵台始末·附录一》。

68. 西乡从道说，如果清国对日军侵台提出异议，就说是"逃脱之贼"所为。见［日］伊能嘉矩:《台湾文化志》，第111页。

69. 转引自陈世庆《台湾牡丹社边防始末：甲午前日本觊觎台湾之一端》。

70. 同治十三年（1874）四月二十四日《申报》。

71. 琅峤，后称恒春。相当于今屏东县狮子乡、牡丹乡、车城乡和恒春镇辖境。

72. 同治十三年（1874）五月十一日，文煜、李鹤年、沈葆桢奏折，见《同治甲戌日兵侵台始末》。

73. 同治十三年（1874）六月初八，福州将军文煜、闽浙总督兼署福建巡抚李鹤年、办理台湾等处海防兼理各国事务沈葆桢、帮办台湾事宜福建布政使潘霨奏折，见［清］王元稚:《甲戌公牍钞存》。关于"生番各社"纳税情况，见［清］范咸:《重修台湾府志》卷五《赋役志（二）·凤山县》。

74. 同治十三年（1874）五月初五《台湾镇、道秉总督》，见［清］王元稚:《甲戌公牍钞存》。

75. 委员周有基探报，见［清］王元稚:《甲戌公牍钞存》。

76. ［清］罗大春，台湾银行经济研究室编:《台湾海防并开山日记·附录三：依田学海〈征番纪勋〉》，同治十三年（1874）十一月二十八日《申报·东洋各闻（一则）》引西报:"东洋赴台湾之士兵，因病死亡者不下六百人。"日军人数有3000人、3500人、4500人等说法。

77. 沈葆桢奏折："刘穆斋,此次番目所供,俱系成富清风。据洋行呈出成富清风名片,印其背曰字穆斋,其为一人无疑也。"

78. 噶玛兰厅报告,见[清]王元稚:《甲戌公牍钞存》。

79. 同治十三年(1874)八月初二沈葆桢等奏折,见[清]王元稚:《甲戌公牍钞存》。

80. 转引自陈世庆《台湾牡丹社边防始末:甲午前日本觊觎台湾之一端》。

81. [日]藤崎济之助著,全国日本经济学会译:《台湾史与桦山大将:日本侵台始末》,第628页。"素非贪土住兵者"是大久保利通照会中的话(详下)。

82. 同治十三年(1874)六月十九日,办理台湾等处海防兼理各国事务沈葆桢等奏折,见[清]王元稚:《甲戌公牍钞存》。

83. 同治十三年(1874)八月十四、十五日《申报》。

84. [日]伊能嘉矩:《台湾文化志》,第110页。

85. 同治十三年(1874)七月十三日《申报·论日本定议撤兵》。

86. 同治十三年(1874)五月初五《申报·美钦使查撤台湾助战人员》。

87. 同治十三年(1874)二月二十七日《申报》;《申报》六月二十六日《李珍大(即李让礼)被获》。

88. 同治十三年(1874)五月二十四日(公历七月七日,即礼拜二)《申报·东洋水师不敌中国》。

89. 同治十二年（1873）六月初九日《申报·台湾军务实录》。

90. 同治十三年（1874）九月二十二日，总理各国事务恭亲王奕䜣等关于中日互换条约奏折，见［清］王元稚：《甲戌公牍钞存》。

91. 同治十三年（1874）九月十九日办理台湾等处海防大臣沈葆桢等奏折，见［清］王元稚：《甲戌公牍钞存》。

92. 同治十三年（1874）十一月二十八日《申报·东洋各闻（一则）》。

93. ［日］依田学海：《征番纪勋》。

94. ［日］藤崎济之助著，全国日本经济学会译：《台湾史与桦山大将：日本侵台始末》，第628页。

95. 当时文献把中日关于解决琉球国存废问题，简称为"球案"。

96. 同治十三年（1874）九月十一日总理各国事务恭亲王奕䜣等奏折，见［清］王元稚：《甲戌公牍钞存》。

97.《清穆宗实录选辑》，又见同治十三年（1874）五月十一日《申报》。

98. 同治十三年（1874）四月十四日，同治皇帝上谕，见《清穆宗实录选辑》，又见［清］王元稚：《甲戌公牍钞存》。

99. 香港《循环日报》评论，见同治十三年（1874）十月十三日《申报》。

100. 台湾银行经济研究室编：《同治甲戌日兵侵台始末》。

101. 光绪二年（1876）六月二十九日《申报·东倭考》。

102. 光绪元年（1875）二月十九日《申报·日本为琉球索还贡物》；二月二十四日《论日本向中国索还琉球贡物事》。

103. ［日］纐缬厚：《日清战争与日本帝国主义的形成》，见《参考消息》2014年7月14日，第11版。

104. 以上分别见光绪六年（1880）九月二十六日陈宝琛、十二月十八日张树声、十月初九李鸿章奏折。台湾银行经济研究室编：《清光绪朝中日交涉史料选辑》。

第六章 亡于日本之痛

岛国日本，早在室町幕府（也称"足利幕府"）时期（1338—1573）就谋划扩张领土，其目标是北方的朝鲜和南方的琉球。1441年，室町幕府擅自把琉球划为岛津氏的地盘。1480年（明成化十六），琉球国中山王尚真上书明朝廷，要求恢复每年一贡的成例，其目的是要依靠中华的庇护之恩，杜绝别国的觊觎之患，[1]说明琉球国对于日本的野心早有警惕，并想依靠中华的扶持，以保琉球国的安全。1590年，丰臣秀吉完成了统一日本后，就打算征服琉球王国。[2] 1609年，萨摩藩军队攻破琉球国都城首里，强迫签订条约，占领琉球国领土奄美群岛。1872年，日本明治天皇借机册封尚泰为"琉球藩王"。1879年，日本明治政府推行废藩置县，确立中央集权制的国家体制，琉球国被改设为日本的冲绳县。

第一节　萨摩藩的武装侵略

　　12世纪，日本九州岛的统治者被天皇冠以"南部岛屿领主"的称号。1441年，室町幕府的征夷大将军足利义教宣布将琉球赐予萨摩守护岛津忠国。自此之后，日本的势力开始威胁琉球，而且渐渐成为中琉关系发展的障碍。其后不久，琉球对日的贡使中绝。[3]另一方面，在东京大学史料编纂所里，至今仍保存着1471年琉球国王尚圆给萨摩守护岛津立久的官方书信。尚圆自称"金丸世主"（世主是琉球国王的尊称）。从书信的内容可以看出，琉球与萨摩的关系是对等的。但是萨摩却单方面地将琉球与萨摩的对等贸易看作"朝贡"。实际上，琉球国没有接受丰臣秀吉和岛津氏的统治，依然保持独立。[4]

琉球国本身没有物资可供出口，主要做中国、东南亚之间的转口贸易。日本也就利用琉球的这一优势，力图从琉球获得国内需要的中国产品，如生丝、绸缎、瓷器等。1582年，日本战国时代[5]的枭雄丰臣秀吉继承了织田信长的遗志，统一了日本列岛。随后，丰臣秀吉对岛津义弘透露准备吞并琉球国的意图。丰臣秀吉死后，德川家康继续执行对外扩张政策。

当时，日本正处于动乱的战国时代，诸大名急需从对外扩张中获取利益来发展自己的经济实力。离日本最近且又富有的琉球国遂成了日本的首选之地。丰臣秀吉入侵朝鲜之前，曾要求琉球国为远征军提供支持，琉球不仅拒绝，还将此事通报了明朝。1591年（明万历十九），丰臣秀吉侵略朝鲜，萨摩藩命令琉球国为日本侵略军输送兵食，遭到琉球国拒绝。1603年德川家康取得日本的统治权并建立了江户幕府，琉球又因为拒绝向江户幕府派遣谢恩使团而与德川家康交恶。

另一方面，因为倭寇骚扰、掠夺中国东南沿海，明朝断绝与日本的商贸往来达 30 多年。因此，日本转而通过萨摩藩，请琉球国转请中国开放对日通商，并代拟萨摩藩主给明朝册封使和琉球国尚宁王致明福建军门的两封信，请明朝准许日本通商，又遭到琉球国三司官[6]郑炯的严词拒绝。[7]

于是，江户幕府把倭寇攻击明朝商人赴日贸易船只的账，算到琉球国头上，诬陷琉球国阻挠了日本与明朝间的贸易往来。实际上，萨摩藩是想借侵略琉球国攫取最大利益，以弥补协助丰臣秀吉入侵朝鲜和参加日本内战（关原之战）的军费与损失，而且此举还可以抢夺中琉之间的贸易利益。此外，萨摩藩也想借此军事行动，化解内部的权力斗争问题。

在请示德川家康并获得允许后，1609 年（明万历三十七年、日庆长十四年）3 月初，萨摩藩岛津家久派遣桦山久高为大将，平田增宗为副大将，率兵 3000 多人、船 100 多艘、铁炮 600 门，自九州岛山川港出发入侵琉球，[8] 史称"庆长之役"。

3 月 17 日，萨摩军先遣队 13 艘船分别到达德之岛的各个港口。德之岛的岛民英勇抵抗，但很快被击败。另有八艘船漂到湾屋（今天城町），遭到 1000 人的包围。萨摩军弃船登岸，用铁炮进行猛烈攻击，杀死 50 多人。此外，还有三艘萨摩船漂到了德之岛秋德港，岛上的首领佐武良兼、思吴良兼二人（史称"掟兄弟"），率领百姓手持棍棒，英勇迎击萨摩军，萨摩军一度被击退。但萨摩军的狙击手射死佐武良兼后，局势急转直下。思吴良兼率众杀入敌阵英勇战死，其他百姓则在首里王府官员向洪基的率领下继续抵抗，直至被俘。

奄美大岛的大亲（琉球王府任命的奄美大岛最高官员）在津代凑建立栅栏堡垒，组织3000人抵御萨摩军的进攻。副大将平田增宗欲率部支援桦山久高，但桦山认为没有必要，拒绝了平田的支持。萨摩军使用铁炮击毁栅栏，岛民大为恐惧，四处逃散，大亲被俘虏，萨摩军迅速占领了奄美大岛。

琉球国方面，一百余年无武备，民不知兵。自尚真王（1477—1527在位）实施"刀狩令"，禁止农民携带刀具以来，琉球国基本上没有多少武装力量，甚至连武器储备也很少。萨摩军从琉球国北部一路向南杀来，极少遇到琉球方面的抵抗。但萨摩军仍"恣意烧杀，以逞兽欲"。他们见人便杀，见房子就烧。永良部岛主官是郑炯的女婿，萨摩军指名搜捕，将其杀害，可见萨摩藩对郑炯的刻骨仇恨。

萨摩军在进攻那霸港时，港口守军使用大炮和飞石火矢向萨摩军发起猛烈攻击。萨摩水军受到重创，损失极为惨重，被击沉、击伤兵船数艘，不得不停止进攻，萨摩军听说琉球国在那霸港安装了铁索等防御器械，大为恐慌。桦山久高心急气沮，一度想自杀。后来听说那霸以北的运天港平日没有守备，3月25日转为北攻运天港。得手后，分水陆两路向南进攻。27日，平田增宗率部攻入今归仁城，守兵望风而逃。萨摩军就纵火焚烧房屋，见到在农田耕作的农民就开枪追击，并纵火烧毁村舍。进入那霸，郑炯在久米村率众抵抗，被萨摩军打败，不仅郑炯被俘，还有数百人死在萨摩军刀下。

4月3日，萨摩军包围首里城。次日，尚宁王遂派遣和谈使团，要求与萨摩军谈判，宣布投降。5日，萨摩军占领首里城。首里城附近的大君御殿、丰见城殿（毛继祖的府邸）、仙福庵以及周围的许多民宅，都遭到萨摩军的大肆破坏掳掠及焚毁。从7日起，萨摩军在首里城内大肆抢掠，王城及附近贵族家的一切财宝、典籍、字画、私人衣物、用品、文件等，无不被搜刮一空，13日装船，"掳其王，迁其宗器，大掠而去。"[9] 喜安在其日记中感叹道："有如家家日记，代代文书，七珍万宝，尽失无遗。"

5月25日，萨摩军将三司官马良弼、毛继祖留下管理首里城，带上被俘的琉球王尚宁、王子，以及郑炯等官员100多人，撤兵回九州萨摩。

不久，尚宁王跟随岛津久家离开鹿儿岛城，7月20日到达京都，8月6日到达骏府城。14日，岛津久家带着尚宁王，同右兵卫督尾张义直、常陆介纪伊赖宣一起面见德川家康。尚宁王向德川家康献方物，德川家康大喜，承认了尚宁王对琉球的统治权，邀请尚宁王一起观看猿乐。尚宁王又随岛津久家前往江户，面见德川秀忠。24日，摄政尚宏在途中病死，葬于骏河。[10] 25日到达江户，受到德川秀忠的款待。此后，尚宁王一行又与岛津久家回到鹿儿岛城。

在萨摩藩的压力下，琉球国被迫向萨摩进贡，并授予萨摩派到琉球来的人员以职位、品级。琉球国内的亲明派（主战派）在战后全部被罢免官职，向里瑞被萨摩藩扣作人质，由毛凤仪、毛凤朝担任三司官职务。尚宁王之后，尚丰王十一年（明崇祯五年，1632），琉球国在被萨摩所占据的岛屿建立馆舍，供两国管理来往贸易和收税的官员使用。此后，琉球国沦为萨摩藩的傀儡政权。萨摩藩向琉球派遣官员长驻那霸以监视琉球国的举动。到了尚贞王二十五年（清康熙三十二年，1693），琉球派遣大和横目多人，驻姑米、马齿两岛，看守贡船往来。其余则分布琉球国各地，看守地方官员，催缴给萨摩藩的贡赋，每年为89086斛。[11]

琉球对中国朝贡贸易的所得也遭到了萨摩藩的剥削。萨摩藩还禁止琉球国与朝鲜、安南、南洋诸国以及日本其他藩的贸易往来。自此，琉球国的财政收入陷入了困难的境地，仅靠对中国的朝贡贸易与对萨摩藩下属的度佳喇岛（今鹿儿岛县宝岛）贸易所得维持。每次琉球向中国派遣进贡船，以及进贡船回国、册封使来港等外交大事，都要遣使向萨摩藩通报。而萨摩藩、江户幕府发生领主更替，以及萨摩藩、江户幕府的公子出生、子女嫁娶等大事，琉球王都要派遣使者前往庆贺。日本发生大灾难时，琉球国也要遣使慰问。琉球国王每年还要向萨摩派遣年头使庆祝新年。

萨摩藩希望假借琉球国的名义同明朝进行朝贡贸易。因此就在明万历三十七年（1609）冬季，琉球国使臣毛凤仪、金应魁奉岛津久家之命，以进贡的名义来到福州柔远驿。郑炯生前在鹿儿岛城时写了一封密函，内容是要求明朝皇帝讨伐日本，请长崎商人带往中国，但被金应魁以重金收购并隐藏起来，不让明朝皇帝知道。毛凤仪、金应魁二人将尚宁王的奏折秘密交给福建巡抚陈子贞，报告萨摩藩入侵琉球之事，希望明朝向日本交涉。陈子贞迅速将此事上报明廷。明廷于第二年七月得知此事，万历帝降旨暂缓贡期，将原来的二年一贡改为十年一贡，并没有提及向日本交涉的事。

明朝的这一决定，使日本原本希望通过琉球人暗中与中国开展贸易的图谋落空。而明朝当时之所以没有像援助朝鲜反抗日本侵略那样，对琉球国也提供军事支持，是由于明朝的经济、政治、外交重心已转移到北方，如军马可以从北方的茶马互市及俺答的封贡中得到解决，海外贸易转向菲律宾和美洲，以获取对外贸易所需的大量白银。重心的转移极大地影响了琉球国在朝贡体制中的地位，[12]致使萨摩藩掳掠琉球国的图谋得手。

1611年（明万历三十九），尚宁王君臣在鹿儿岛被迫与萨摩签订《制裁令十五条》，浓缩了萨摩殖民统治琉球的基本方针。从中可以看到，萨摩试图对琉球王国的贸易实施管制，对领取俸禄者实施限制，进而对琉球国的风俗习惯予以取缔。其主要条款有：

一、无萨摩命令，禁止与中国进行朝贡贸易。

二、剥夺那些虽出生于门第家庭，但却无官职者的俸禄。

三、禁止向女人提供俸禄。

四、禁止私下缔结主仆关系。

五、禁止大量建造寺院。

六、严禁与那些未经萨摩许可的商人进行贸易。

七、严禁将琉球人贩卖到日本本土。

八、务必按萨摩官员的规定收取贡粮和公用物品。

九、不得架空三司官而听从他人。

十、禁止强买强卖。

十一、禁止喧哗争吵。

十二、商人或农民除了对已规定的各种税收外,如有对无理残暴之事需要进行申诉者,应向萨摩藩申诉。

十三、禁止琉球向日本的其他藩国派遣贸易船。

十四、必须使用日本的度量衡。

十五、禁止沉迷于赌博等违背人道的行为。

凡违反以上条款者,迅速处以严厉的惩罚。

庆长十六年辛亥(1611)九月十九日

兵部小辅 章

纪伊 守 章

胜兵卫尉 章

权左卫门 章[13]

《制裁令十五条》是悬在琉球国头上的一把利剑,是套在琉球国脖子上的绳索:"其第一条即断绝琉球之生路。第六条、第十三条、第十五条,使琉球国丧失国际贸易之利。而琉球本身产业极弱,生活所需多赖贸易。今一概禁绝，仰萨藩鼻息，琉球生机全失，已无独立条件矣。"[14]

琉球君臣都在条约上签字，唯独郑炯认为这是剥夺了琉球独立自主的权利，坚决拒绝签字，并厉声斥骂岛津久家。岛津久家命令将郑炯投入滚烫的油锅，活活烫死。[15]

萨摩藩强行割占琉球北部奄美群岛（即喜界岛、德之岛、奄美大岛、冲永良部岛以及与论岛等）归萨摩藩直辖，但名义上仍旧是琉球国的领土。在琉球官方史书《中山世谱》中，仍旧将奄美群岛列入琉球属地三十六岛之中，汪楫的《使琉球杂录》，也将奄美群岛列在琉球国领土之内，还说琉球人对提起奄美群岛非常忌讳。

萨摩藩军队撤出琉球后，留下本田伊贺守、亲政蒲池休右卫门尉二人驻守琉球，称"在番奉行"。此职相当于英国驻殖民地的总督，是代表萨摩藩殖民统治的最高当局，实为琉球的太上皇，监视琉球国的行政。不久，萨摩藩强迫琉球国王室成员在萨摩当人质。1632年，又派日本人在琉球各地为监察人员，称"大和横目"，彻底深入掌控琉球全国。萨摩藩派官员进驻琉球，测量分配田地，制定赋税。[16]

光绪五年（1879）六月二十一日，琉球国官员向德宏在给日本外务大臣寺岛的复文中，对萨摩藩侵略琉球国是这样说的：尚宁王确实被俘过。那是因为丰臣秀吉出兵朝鲜之后，又准备与中国明朝打仗。因为我们琉球国是日本邻邦，日本就前来借兵、借粮，本国不同意。日本步步紧逼，尚宁王更不承服。后来，岛津义久指派在萨摩的琉球国僧人说明日本形势，要他回到琉球国告诉尚宁王，赶快去朝拜德川家康。尚宁王不服从，才招致萨摩军的进攻，尚宁王被俘。这就是被逼立誓文的由来。以后每年输送八千石粮食给萨摩，以当纳款。这就是尚宁王君臣被困三年，不得已委屈听从的苦情啊。[17]

八重山群岛的人头税便是从此时开始征收的。在番奉行所成为凌驾于琉球王府三司官之上的特权机构，有时候也成为琉球官员间斗争的工具。例如1667年的北谷惠祖事件、1734年的平敷屋友寄事件和1858年的牧志恩河事件，都有在番奉行所的插手。

1663年，萨摩藩禁止琉球僧侣传教，并禁止僧侣与民众接触。因此，僧侣便丧失传教热忱，整日无所事事，既不修行也不做学问。继而岛津义弘禁止一向宗（真宗）传播，并将反抗此禁令的仲尾次政隆等13人处以流刑。此一佛教遭禁事件，是由于萨摩藩厌恶真宗具有反抗特性的缘故，以及僧侣"肉食娶妻"所引起的。1879年，才解除此一禁令。

庆长琉球之役对琉球的影响非常深远，琉球从一个独立自主的国家变成萨摩藩的附庸国，成为半殖民地状态。

即便如此，也不能改变琉球与中国的藩属关系。据《明史》记载，万历四十四年（1616），"日本有取鸡笼山之谋"，当时忍辱负重的尚宁王在国家残破的情况下，依然不忘"遣使以闻"，[18]通报这一信息，提请中国防备日本侵略。

清朝入主中原后，琉球国继续保持明朝以来的册封朝贡关系，贸易和文化交流还更为扩大了。

第二节　明治政府的废藩置县

日本明治维新后，迅速走上对外侵略扩张的军国主义道路。原来萨摩对琉球国的侵略掠夺，还只是日本西南某个岛藩的侵略行为，现在，日本则要进行整个帝国主义国家的侵略扩张了。明治初年的"征韩论"中，就提到了要侵占琉球，甚至宣布琉球王国是日本领土。

明治维新之初，日本明治天皇就要求琉球国应该前来朝贺。琉球国王尚泰遣其子赴东京贡献土特产。日本天皇乘机封琉球国王尚泰为"琉球藩王"。明治政府又把"太政官令"传达到琉球，将琉球王国置于日本鹿儿岛县的管辖之下。明治政府企图将琉球王国纳入行政管辖。

1871年8月29日，日本明治政府推行废藩置县，本来隶属于岛津藩的琉球王国，就直接隶属于明治政府了。但是，这时的琉球国同清朝的藩属关系也被承认。

1872年7月，琉球王尚泰派遣伊江王子尚健等人到东京，祝贺明治天皇亲政。日本政府乘机封尚泰为"琉球藩王"，列名"华族"。[19]这是明治政府强行改变日琉关系的第一步。而这些行径，当时都是在瞒着中国的前提下暗中进行的。从此，琉球国便成了所谓"日清两属"。尔后，日本政府不断施加政治、军事压力，进一步胁迫琉球国断绝与中国的宗属关系，但每次均遭拒绝。

1873年，明治天皇下诏书命琉球国受内务省管辖，租税上缴大藏省，将其纳入日本内政轨道，而这一切都没有获得琉球国的同意。

1874年，日本借口琉球漂流民在台湾牡丹社遭难，悍然出兵台湾，最后签订了《北京专约》。

正如给事中邓承修所指出的，台湾"牡丹社事件"只是日本的一种尝试。当时，我们没有向日本军队发射一箭予以还击，倒是掷金钱数十万以求一日无事。因此，日本人才乘机灭琉球国，改为冲绳县。[20]

中日两国关于琉球国问题进行了长期交涉和争议，不仅清朝廷内部，而且封疆大吏都发表了各自的意见。

《北京专约》签署后的第二年，即1875年，日本禁止琉球国循例向中国遣使入贡，及贺中国新君登基。同时，要求琉球使用日本纪年，以前的政治规条，都要更改。对此，琉球君王、大官、臣庶，莫不惊骇。14次上书日本，声明"琉球向为中国藩服，已历五百年，中国之待琉球，恩侔天地。如琉球稍有背中国之心，则不复成为国矣，天下其谓我何！"于是至再而三，不接受日本政府的指令。[21]

光绪五年（1879）正月十八日，松田道之奉命押遣到东京请愿的琉球官吏回琉球，除向尚泰宣布废藩置县外，并约法三事：一、将藩王世子入质东京；二、禁其朝贡清国；三、年号、历朔依奉日本。[22]

3月12日，日本内务省书记官松田道之率领多名内务官员，一百多名警部巡查和熊本镇台分队的两个中队到达那霸。27日，向尚泰传达天皇的命令，执行所谓的"琉球处分"：宣布废除琉球藩，设立冲绳县，锅岛直彬任冲绳县知事，首里城为冲绳县政府办公场所。这表示日本政府在琉球正式设立政府机关、军队和警察。松田道之还在首里城随即大肆抢掠中琉往来的文书、文物和宝印，以及琉球国的政府档案，企图销毁和隐匿琉球国的历史见证。

同时宣布：除正月十八日宣布的三条外，禁止再奉清国正朔，改奉日本正朔，并实行阳历；废止福州琉球馆，对清国商业，悉归日本厦门领事管辖；废止琉球国原有官制，改依明治维新以后诸藩制度，确认琉球王为天皇之藩臣，琉球人为日本臣民；废止琉球国原用刑法，改行日本刑法；选派少壮十人左右，到东京就学；日本派遣镇台分营，驻屯琉球要地，琉球兵备为日本国防之一部分。[23]

对于松田道之宣布的上述条款，特别是关于与中国断绝关系，因为事情重大，琉球国王及官员拒绝签字，经数日苦苦商量，除不能断绝与中国关系外，其他条件都可以接受。归纳琉球国方面向松田道之提出的答复意见，主要有：在不妨碍天朝（中国）关系条件下，可改依日本刑法，断绝进贡之事，绝不可能。至于谢恩，因国王有病，可由王子代办。答复中特别说明，如果离开清国，必定会失去自由权利而遭掣肘之累，这样，还能永保国家的存在吗？父子之道既绝，累世之恩既忘，何以为人？何以为国？

后来，又有琉球官员赴日本东京，请求允许继续向清国进贡，但被拒绝。其间，琉球国向西方列强驻日使节求助，也没有收获。[24]

1879年5月27日，忧愤交加的琉球末代国王尚泰抱着病体，踏上了去东京的道路。尚泰王与其他王室重要成员，被强制乘船离开那霸，前往东京，并被封为侯爵，立国700年的琉球主权独立王国正式灭亡。从此，明治政府将琉球纳入日本版图，并强迫琉球和中国断绝外交关系。1901年，尚泰在东京去世。

日本政府随即派兵镇压，并开始实行残暴的同化、奴化和殖民政策。日本迅速推行同化工作，逮捕反日的琉球王室残余，收缴各种武器，将语言、教育、税务、兵役、耕地、经济作物等纳入为日本服务的体系。同时大力推行种族歧视政策，在学校和民间社团活动中进行了长期的特务告密活动。而日本最重要的同化举动是湮灭了琉球国的本土宗教。宗教圣地御岳被毁，神女和巫女全部遭驱逐或消灭，同时，将日本神道教搬进琉球。1898年，日本政府强征琉球人服兵役。1916年，在日本政府的压力下，全冲绳教师大会要求禁止在学校说琉球语。日本吞并琉球国之后，还迫使琉球国人停止编撰记载琉球国历史的《中山世谱》《球阳》。这就叫作"灭人之国，必先去其史。"[25]

第三节　清朝廷的妥协外交

根据清光绪朝中日交涉史料记载,[26]概而言之，当时清朝廷在处理日本吞并琉球国的问题时，国际形势对中国是不利的。西部有俄国侵略新疆，中俄正在谈判。因此，在处理琉球国问题时，秉持的宗旨有五：认为日本会有求于中国；力争依靠与日本反复争辩解决琉球国问题，避免武力对抗；依靠各国驻日公使按照国际法评判中日两国的是非曲直；依靠美国卸任总统格兰特调解，借美国压日本放弃吞并琉球；琉球地瘠民贫，没有什么用处。

1876年（光绪二），琉球国王不堪日本的侵略压迫，两次派遣使者赴东京，请求日本同意琉球与中国保持外交关系，被日本断然拒绝。

当年十月，琉球通事林世功同陪臣紫巾官向德宏、都通事蔡大鼎等，奉国王密命，乘一只小船来华，呈递密信，陈述国情，恳求清朝廷出面，阻止日本吞并琉球的行径。因为风向不顺，直到光绪三年（1877）二月二十九日才驶抵福州。五月十四日，闽浙总督兼署福州将军何璟、福建巡抚丁日昌，在给光绪皇帝的奏疏中说，因为日本不准琉球国再向我大清入贡，中山王秘密派遣陪臣来陈述相关情形及苦衷，充分显示了他们的真诚。如果过分拒绝他们的请求，担心琉球国会转而寻求欧美各国的帮助，还要说我们大清不能庇护属国，更加助长琉球群岛对我大清的离心离德，特呼吁皇上开恩，保护琉球国。[27]当时琉球国王还派使臣到北京朝廷哭诉，恳求清朝保护属国。但是，清廷并没有回应。对此，有评论说，虽说中国施政崇尚宽大，清朝没有施以援手，实际上给人的印象就是无能啊！[28]吴壮达也说，清代外交官不明事理，做事不靠谱。[29]

日本已下定吞并琉球国的决心，而且，还要把琉球问题与"改约"（修改《中日修好条约》）捆绑在一起解决，即要求与欧美各国享有同样的"利益均沾"权利。

光绪四年（1878）五月八日，何如璋向李鸿章与总理衙门提出处理琉球问题的上、中、下三对策：上策为派兵船进驻琉球群岛，以要求琉球入贡为名，向日本展示必争的决心；中策为据理说明，并约琉球国夹攻，向日本展示必定援助琉球国抗拒日本；下策为以言辞外交文书反复争辩，向日本展开交涉，表明不能容忍日本阻止琉球进贡的行为，要求日本取消它对琉球的压力。李鸿章认为，何如璋是"小题大做，转涉张皇"。李鸿章的办法只有一条："言之不听时复言之，日人自知理绌，或不敢遽废藩制改郡县，俾球人得保其土……若言之不听，再由子峨（何如璋字子峨）援公法商会各国公使，申明大义，各使虽未必助我以抑日本，而日人必虑各国生心，不至灭琉国而占其地。"[30]

李鸿章认为阻止日本吞并琉球国的解决办法，一是希望通过与日本讲理，二是争取国际舆论支持，依靠西方列强进行口头干涉，而不敢与日本动真格的。这是行不通的。1874年日本出兵侵略台湾，其手段之一就是通过胡搅蛮缠、信口雌黄的诡辩找到吞并琉球国的借口。同样，在吞并琉球国的过程中，日本政府还会和你讲理？果不其然，1879年（光绪五），日本在琉球强制实行"琉球处分"，推行"废藩置县"，设置冲绳县。

日本之所以敢这样做，正如美国总统幕僚杨副将说的："日本人以为，不但琉球可并，即台湾暨各属地动兵侵占，中国亦不过以笔墨口舌支吾而已。"[31]

中日两方围绕"分岛、改约"问题进行谈判。中方主张把"改约"与"分岛"分开解决，并提出对琉球国的两分法：接近日本方向的奄美大岛划为日本领土，琉球本岛及其附近岛屿和先岛群岛作为独立的琉球王国（在谈判中没有涉及钓鱼岛，可见钓鱼岛在琉球群岛以外）。

日本采取的应对手法是，首先，坚持二分琉球与修改《中日修好条约》捆绑在一起解决的既定政策。光绪六年（1880）九月二十五日，日本派遣宍户玑为特使到中国来谈判，提出日本国也要照各国"一体均沾"之例修改《中日修好条约》。因为准许各国在中国内地通商，日本条款第十四、十五两款载明"两国商民不准出入内地"，日本商民不如各国得沾中国利益之多，故愿照各国例，加入"一体均沾"之条，以抽换十四、十五两款。[32]关于"球案"，宍户玑坚持"两分法":仍然以石垣、宫古二岛划属中国。冲绳本岛以北归日本,根本不考虑琉球复国的问题。

清朝官员的想法是要保留琉球王国。南洋大臣刘坤一认为,以南部两岛重立琉球国,还能延续琉球王族的香火,差不多接近我们"存亡继绝"的初衷,并且可以为今后的谋划留下余地。李鸿章也认为,南部两岛应交还琉球王驻守。奕䜣说,他们的意见,都是以保存琉球国的延续和祭祀为重,与总理衙门的本意相同。

其次,日本表面接受美国卸任总统格兰特调解,实际并不照办。或者,格兰特根本没有向日本方面提出过三分琉球方案。后来,奕䜣与李鸿章都收到光绪七年(1881)七月二十一日格兰特的信,大意说中国肯宽让日本,日本也愿退让中国,其本心不愿与中国失和等。至此,奕䜣等才认识到,这与以前何如璋的报告不符,知道事情又有变化。但也只是怀疑格兰特提出的三分琉球方案,可能日本不愿意照办。[33]

清朝廷议而不决,一再反复。1880年9月,迫于日本的压力,中方最后妥协,起草了《琉球专约拟稿》[34],以日本提出的把琉球划分成两部分的二分法,而不是清朝提出的三分法,草签了分界条约,包括宫古、石垣在内的先岛群岛属于中国。然而光绪皇帝拒绝批准这一不平等条约,并且指示中方代表与日本继续协商。到年末,日本方面断然拒绝,谈判破裂。于是,日本与清朝之间关于琉球的所属问题一直没有得到解决而遗留下来。

1882年，日本驻天津领事竹添进一与清政府就恢复琉球问题进行谈判，但是没有达成协议。由于清朝的日益衰弱，日本干脆装聋作哑，将南部琉球也收入囊中，把琉球国完全吞并了。

此后，日本对外暂时没有动作，表面上对朝鲜和中国不动声色，尽量避免刺激清朝官员的行为，遂使李鸿章等人全然不以日本为意，防日思想大为削弱，注重防俄而疏于防日，[35] 结果在1894年甲午战争中遭到惨败。

1895年，中日甲午战后，中国作为战败国割让台湾、澎湖给日本，并赔偿白银2亿两。在俄、法、德三国的干预下，日本放弃要求割让辽东半岛，但中国必须补偿给日本白银3000万两。再加上银子的成色不足补偿，以及用白银兑换英镑的亏损，实际支出白银2.597亿两。这个数目是日本实际支出军费的2.6倍、日本年度财政收入的4.87倍。[36] 清朝在琉球群岛的归属问题上就更没有发言权了。从此琉球群岛作为一个独立国家和中国的藩属国的地位完全不存在了。琉球成了日本的冲绳县。

但是，由于清廷一部分大臣的坚持和琉球人的请求，清朝始终没有批准与日本签订的处理琉球问题的条约，说明从未承认日本拥有琉球群岛的主权。

这是为什么？主要是对日本提出的两分法方案不满。日本方案既不同于清朝的方案，也与美国卸任总统格兰特提出的三分琉球国方案不同：将中部归还琉球，立君复国，中日两国各设领事予以保护；南部的先岛群岛接近台湾，为中国要地，割隶中国；北部的奄美群岛近萨摩（今九州），为日本要地，割隶日本。

清朝光绪皇帝和大臣们则抱定恢复琉球国、不要琉球国一寸领土的宗旨，采取与日本反复谈判、请各国驻日大使及美国卸任总统格兰特调停，甚至采取议而不决的拖延手段。之所以采取这种策略，究其原因，有以下几点：

一、当时，清朝廷处于两难境地。西北有俄国侵略新疆，东南有日本意在吞并琉球，整个朝廷的心态是瞻前顾后，前怕狼后怕虎。光绪五年（1879），清朝总理衙门以"灭我藩属"质问日本，日本人拒绝接受。光绪六年（1880），光绪皇帝命令北洋大臣李鸿章统筹全局。李鸿章在奏折中说，现在，正为俄国侵略新疆的事犯愁，又有了日本吞并琉球这档子事，我们势必难以两头兼顾，而且日本人贪心不足，索要太多，答应则损失很大，拒绝又多树一敌，唯一的办法就是两国暂缓协商。日本要求对琉球问题结案，李鸿章的结论是暂缓答应。到什么时候再与日本谈琉球问题呢？李鸿章说，等到与俄国的交涉办完了，再来处理琉球一案。这样，专门对付日本一国，我们的力量就自然而然地强大起来了。[37]

二、对日本国情判断失误。当时，清朝廷官员及新闻舆论都认为，日本明治维新，效法欧美进行改革，花费很多钱财，国家财政捉襟见肘，连军饷都无法支出，近来，又因为改革与反对改革，"征韩"与反"征韩"，爆发内乱，因此，日本一定不敢挑起边疆争端。

清朝廷当政者还天真地认为，日本因为内乱会有求于中国，到时候因势利导，可能在琉球问题上容易改变日本国的态度。

清朝驻日公使何如璋给总理各国事务衙门报告说，得知日本派遣内务大臣松田道之去琉球，要废琉球藩为冲绳县，就立即去见日本内务卿。日本内务卿轻描淡写地说，没有什么事情啊，就把何如璋打发了。何如璋又去见日本外务卿，要他阻止松田道之前往琉球。外务卿说，既然已经派出，那是阻止不了的，只要中日两国商量好了，就可以把松田道之撤回来。

奕䜣等也认为，日本想要废除琉球国一事，由来已久。但是，日本派使臣宍户玑来华，说明日本国也还是顾忌中国的。詹事府右庶子张之洞说，俄国人以为中国既要面对他们，背后又有日本人虎视眈眈而有恃无恐。因此他认为，应该尽早联络日本，所谈判的事务能够批准的早日批准。这样，日俄两国就不可能相互支持，俄国的侵略势头自然受到遏制。[38]张之洞这种瞻前顾后、前怕狼后怕虎的心态，可以代表当时清朝廷的主流意识。

三、通过协商、论理解决，避免使用武力。从光绪皇帝到军机处、总理各国事务衙门，从奕䜣到李鸿章等朝廷重臣，在对日外交方面，不敢针锋相对地展开对日斗争，更不敢以武力相抗衡，而是想通过说理，即李鸿章所谓"言之不听复言之"，使琉球问题朝着清朝廷及决策者的意愿转变，即所谓的"转圜"。

清朝廷对驻日公使何如璋提出的要求，就是通过与日本国的反复争辩，力争解决琉球国问题，而避免使用武力。光绪四年（1878）四月七日，清朝驻日公使何如璋向总理衙门与李鸿章提出解决琉球问题的对策建议。何如璋的上、中、下三条对策是：上策，先派遣兵船驶抵琉球，向日本表示我们必争的决心；中策是，公开约琉球国夹攻日本，向日本表示我们一定救助琉球国的意志；下策是据理力争，以言辞文书反复争辩，表明我们不能容忍日本阻止琉球进贡，要求日本取消对琉球施加的压力；如果日本不听，就援引《万国公法》来责问日本，或者约请各国驻日使节与日本评理。总之，一定要日本服从我们的条件才能结案。但是，李鸿章、奕䜣都认为何如璋的下策"实为今日一定办法"。[39] 李鸿章说，派遣兵船责问，以及告诉琉球人我们一定去救援，都是小题大做，倒显得我们乱了手脚，失去了分寸，只有说了不听再三地说，日本人自知理亏，可能不敢仓促地废除藩制，改琉球为郡县。[40] 因此，只采纳其下策，即据理责问才是正确的办法。依据《万国公法》来责问日本，或者约各国驻日大使，按照国际法评判中日两国的是非曲直，就成为清朝廷对日交涉的基本态度，而对于使用武力却只字不提了。

把侵略扩张作为国策的日本，什么时候讲过理？李鸿章太天真了。这完全"暴露着暧昧软弱的特点，清政府主持外交大员识见如此，无异替本案交涉选取了必败的路线"。[41]

光绪上谕，何如璋等知晓，前往日本之便，将琉球国向来为清朝藩属，日本国不应阻拦琉球入贡中华等，与日本加以深刻理论。

同时邀请欧美各国驻日本使者,按照《万国公法》,评论中日两国的是非曲直。趁日本国内乱有求于我的时机,因势利导,差不多就能轻易改变已有局面。[42]

奕䜣说,日本国既派使者来华,就是要与总理事务衙门商量着办,何如璋等正可趁此机会,与我们保持一致,仍旧向日本内务省、外务省等衙门极力争辩,并约请欧美各国驻日本使节相助,使日本知道公论所在、情理难容,或者还可以让日本就范。假如这时何如璋等因为谈判不成而回国,不但对于解决琉球问题没有好处,而且一旦露出决裂痕迹,恐怕日后就更难有回旋的余地了。否则,日本会别生枝节,迁怒寻仇。[43]

左宗棠更提出这样的策略:请皇帝下旨命令海疆各省总督、巡抚、提督、镇防营预为严密戒备,按兵不动("静以待之"),就是用防俄国的办法防日本,不无补益!至于跨海与日本作战,先蹈危机,绝不能轻易尝试,也不要扬言远征,以虚声相震撼。只有等到日本军队窥犯深入,再予以重创,自可取威而彰显远略。[44]

日本人"所恃者,中国之畏事耳",[45]就是说,日本吃准了清朝胆小怕事,不敢使用武力,于是按照自己的计谋,朝着吞并琉球国的路子,一步步走下去,最终达到收琉球于囊中的目的。

四、依靠美国卸任总统格兰特调解,借美国压日本放弃吞并琉球。光绪五年(1879)夏天,美国前总统格兰特(U.S.Grant)到北京旅游,奕䜣等知道他接着还要去日本,因此在会晤时,就把日本吞并琉球国的前后经过，原原本本地说给格兰特听，并说琉球久属中国，日本无故灭其国，完全出于情理之外。因此，请他主持公道，到日本时帮助评评理。格兰特也说日本无理，并答应设法调解。格兰特去日本，路过天津，直隶总督李鸿章又同他当面商谈琉球国问题，请求格兰特提供帮助。格兰特没有推辞就答应了。

后何如璋与美国驻日公使平安（Bingam）会面。平安告诉他，格兰特提出琉球国三分方案，问清朝廷是否同意？清朝廷的答复是，我们的目的就是为了保证琉球国独立存在罢了。

清朝光绪皇帝和大臣们始终认为，在几个月的反复外交辩论中，日本方面一味强词夺理、毫无悔悟的表现，其贪狡之心，是情理所不能打动的。但是，他们还是相信，日本人巴结西方人，对于美国尤其心悦诚服，只要格兰特一句话，日本就可能幡然改变计划。[46]

1880年4月4日，李鸿章会见日本政府代表竹添进一，并出示格兰特的琉球三分方案，即包括琉球本岛在内的中部各岛归还琉球，恢复琉球王国；将宫古及八重山以南各岛划归中国；将包括奄美大岛在内的岛屿划归日本。李鸿章称，这是何如璋访问美国驻日公使平安时得到的。7月30日，奕䜣等在奏折中也谈到，我等接何如璋报告会晤美国驻日大使平安，平安说格兰特与他商量，拟了一个办法：琉球群岛一分为三，将北岛归日本，中岛还琉球，南岛归中国。如果此事了结，中国、日本面子上都有光。格兰特声明，这个方案曾给明治天皇看过，他没有表示不同意见。格兰特表示，将大局说定后他才回美国。[47]

五、清朝廷官员主张拖延，议而不决。光绪六年（1880）九月二十六日，宣统皇帝的老师陈宝琛在奏折中提出：日本既然与我们立约通商，又无故擅灭琉球国，掳其王，在其地设县。中国屡与讲论，则创为两属之说，横相抵制。即使日本把最富裕的地方给我们，也不符合中国"兴灭继绝"的宗旨，怎么可以开始讲义，结果却又获利呢？何况所割南部岛屿都是不毛之地，划归中国与不划归没有什么差别。如果用来分封中山王尚氏的后代，则因贫瘠而无法生存，也无险可守，日后必定被日本所吞并。所以，分割琉球之说绝对不能听从日本人的。日本要求修改条约的内容就两条：一要利益均沾，二是旧约条款与修改后的条约有抵触的，照改约执行。可见，日本居心叵测，无非是要与欧美各国一样深入内地，如同苍蝇蚊子聚在一起，想把中国脂膏吸吮干尽。此外，还有管辖商民、酌加税则，等到与其他国家商定后再与中国商定等语，如此是在两条之外，又增加两条，而且是故意含混其词，留下看似了结而实际没有了结的局面，为以后刁难中国埋下伏笔。所以，关于酌改条约之说绝对不能听从日本人的。总之，所谓迅速了结琉球一案，就可以联合日本对抗俄国的观点，我以为是很不妥当的。了结琉球案就会祸及朝鲜，日本修改条约势必引起欧美各国的连锁反应，同样要求修改条约。又说，等到三五年之后，我们的兵操练得更精了，武器装备更好了，以恢复琉球国的名义宣示中外，沿海各镇分路并进，师数出而倭必举：此中国自强之权舆，而洋务转折的关键啊。不然，琉球案一结，其国家社稷完了；约一改，中国的国防大堤就崩溃了！俄国以伊犁要挟我们改约，日本又以一荒岛（即琉球群岛）要挟我们改约。如果我们讨日本人高兴以防俄国，那就深受其欺骗了，日本会乘俄国挑衅要挟我国而渔翁得利。一月之内，既受辱于北（指俄国侵略伊犁），复蹙于东（指日本吞并琉球）。那么，国力如何支撑，国威怎么振奋！我之所以捶胸扼腕陈述，就是希望皇帝下令总理衙门与日本使者暂缓定议，另一方面，把我的奏折密寄李鸿章、左宗棠等，听听他们的意见，这样是否有当？[48]

李鸿章也认为，琉球一案，只有"暂从缓议"。[49]

清朝的这一拖延策略，对于日本这样一心想把"武力扩张"看作弥补日本经济发展上先天不足的最好手段[50]的国家，是毫无用处的。

虽然，迫于日本的蛮横和对日本的恐惧，两国代表草签了琉球两分方案的条约，但光绪皇帝拒绝批准这一条约，并指示中方代表与日本继续协商。1882年，竹添进一就任日本驻天津领事，与清政府恢复琉球问题谈判，但没有达成协议。1883年5月，日本外相井上馨曾就"中日琉球问题谈判"破裂一事表示，"事已及九分，唯欠一分耳。"1887年，清总理衙门大臣曾纪泽还明确告诉日本驻华公使盐田三郎，中国仍认为琉球一案尚未了结。

据学者研究，直到1880年12月，日本海军的主力舰吨位还不及中国，[51]当时，《申报》也发表评论，认为当时日本的军事实力没有中国强大，如果在1874年"牡丹社事件"、日军入侵台湾，1879年日本吞并琉球王国时，主政者能有康熙皇帝那样的雄才大略，以及施琅那样的军事统帅，敢以武力与日本较量，重创日军，也许就不会有1894年的甲午战争和1895年的《马关条约》了。

可惜，历史没有假设！

美国关于琉球问题的处理意见，是随着国际形势的变化而变化的。1943年11月，中、美、英三国首脑举行开罗会议。根据1943年11月23日晚8时谈话第（5）点，蒋介石与罗斯福谈战后琉球群岛的处置问题。罗斯福总统提到琉球群岛，一再提问，中国是否想要琉球群岛。蒋介石回答说，中国愿由中美两国共同占领琉球群岛，最后，在一个国际组织的托管下由两国共管。[52]

及至罗斯福去世，杜鲁门当美国总统，1949年中华人民共和国成立，国民党迁台，1950年朝鲜战争爆发，美国为了自身利益和遏制共产主义运动的需要，改为扶持日本。1971年6月17日美日签署《美利坚合众国和日本国关于琉球诸岛和大东诸岛的协定》。1949年之前，国民政府和蒋介石对琉球主权"外宣托管，内行收复"，并希图依靠琉球革命同志会，暗中从事琉球主权回归中国的活动。后来，蒋介石把重点放在"反共复国"上，琉球问题就降为次要了。

日本方面则大不相同。日本对琉球领土处心积虑，仍图攫取。因此，日本逐步加强对琉球的经济、文化的影响与控制。1965年日本首相佐藤荣作访问琉球后，援助琉球的金额，从过去的870万美元增加到1600万美元，已与美援相等。琉球的5所大学、122所中学和154所小学，都采用日本教科书，教师都认为自己是日本人；报纸、电视、广播等，也与日本新闻界有密切关系。而在琉球岛内，原来坚决主张琉球回归中国的琉球革命同志会（原琉球青年同志会）的领导者喜友名嗣正则日渐式微，代之而起的是比嘉秀平领导的可称之为日本政党支部的"社大党"。[53]

这样一来，琉球还能不落入日本囊中？

中华人民共和国外交部部长周恩来曾发表严正声明，明确反对美国提出的重新决定台湾归属及所谓托管琉球的决定，并表示无中国政府参加的《旧金山和约》是非法的、无效的。

1971年6月，台湾当局也发表声明，对美国将琉球"私授"日本，表示十分不满，认为琉球群岛地位"应由主要盟国予以决定"。

【注释】

1. 原文："实欲依中华眷顾之恩，杜他国窥视之患。"

2. ［日］井上清著，天津市历史研究所译校：《日本历史》上册，第283—284页。

3. 吴壮达编著：《琉球与中国》（正中书局，上海，1948年），第89页。萨摩位于九州岛的西南部，今鹿儿岛县。17世纪的九州岛上，还有筑前、筑后、肥前（今佐贺）、肥后、丰前（今福冈县东部和大分县北部）、丰后、日向、大隅。东邻大隅，北接肥后。见井上清著，天津市历史研究所译校:《日本历史》上册卷首《日本国地图》。

4. ［日］井上清著，天津市历史研究所译校:《日本历史》上册，第284—285页。

5. 日本室町幕府后期（1467—1573），大名（大领主，因占有大量登记在册的垦田——名田而得名）割据，战乱不断，庄园制崩溃，称"战国时代"。

6. 三司官又称法司，位居摄政（相当于中国古代的宰相）之下，是琉球国的最高级别实权官员，相当于中国的三公、三师。三司官共设有三人。

7. 杨仲揆:《琉球古今谈》，第30页。郑炯，琉球官名"谢名亲方"或"谢那亲方"。

8. 岛津久家，有的文献作岛津家久。此处据翦伯赞主编《中外历史年表》1609年"岛津久家俘琉球王"。

9.《明史·琉球传》。

10. 骏河，今日本本州岛静冈县东部。

11. 以上关于萨摩藩侵略琉球国的情况，除注明者外，均据杨仲揆:《琉球古今谈》，第45—55页。

12. 韩毓海著:《五百年来谁著史》，第115、121页。

13. 冲绳县立博物馆编:《博物馆展览指南》，第43页。有的文献记载，《制裁令十五条》条款，除第1、14、15条相同外，第2—

13条略有不同：禁止琉球向日本的其他藩派遣贸易船；未经萨摩许可，不得与日本其他藩商人进行贸易；不可将琉球人贩卖到其他藩；不得架空三司官权力任命其他人。无官职者剥夺其所领的知行（即地头）；不准授予祝女地头；禁止奴隶；禁止多建寺院；年贡、其他贡品，须按萨摩奉行的规定进行取纳；必须使用日本的度量衡；町人百姓等若对税收等有异议，或者遇上无理之事需要进行申诉者，应向萨摩藩申诉；禁止喧哗争吵；禁止强买强卖。

14. 杨仲揆：《琉球古今谈》，第50页。

15. 传说，琉球王室的徽章上的图案，圆点代表那口油锅，逗号代表郑炯和将他投入油锅的两个狱卒。后来，琉球国旗也用它作为主图案。见杨仲揆：《琉球古今谈》，第45页。

16. 杨仲揆：《琉球古今谈》，第50—55页。

17. 李鸿章：光绪五年（1879）六月二十四日《向德宏答复寺岛来文节略》原文：尚宁王被擒，事固有之。盖因丰臣氏伐朝鲜之后，将构兵于大明，以敝国系日本邻邦，日本前来借兵、借粮，敝国不允所请，日本强逼甚严，尚宁更不承服。嗣后义久召在萨摩球僧，亲谕日本形势，还告尚宁王速朝德川，尚宁王不从，遂被兵，尚宁王为其所擒，此逼立誓文之所由来也。厥后岁输八千石之粮于萨摩，以当纳款，此盖尚宁王君臣被困三年，不得已屈听之苦情也。台湾银行经济研究室编：《李文忠公选集》。

18.《明史·琉球传》。

19. 吴壮达编著:《琉球与中国》,第106页。按:华族即贵族。

20. 光绪八年(1882)八月初二日给事中邓承修奏折,见《清光绪朝中日交涉史料选辑》。

21. 光绪六年(1880)正月二十五日《申报·纪论辨琉球事》。

22. 光绪五年(1879)正月十八日《申报·类译日本新闻纸论琉球事》。

23. 光绪五年(1879)六月十二日《申报·译东京日报详述日本废琉球情形》。

24. 杨仲揆:《琉球古今谈》,第75—79页。

25. 连横:《台湾通史·自序》。

26.《清光绪朝中日交涉史料选辑》。

27. 光绪三年(1877)五月十四日,闽浙总督兼署福州将军何璟、福建巡抚丁日昌奏折,见《清光绪朝中日交涉史料选辑》。

28. 光绪五年(1879)正月十七日《申报·论日本要约琉球》。

29. 吴壮达编著:《琉球与中国》,第112页。原文:日本外务省愚弄"颟顸的清代外交官员"。

30. 李鸿章:光绪四年(1878)五月初九《密议日本争琉球事》,见《李文忠公选集》。

31. 李鸿章:光绪四年(1878)五月初九《密议日本争琉球事》,见《李文忠公选集》。

32. 光绪六年(1880)九月二十六日奕䜣奏折,见《清史稿·台湾资料集辑二》。日本企图达到"同获其美""均沾其惠"的目的。

33. ［清］奕䜣奏折，见《清史稿·台湾资料集辑二》。据何如璋给总理衙门的报告，美驻日领事德尼说："球事既经格兰特与日本君臣议定，此信即算公文。"

34. 光绪六年（1880）九月二十五日，总理衙门向光绪皇帝提交的处理琉球问题条约底稿：大清国、大日本国以专重和好，故将琉球一案所有从前议论置而不提。大清国、大日本国共同商议：除冲绳岛以北属大日本国管理外，其宫古、八重山二岛属大清国管辖，以清两国疆界；各听自治，彼此永远不相干预。大清国、大日本国现议酌加两国条约，以表真诚和好之意。兹大清国总理各国事务王大臣、大日本国钦差全权大臣勋二等宍户，各凭所奉上谕便宜办理，定立专条，画押印为据。现今所立专条，应由两国御笔批准，于三个月限内在大清国都中互换。光绪七年正月交割两国后之次月，开办加约事宜。奕䜣、宝鋆奏折，见《清史稿·台湾资料集辑二》。

35. 潘向明：《黄海海战失利原因再检讨》，见《参考消息》2014年7月23日，第11版。

36. 黄加佳：《底牌已尽在人手》，见《北京日报》2014年9月17日特5版。

37. 十月初九日，直隶总督李鸿章复奏《球案宜缓允折》，见台湾银行经济研究室编：《清史稿·台湾资料集辑二》。

38. 《清史稿·台湾资料集辑二》。奏折原文："俄人恃日本为后路，宜速联络日本，所议商务可允者早允；但得彼国两不相助，俄势自阻。"

39. 何如璋筹拟三策，见光绪四年（1878）六月初五奕訢奏折，《清光绪朝中日交涉史料选辑》卷一。

40. 光绪四年（1878）五月初九，李鸿章致总理衙门函。转引自吴壮达编著：《琉球与中国》，第111页。

41. 吴壮达编著：《琉球与中国》，第111页。

42. 光绪三年（1877）五月十四日上谕，见《清光绪朝中日交涉史料选辑》。上谕原文："着总理各国事务衙门……伤知出使东洋侍讲何如璋等于前往日本之便，将琉球向隶藩属、该国不应阻贡与之剀切理论；并邀集泰西驻倭诸使，按照万国公法与评曲直。趁该国内乱有求于我之时，因势利导，庶几转圜轻易。"

43. 光绪四年（1878）六月初五奕訢奏折，《清光绪朝中日交涉史料选辑》。按：回旋，原文"转圜"。这是清朝对日外交中经常使用的一个词。

44. 光绪七年（1881）二月初四左宗棠说帖，见《清光绪朝中日交涉史料选辑》。

45. 光绪八年（1882）八月初二给事中邓承修奏折，见《清光绪朝中日交涉史料选辑》。

46. 以上见《清光绪朝中日交涉史料选辑》卷一。

47. 奕訢奏折，见《清史稿·台湾资料集辑二》。据何如璋给总理衙门的报告，美驻日领事德尼说："球事既经格兰特与日本君臣议定，此信即算公文。"

48. 光绪六年（1880）九月二十六日陈宝琛《倭案不宜遽结折》，见赵尔巽、柯劭忞等撰修：《清史稿·台湾资料集辑二》。

49. 光绪六年（1880）九月二十六日李鸿章奏折，见《清史稿·台湾资料集辑二》。

50. 武寅：《甲午战争：日本国策第一仗》，见《参考消息》2014年6月24日，第11版。

51. 武寅：《甲午战争：日本国策第一仗》。

52. 《德黑兰 雅尔塔 波茨坦会议记录摘编·附：开罗会议的摘要记录》（上海：上海人民出版社，1974年），第449页。

53. 黄俊凌：《迁台后国民党当局在琉球问题上的政策演变》，见《台湾研究集刊》2013年第1期，第75—81页。

第七章 琉球人的复国梦

琉球自古是独立自主的国家，从明朝起就与中国建立了密切的朝贡关系。1609年以后，屡次受到日本的压迫和入侵。1872年，日本将琉球王国强行改为琉球藩。1875年，发布命令，要求琉球王国断绝与清朝廷的一切联系与往来。1879年，日本政府又将琉球藩改为冲绳县。二战后被美国单独占领。1972年，美国将琉球群岛的治理权交给日本，但仍然保留有普天间与嘉手纳等大批军事基地。

琉球人和日本人从理念上有着根本的区别。他们说，我们不是日本人，我们希望在我们称之为"琉球国"的土地上，世世代代和平地生活下去，成为一个永久中立的国家，避免卷入任何战争。

第一节　废藩置县后的复国活动

自1872年以来，琉球王国面对日本政府的百般逼迫，已感到灭国的危机步步逼近，琉球国君臣不断向日本请愿，进行抗辩斗争，要求在不改变琉球国体政体的同时，继续保持琉球国与清朝的关系，但都遭到日本的断然拒绝。另一方面，琉球国社会精英向各方求援，开始进行复国斗争。

一、创造独立的理论依据。被称为"冲绳学之父"的伊波普猷（1876—1947）提出"日琉同祖论"。他的初衷是想让琉球民族与日本人（大和民族）拉上"姐妹民族"关系，主张琉球人作为日本国民的平等权利；另一方面，他又将琉球人描绘成拥有高等文明和独特文化的民族，主张琉球人在日本国内的特殊地位。他向明治政府提出的诉求是，希望能尊重琉球人的民族主体性，争取公正平等的待遇。但是，待到大正、昭和之交，财政负担过重，琉球人陷入"苏铁地狱"（见本书第二章相关内容）的破产困境。二战时，琉球被迫卷入太平洋战争的冲绳战役，牺牲惨重。以上种种历史经验证明，伊波普猷的"日琉同祖论"梦想彻底破灭了。后来，伊波普猷在一篇文章中说："明治十二年（1879）的废藩置县，是改造变得衰弱的冲绳人的好时机……尽管废藩置县去除了政治压迫，冲绳人却像是被冲到岸上，不再受浪潮冲击的贝类一样受困。而即使经过三十年，生出了双足，睁开了双眼，却不由感到更加不自由。我认为，对这个三百年来逆来顺受的人民施以产生自主意愿的教育比什么都重要吧。"[1]

伊波普猷认为，自1609年萨摩藩入侵以来，琉球人陷入退化或衰颓的精神状况，因而想寻求琉球民族再生的美好愿望，被日本政府实行的同化政策彻底击碎了。

二、要求日本"复其国王，还其大臣"。琉球国王尚泰及大臣拒绝日本明治天皇给的"琉球藩王"封号。1873年，日本传令琉球，须将之前与合众国、法国及荷兰国所立条约交给日本理藩院官。琉球宰臣答书拒绝之。[2]

1875年,日本禁止琉球国循例向中国遣使入贡及贺中国新君登基。同时,要求琉球使用日本纪年。以前的政治规条都要更改。对此,琉球国王、官员、百姓都感到吃惊,并多次上书日本明治政府,声明琉球为中国藩服,已历五百年,琉球不能稍有背叛中国之心。琉球国王及大臣们商量后,给松田道之的答复是:"自前明以来,对我们的照顾特别优厚。每当新王继位,不畏波涛险阻,派遣钦差封赐王爵。隔年进贡,赏赐彩币物品不胜枚举。到了清朝时,更为优厚。其恩德情义高过天。怎么能够背负,竟绝朝贡?……自琉球建国,有古时相传习的礼乐政治刑罚,和无拘无束的自由权利,上下和谐,百姓安居乐业。假如离开清国,就一定失去自由权利而招来掣肘之患。那么,国家还能延续长久?父子之道既绝,累世之恩既忘,何以为人?何以为国?"[3]琉球国臣民百姓要求复国,如美治高岛人曾多次写信,请求日木政府"复其国王,还其大臣"。[4]对于这些呼声,日本政府一概不予理会,并进行镇压。

同时,自日本明治政府实行废藩置县以来,就引起琉球人民的强烈反抗。《申报》以《琉民恶日》刊载琉球消息说,琉球民众很不喜欢日本官吏,近来,发生了这样几件事,可见一斑。其一,琉球的萨鸽耶摩失火,烧毁房屋40余间。日本官员打算发给救济米,但琉球人都不接受。其二,日本设立新例,命令各路主事人员到县署听候指示。琉球民众气愤不平,大家蜂拥而入,好像将有滋事之举。

日本官员竭力慰劝，民众才散去。其三，有一位琉球王国官员数年前带着家属去了中国，听说日本灭了琉球国，就潜回探视，被日官逮捕押解到日本东京，将判罪。因此，琉民愈怀愤懑。[5]

更有甚者，据香港《循环日报》报道，近日看大坂（大阪）各日报关于琉球的报道，得知琉球国为日本所吞并，改为郡县，由日本设官治理，因此惊惶骚扰，于心大为不平。曾多次请求日本明治政府恢复琉球国，还其大臣。后因日朝廷置之不理，该岛之人即集众立誓：（一）自古以来，永远进贡于琉球，誓不臣服别国，日人之命断不能从，唯有任其恫吓罢了。（二）假如日本人强为驱逼，唯有以性命相抗而已，断不能从。我一准诸理，以存此岛于将来。（三）日人指挥各事，我等坚持不答应。（四）不许与日人私自相通。如有故违此四款誓章者，将其人及其家拟以军罪。立誓之日，在1876年6月中，誓章均各给印为凭。其中有一童名闪摩治，曾在日人差馆为走役，亦在其列，誓后不辞日人之役，故岛人谓其有违誓章，集众议决，欲将是童拟罪。闪摩治亲戚转托日人巡差代为保护，而即令辞其职役，巡差请长老谕众，勿致生乱。岛民听到之后，更加愤怒，因为违反誓约第四款，立即将闪摩治处死，并把他的家人流放到邻岛伊厘标。[6]

三、寄希望于宗主国清王朝。针对日本政府加快推进吞并琉球国的种种侵略行径，琉球国王尚泰虽然尽力反抗，但自叹无能为力，只得把复国的希望寄托在宗主国清王朝身上。1876年（光绪二年）

10月，琉球国王尚泰与三司官向居谦商议，秘密派遣向德宏、林世功、蔡大鼎等39人到中国求援。他们乘坐的小船，25日冒险出航，因风向不顺，于次年2月29日才到达福州。

向德宏、林世功等一行向闽浙总督何璟、福建巡抚丁日昌递交国王咨文，陈述日本阻挠琉球国向清朝进贡的详细情况，请求清廷救助琉球国。清政府要总理各国事务衙门告诉即将赴任的驻日公使何如璋，到日本后"相机妥筹办理"，并让向德宏一行返回琉球。向德宏等不肯回去。

光绪五年（1879）闰三月，在日本的琉球国王子尚典托福建商人带回密函，把琉球被改为冲绳县的消息带到中国。尚典要向德宏等沥血呼天，转达琉球国君臣的期盼，乞求天朝立即兴问罪日本之师，支持琉球复国。尚典还表示，如不能收复琉球故土，只有绝食而死，不能辱国负君。

向德宏、林世功等在华活动的琉球人，从尚典的密函得知日本灭其国的消息，义愤填膺。向德宏边哭边读，肝胆俱裂，痛不欲生。于是，他不顾清朝关于非进贡使者不得进京的规定，"剃发易装"，乔装打扮成商人，邀请通事等结伴北上，于5月14日到达天津。先后两次上书李鸿章，痛陈琉球遭受灭国灾难的经过，恳求代为奏请皇上，为琉球兴师复国。两封求救书（原文见本章附录）的主要内容有：

（一）阐明琉球国自洪武五年（1372）隶入明朝版图。清朝统一中原之初，琉球国首先效顺，纳款输诚，恪遵《大清会典》，两年进贡一次，从来没有耽误过，并表示"生不愿为日国属人，死不愿为日国属鬼！"

光绪元年（1875）以来没有进贡，没有前来参加庆贺皇上登基等大典活动，都是因为日本禁止，琉球国虽然提出种种理由，百般请求，日本就是不肯批准造成的，不是琉球国本意如此。

（二）控诉日本侵略罪行，如说日本内务大书记官松田道之，率领官员数十名，兵丁数百名，到琉球后，咆哮发怒，备责国王为何向清朝进贡等事，为何不听从日本的命令，胆敢向清朝求救，这样做是对日本的悖逆，应即废藩为县。

（三）对李鸿章向总理衙门报告日本灭亡琉球国，请求清朝救助之事，表示感谢，"宏等感激涕零，焚香磕头。"

（四）向清朝表达琉球国人的救国决心。全国臣民及商人、乡农，雪片信至，催促向德宏北上，到李鸿章及总理衙门、清朝廷等处，仿照楚国申包胥之痛哭的办法求救兵。[7] 不特上自国主，下及臣民，世世生生，永戴皇恩宪德于无既，即日本欺压悖逆的野心，也不敢再萌生了。

向德宏为了躲避日本人的追捕，留在天津，受到李鸿章的保护。九月初二，林世功一行自天津启程，初五到达北京。

林世功等人到北京后，十四日将请愿书送交总理衙门，请求中国"尽逐日兵出境",没有得到清朝廷的答复。清政府也没有采取出兵等强有力的措施支持琉球复国。光绪六年(1880)十一月,当清政府与日本签署《球案条约草案》的消息传来,林世功的最后一线希望也破灭了。二十日,林世功再次来到总理衙门门前,作绝命诗两首:

> 古来忠孝几人全,忧国思家已五年。
> 一死犹期存社稷,高堂专赖弟兄贤。
> 廿年定省半违亲,自认乾坤一罪人。
> 老泪忆儿双白发,又闻噩耗更伤神。[8]

诗毕,挥剑自刎。二十二日,慈禧太后得知此事,认为林世功是琉球王室的忠臣,特赠白银200两,将林世功厚葬在通县张家湾立禅庵村。

林世功自杀后,琉球国内势力分化为两派:一派以翁逢源、向嘉勋为代表,支持日本的统治,日本称之为"开化党";另一派以毛允良、毛有庆等人为代表,盼望清帝国援助,帮琉球复国,亲日派称他们为"顽固党"。众多琉球士族支持"顽固党"复国。每逢节日,都有大批琉球士族穿着传统礼服前往各地寺庙,名义上是祭拜先王,实际是祈求清朝战胜日本,帮助琉球复国。

1894年中日甲午战争期间,"亲华派"在向志礼的领导下,前往寺庙,祈求清朝战胜日本。琉球各地还盛传将有清朝的黄色舰队前来攻打那霸,一时情势紧张。但随着甲午战争清朝战败,清政府无力再向日本提出琉球一案。少数不满日本统治的琉球人，就选择流亡中国，被称作"脱清人"。

当时，清廷与俄国在新疆的战事吃紧，无暇他顾。林世功等人的请愿、游说活动，自然不会得到他们期望的结果。后来，中日两国虽然经过多次谈判，清朝廷一直以保存琉球国为目标，但日本绝不会把吞进嘴里的肉再吐出一星半点儿来。表面上"球案"久拖不决，实际上，日本早已将琉球收入囊中，按照日本的意志在琉球国土施政。

在琉球国内，对于复国问题出现了不同意见，分为白、黑两党。白党欲从日本迎回国王尚泰，仍尊其为主，并欲为自主之国，不愿依附于中国，亦不愿从属于日本。黑党以尚泰无能，不喜其复国，欲立尚泰之叔伊江王子为主，并遣人往中国密诉，此事如果中国准行，日后愿永为属国，不受日本辖治。[9]

时至今日，琉球民众仍然对中国抱有好感。2006年，美国驻那霸总领事托马斯·赖克认为，冲绳人之所以不惧怕中国，是因为两国有历史渊源，而且两者都曾遭到日本的侵略，有共同的历史背景。4月26日，他签发的一份电文称："冲绳人宣称，他们并不像美国和日本那样感到中国的威胁"。电文引用了2006年3月冲绳人士东门美津子的话："日本政府和美国政府就像是高喊狼来了的小孩，指着中国说，一些可怕的事情就要发生了，但这样的事情从来就没有发生过。"东门美津子宣称，冲绳人从来没有受到中国入侵的干扰。较之中国，日本和美国倒是对冲绳人造成了更大的伤害。[10]

考古学家安里嗣淳给自己起了中国名字孙中路，并将其印在自己的名片上。他说，日本琉球的士族都有中国名字，是要保留曾经和中日两国和平相处的琉球历史文化。

1945年8月，喜友名嗣正领导的"琉球青年同志会"，改名"琉球革命同志会"，在台湾与琉球两地活动，其宗旨是希望琉球独立，归属中国，并启发琉球之民族思想。1948年7月25日，喜友名嗣正在上蒋介石的请愿书中明确表示，琉球将来将重入中国怀抱，绝无疑义。还说，琉胞"数度愿请政府，坚持正义，收复琉球"。[11]

四、发外交求援信。琉球国人向荷兰等西方各国公使发出外交求援信，目的是"仰仗大国劝谕日本，使琉球国一切照旧"，也就是希望西方各国帮助琉球复国。[12]

第二节　美军统治下的独立梦

美国统治时期，是从1945年美军占领琉球开始，直到1972年5月15日转交施政权给日本为止，共27年。美军所管辖范围包括奄美诸岛、琉球诸岛和先岛诸岛。

由于国际大环境的变迁，特别是中华人民共和国的成立，美国为了自身利益的需要，改变了对日本和琉球的政策。对日本由遏制变成扶持，对琉球由倾向于帮助独立建国，变成以所谓的"剩余主权"为名将琉球交给日本实施行政管理。

一、关于冲绳战役。

1941年12月7日,日本偷袭美军基地珍珠港,美国向日本宣战,太平洋战争爆发。1944年10月3日,美军参谋长联席会议命令尼米兹:"在西南诸岛获得立足点,将其作为今后进攻日本本土的作战基地。"美军为了完成对日本本土的战略包围,夺取琉球群岛至台湾海域的制空权、制海权,以实现进攻日本本土的最终目标。美军统帅尼米兹在占领硫黄岛后,立即准备对琉球群岛作战,并取名"冰山行动"。[13]

1945年1月3日,参谋长联席会议批准了冲绳岛作战计划。4月1日至6月30日,美军为切断日本冲绳守军退路,实施空袭、炮轰那霸市和登陆作战。这次战役,几乎调动了美军太平洋战区的全部陆、海军,参战总兵力达到45.2万人,共出动舰艇1200余艘。其中,34艘航母,内有英国航母5艘,舰载飞机2108架,还有20艘战列舰、32艘巡洋舰、200艘驱逐舰、运输船430艘。地面总兵力为18万人。其中,海军陆战队8.1万人,陆军步兵9.9万人。另有各种弹药10万吨,燃料123万吨。

1945年4月1日,美国开始进攻冲绳本岛,4月3日,有6万美军在冲绳顺利登陆。这在东京引起了巨大的震动,日本战时小矶国昭内阁集体辞职。

1945年4月5日,丰田副武大将发布出击令:"皇国兴废,在此一战。诸军将士,奋力杀敌。"6日,"大和"号由"矢矧"巡洋舰和8艘驱逐舰护航,驶离九州以北的濑户内海基地,往南向冲绳进发,企图阻止美军在冲绳登陆。但"大和"号的行踪被美军的一艘潜艇侦察到,再被美军侦察机跟踪。7日,美军400架飞机一波又一波地向"大和"号舰队发起攻击。"矢矧"号、"大和"号相继被击沉,数千海军官兵葬身海底。只有几艘驱逐舰救起一些水兵后逃回日本。数百名飞行员驾机撞向美国军舰,也有去无回。[14]

5月5日,美军两个师抵达日本守将牛岛满在南部设立的隐蔽的主战场。5月29日,美国海军陆战队将美旗插上了首里城。

牛岛满将重兵部署在冲绳本岛丘陵地带的洞穴和掩体内。他手下有7.5万名日军,还有2.5万名强征入伍但未受训的琉球人。牛岛满计划用大部分兵力守在南部。他最重要的堡垒是首里城。同时,日本空军也开始向美军攻击,数百架自杀式"神风"战斗机冲向美军舰队。美国25艘军舰被击沉,10多艘受到重创,多艘航母受损。美军指挥登岛作战的西蒙·B.巴克纳将军被榴霰弹击中阵亡。美军7600人战死,3.7万人受伤,2.6万人患病(主要是心理疾病)。数万美军精疲力竭,无法再战。这样的伤亡,改变了美军再登陆日本的作战方案,而改为把两颗原子弹投向日本,[15]以迫使日本无条件投降。

战事持续将近三个月,双方伤亡惨重。据统计,冲绳战役日方一共死了188136人。其中,冲绳县出身的参战人员56861人,冲绳县出身的军人及从军人员28228人。其他都道府县出身的军人及从军人员65908人；守岛日军122000余人中，有90000人战死，约8000人投降。6月18日，日军停止抵抗。[16] 守军司令牛岛满在阵地旁的一个小山丘上剖腹自杀。

1945年9月7日，琉球列岛的守备军在嘉手纳的美军第十军司令部正式签署了投降文件，至此，冲绳战役宣告结束。

美军发动的琉球战役，虽然摧毁了日本军国主义的军队，但是也造成大量平民伤亡（战争及日军逼迫自杀），以及大量文物的损毁。首里城、圆觉寺、崇元寺、中城御殿里的建筑群及附带的家具和日常用品，佛像、格窗、屋顶等处的雕刻，还有当地民众所保存的许多贵重资料，都化为灰烬。悬挂在首里城正殿上的"万国津梁钟"，也被战火烧焦，上面还留下了许多子弹的痕迹。首里城内外的大龙柱和石碑等，都被打得粉碎。[17]

二、1945年4月1日，美军登陆冲绳岛，立即在占领地设立了美国军政府。6月，美军几乎占领了琉球群岛全部区域。8月15日，日本宣布投降后，美国军政府设置了由当地居民组成的冲绳咨询会、冲绳中央政府（同年12月改名为冲绳民政府），作为行政治理机关以及与当地居民沟通的平台。1952年改为琉球政府，直到1972年美国向日本"移交"施政权。

1945年12月，美国国务院远东调查部官员、负责研究琉球问题的哈佛大学教授罗伯特·爱默生（Rupert Emerson）提交《琉球群岛的处置》的报告，他认为，"美国应该不反对日本保留对琉球（包括奄美诸岛、琉球诸岛、先岛诸岛及大东诸岛）的主权"，"中国政府要求全部或部分群岛"，或要求托管的观点"看起来并不可行"。甚至，就连琉球二字的拉丁文转写，也由中文发音的Liuchiu、Luchu、LooChoo，改为Ryukyu。正如罗伯特·爱默生所说，很明显，美国国务院认为琉球群岛不是中国的一部分，而是日本的一部分。[18]

1947年4月，联合国《关于前日本委任统治岛屿的协定》把琉球群岛交给美国"托管"。之后，琉球居民纷纷抗议，要求回归日本。

在1951年召开对日和会前，美、英、日三国基本达成了《对日和约》的基本原则，即琉球群岛名义上由联合国托管，实际上由美国统治。罗斯福时期的中美共同托管从此不复存在了。这样，在联合国托管的名义下，美国就成为拥有对琉球群岛行使一切行政权、立法权和司法权的唯一行政当局。9月8日签订的《旧金山和约》满足了美、英、日的设想。

1951年9月18日，中华人民共和国政务院总理兼外交部长周恩来发表声明，指出《旧金山和约》"只是一个复活日本军国主义，敌视中苏、威胁亚洲，准备新的侵略战争的条约"，并表示，中国政府和中国人民绝不会承认这个条约的合法性。

1957年，美国设"高等专务员"，作为统治琉球群岛的最高首长。高等专务员的权限在琉球是至高无上的，他有权对琉球政府和议会下达指令。

美国原本认为，琉球群岛与朝鲜半岛同样是被日本帝国主义所统治的殖民地，因此计划将琉球群岛交由联合国托管后，由日本分离出去并独立，美国政府也是以此为目标来运作。美军占领琉球之初，一度实施"去日本化"政策：美军占领当局禁止琉球人使用日文；1948年美军发行B型军票（Type B Military Yen），作为琉球群岛上唯一合法的货币，1958年后，改以美金为正式货币；把琉球与日本本土的经济圈分离开来；当时，还禁止采用日本教科书，刻意培养琉球人的民族意识；日本本土与琉球人员不能自由往来，与日本本土来往，琉球人必须持有美国护照。因为美国政府的干涉，1953年成立的"冲绳诸岛祖国复归期成会"，也被迫解散。

美军采取的"去日本化"措施，唤醒了琉球人民的独立意识。琉球人说："我们希望在我们称之为'琉球国'的土地上，接受美军的保护，世世代代和平地生活下去。"[19]1947年，宫古岛报社记者团与美国军政要员对话时说，琉球人希望在称之为琉球的国家中，受美国的保护而生活。[20]

但是，以苏联为首的共产主义国家的兴起和朝鲜战争的爆发，使美国为了自身的利益与日本结盟，以遏制共产主义在世界范围内的发展，因此改变了支持琉球独立复国的政策。1947年3月，美国总统杜鲁门在国会的咨文中提出，以"遏制共产主义"作为国家政治意识形态和对外政策指导思想，这就是所谓的"杜鲁门主义"，标志着全面冷战的开始。1949年，中华人民共和国建立，国民党当局败退到台湾岛，更使美国意识到，如果琉球群岛独立，便不能有效利用这个"不沉的航空母舰"，来防止共产主义势力进入太平洋。于是，美国政府为了反苏、反共的需要，将对日政策作了根本性调整，从遏制改为扶持。[21] 同时也改变了美国原先以扶持琉球独立为前提的托管计划，变成认可日本对琉球群岛有"剩余主权"，伺机把琉球群岛再交给日本。

美军为了把冲绳变成真正的"太平洋上的基石""亚洲的战略枢纽"，美国军政府开始大规模地建设冲绳军事基地，不断强制征收当地居民的土地，以扩张演习和补给用地。琉球人以"用枪、剑和推土机进行的土地征收"来比喻美军的强权统治。同时，美军伤害冲绳民众的事件也不断发生。[22] 如今，日本国内大约74%的美军基地集中在冲绳，如普天间、嘉手纳及新都心等军事基地，占用冲绳五分之一的土地（现在，新都心已归还冲绳）。

1948年举行的冲绳议员选举中，三个候选人中就有一人是倡导琉球独立的。当时日本左翼的政党，例如日本共产党、日本社会党等，也都支持琉球的独立。[23]

这些具有共产主义色彩的组织当然是美国所不能容忍的。为了避免琉球的"共产化"，美国对舆论进行了严格的管制。因此，琉球人依靠美国庇护的复国之路走不通了。美军当初采取的"去日本化"

措施,唤醒了琉球人民的独立意识。起初,他们把美军视为帮助琉球独立的解放者,美国政府政策的改变,使他们重新燃起的复国强烈愿望再次破灭。

三、琉球人民的反美斗争。琉球被美军占领后,美军基地占用了冲绳岛的大片土地,军事基地引发的事件、事故频发。环境污染对冲绳居民的伤害也很严重。美国海军陆战队的一份内部报告显示,2002年至2016年期间,美国驻冲绳的三座军事基地(普天间、嘉手纳和新都心)至少发生270起污染环境事件。英国记者乔恩·米切尔在《毒害太平洋:美国军方秘密倾倒钚、化学武器和橙剂》一书中指出:"美军从来未向公众发布过有关基地污染的信息"。冲绳的一些水源被PFAS(有机氟化合物)严重污染,"冲绳民众感到愤怒和害怕"。冲绳县一个市民团体2023年2月发布的调查报告结果显示,387名居住在美军基地周围并参与血检的居民中,155人血液中的PFAS超标,占比40%。[24]此外,飞机日常训练飞行噪音扰民,飞机坠落事故等,威胁到了冲绳居民的生命安全和日常生活秩序。特别是美军士兵在冲绳岛上的胡作非为,更激起了琉球人民的强烈不满和反抗,美国成为琉球重获新生的最大障碍。在实现独立无望情况下,琉球人民为了赶走美军,提出"回归日本"口号。

他们多次举行示威活动,要求美军设在冲绳群岛的普天间海军陆战队基地、嘉手纳空军基地撤出冲绳。他们表示反对《日美安全条约》,要求取消军事基地、撤回U-2飞机,提出美国佬滚回去,冲绳人民甚至当面质问美国人："你们究竟还要占领多久？"[25]

此类反抗斗争大致可分为三个主要内容：[26]

（一）1952年开始的反抗美军征收土地的斗争。这一斗争以地主和农民的政治组织为主，工会和教师组织予以声援，联合反对美军使用"刺刀与推土机"租用（实为征收）土地的政策，其租用金不足买一瓶矿泉水，而且被占用的土地33%为私人土地。"反战地主"们不与美军签订租赁契约。到1971年12月，反对签订租赁契约的3000位地主成立了"守护权利与财产的军用地主会"。1972年琉球施政权移交日本后，日本政府成了将土地集体出租给美军的分包者，以"代理签署"（后来，冲绳县知事大田昌秀拒绝"代理签署"），并煽动签约地主与拒绝签约地主之间的矛盾，致使反战地主逐渐减少，到20世纪80年代只剩下800人。1982年，日本实施《美军用地特别措施法》。为了反抗来自日本政府的压力，833名"一坪反战地主"再次集合起来。同时，反战地主平安常次把自己在嘉手纳基地中的土地，以1万日元一坪的价格卖给没有土地的反战人士。这样一来，"一坪反战地主会"的人数迅速地增加到2000人，加强了反战地主抗争的力量。后来，大阪地区也成立了"关西反战一坪会"，将这一斗争扩大到冲绳本岛以外。在斗争方式上，也逐渐从游行示威，转到走上法庭、议会等场所。

（二）20世纪60年代，琉球民众要求美国把冲绳"归还"给日本。因为在越南战争中，美军在冲绳部属了B52轰炸机，[27]并在嘉手纳基地附近开设了服务于美国大兵的军妓院等。当时冲绳的主要政党、联盟和公民组织都参加到复归运动中来，希望实现"没有基地的和平之岛"。1968年冲绳地方选举，主张冲绳回归日本的政党获得了超过95%的支持率。在强大的民意压力下，1972年，美国把冲绳群岛施政权交还给日本。但是，美军基地依然没有搬出冲绳县。

（三）"守护人权与生命的抗争"（新崎盛晖语）。复归后，琉球人民对日本政府迟迟不能兑现美军基地重新部署的承诺而日益不满，加以美军士兵的种种暴行，如1995年3名美军士兵强奸12岁少女，令居民们无法容忍而爆发。10月21日，85000人在宜野湾市河滨公园举行示威游行，要求彻查美军对少女施暴事件，要求重新讨论《日美地位协定》的"冲绳县民总誓师大会"，要求修改《日美地位协定》，缩小美军基地。2006年2月23日，日本政府在没有与当地居民达成共识的前提下，在冲绳本岛北部的国头郡强行建设6个新的直升机停机坪。2007年8月24日，当地组成"不要直升机坪居民会"，进行反抗斗争。

处于宜野湾市中心的普天间美军基地，一直被琉球民众要求关闭并归还土地。

1996年，日本首相桥本龙太郎与美国驻日大使蒙代尔（Walter Mondale）共同举行记者会，宣布迁移普天间基地到他处。

实际搬迁地点名护市边野古地居民的反对派采取静坐方式，进行有条件抗争。这一抗议活动引发了日本各方人士的广泛参加。

1997年12月，名护市市民就美军在此建设军事基地进行投票，结果有52%的反对票。2004年4月19日开始的边野古渔港海中钻探活动，也因民众一再的抗议活动而被迫中止。

2014年11月16日举行冲绳县知事选举，翁长雄志当选。2013年12月，前任知事仲井真弘多批准了在边野古沿岸地区填海造田的申请。翁长雄志当选后表示，将调查那是否合法，"会决定努力取消和撤回它"。

名护市市长稻岭进也告诉媒体记者："名护市长说'不'，（当选）县知事说'不'。如果日本政府无视这一点，试图强力推动搬迁，不仅日本，美国也可能面临指责。"[28]

琉球人还开展各种示威抗议活动，要求美军设在冲绳岛的普天间海军陆战队基地、嘉手纳空军基地撤出冲绳县。

第三节　1972年以来的复国运动

1972年，日本对冲绳行使行政管理权。从此，琉球人的命运出现大逆转。日本政府开始铁腕推行"国民义务教育"，强制琉球人必须穿和服，吃日本食品，这是一次彻底的"去琉球化"。

按照日本政府当时的规定，所有适龄儿童必须进入传授日本文化的学校，而且只能讲日语。那时，每个班里都要有两三张"方言禁止卡"，一旦有人讲琉球方言，就会得到一张卡片，直到持卡者找到下一名讲琉球方言者。作为惩罚，放学后，最后持卡的小学生要留下来打扫教室。

经过这一番"去琉球化"运动，在冲绳，讲琉球语、信仰孔孟之道、习中国书法的人越来越少。

20世纪70年代初，日本政府曾规定，日本国民不许到冲绳旅游，企业不许到冲绳投资，导致冲绳经济结构单一，对日本本土经济的依赖度较高。

1972年以来，冲绳已经实施了四次改革振兴计划，效果都不佳。日本《产经新闻》的数据显示，1972年冲绳对美军基地的经济依赖程度为15.5%，2009年降低到5.2%。然而，冲绳对日本政府财政支援的依赖程度却在上升，由1972年移交施政权时的23.5%提高到2009年的39.2%。冲绳的失业率也在飙升，从1972年的3.0%升至2012年的7.1%。

琉球人对日本的感情，以及日本人对琉球的感情，都是微妙难言的。琉球人也不认为自己是日本人。早在光绪五年（1879）六月，琉球国官员向德宏在给日本外务大臣寺岛的复文中说："我们琉球国有自己的语言。间有与日本相通者，因两国贸易往来，所以彼此能相互通话。假如两国不通商，那么，日本就不会说琉球人的言语，琉球也就不会说日本人的言语……琉球国始祖天孙氏是天帝的儿子所生，不是日本人。"[29]

不少日本民众认为，琉球人"血统不纯"，还经常宣布要"独立"，日本主流社会也将琉球视为异己。日本《朝日新闻》2013年5月3日的报道揭示出这种民族的隔阂。该报道称，1月末，在东京银座，为了呼吁撤回部署在冲绳美军基地的"鱼鹰"运输机，来自冲绳各地的代表以及议员、工会成员等人士发起游行，而沿途他们却遭到日本民众阵阵骂声："卖国贼！""从日本滚出去！"

除了历史原因，还有战争的原因。第二次世界大战末期，特别是美军登陆冲绳以后，冲绳被日本当作了"弃子"。日本著名作家、诺贝尔文学奖获得者大江健三郎，在《冲绳札记》中指出，冲绳之战的悲剧和冲绳人的命运，是日本近代化以来"皇民化"教育的结果。

美国军事基地在治安等方面产生的严重问题，不仅引发了琉球民众的反美运动，也成为琉球民众要求琉球从日本独立出去的原因之一。《琉球新报》的报道同样揭示出琉球民众的这种诉求。那霸市的一名73岁的老妇人说，如果冲绳不并入日本本土的话，也不会发生这么多和美军士兵有关的负面事件、事故，我觉得冲绳人的心被践踏了。

日本《每日新闻》分析，冲绳"独立论"再燃的背景是日本政府强行在冲绳配备"鱼鹰"运输机、美军普天间基地搬出冲绳等问题得不到妥善解决，让冲绳民众对政府的不满越来越强烈，矛盾越来越激化。分析还称，作为冲绳本岛的琉球直到被日本吞并的1879年前，一直是拥有王制的国家。每当有违背民众感情的事情发生，就会出现冲绳"独立论"。

冲绳媒体《琉球新报》2013年5月15日的社论称，经历了政府强行配置"鱼鹰"运输机一事后，冲绳民众的自主决定权希望被尊重的意愿越来越强烈，"琉球民族独立综合研究学会"的成立即代表了这种趋势。报道还称，4月27日"琉球民族独立综合研究学会"筹备会主办了"思考琉球主权国际研讨会"，大约有300多人参加。该学会代表亲川志奈子认为，"我们应该自主学习历史，在自己的土地上生活，日本人享受的权利，我们也应该享有。"

正如学会发起人松岛泰胜所说，很长时期以来，日本官方规定的正式教材中根本没有写琉球真实完整的历史。近年来，冲绳民间有不少组织推动人们了解当年的历史，现在学校的一些补充教材会涉及琉球历史。总的来说，现在冲绳民间人士以及日本人对了解冲绳历史，比过去持更为积极的态度。[30]

1997年5月15日，是日本重新管理冲绳县25周年的纪念日，但是没有人怀有喜悦和庆贺的心情。从14日开始的"思考和平音乐会"，通过追问"回归日本带来了什么"，变成了痛苦和哭泣的诉苦大会，与会者群情激奋地呐喊着"冲绳要独立"，要求赶快找出走向"冲绳独立"的途径。

为此，琉球人建立政党或社会团体，依靠琉球人自己的力量实现独立。

琉球前后两次被日本占领，但琉球人的复国梦想从未泯灭，自始至终都在努力着、抗争着。在琉球复国独立运动的组织中，最著名的是"嘉利吉俱乐部"（原名琉球独立党），由野底武彦建立，现在的党首是屋良朝助，确定党旗为"三星天洋旗"，并作为设想中未来"琉球共和国"的国旗。俱乐部近年积极参加政党选举活动，近期寻求地方自治，呼吁奄美大岛归属琉球州（奄美自治县），政治活动有声有色。[31]

早先，冲绳有以屋良朝助为首的琉球独立党。这是一个比较老的追求琉球独立的组织。但该组织人数较少，许多人只是在酒馆里发发牢骚，故被称为"酒馆独立论"。[32]

由日本冲绳县当地政治家、大学教授、社会活动家以及市民团体成员组成的"琉球民族独立综合研究学会"，2013年5月15日下午宣告成立。在当天的记者会上，该学会表示，将寻求冲绳独立并建立"琉球自治联邦共和国"，在研究他国独立经验的同时，将寻找机会向联合国直接陈述冲绳独立的意愿。日媒称，冲绳人公开成立"独立"组织还是第一次。

"琉球民族独立综合研究学会"由生于冲绳县石垣岛的龙谷大学教授松岛泰胜和冲绳国际大学副教授友知政树等人组织发起。松岛泰胜表示，日本政府借助《日美安保条约》获得利益，却让冲绳成为牺牲品，冲绳人一直遭受着日本社会的歧视。他认为，冲绳过去是琉球王国，并不隶属于日本。即使被日本占领后，琉球也没有将自治权交给日本，因此冲绳人有寻求独立的决定权。松岛还表示，太平洋岛国帕劳虽然只有2万人，却依然获得独立。冲绳有140万人口，完全具备独立的条件。[33]

在冲绳的华人学者刘刚向《环球时报》记者介绍，"琉球民族独立综合研究学会"的人数不是很多，大约100多人，参加者多在三四十岁，比较年轻。该组织带有研究色彩，主要是探讨"冲绳独立"。会长松岛泰胜主要研究南太平洋岛屿经济，在当地非常活跃。

据悉，"琉球民族独立综合研究学会"将广泛吸纳冲绳民众入会，以期待逐渐发展成为一个地方政党，并计划向联合国"脱离殖民地化特别委员会"申诉独立要求。出生于冲绳的日本社民党国家对策委员长、众议院议员照屋宽德对此公开表示支持。他在博客上发表题为《终于要从大和走向独立了》的文章称："冲绳还是独立的好。明治以来的近现代史中，冲绳总是受到当时政权的歧视。即使现在，冲绳人也没有被看成是日本国民。"

松岛泰胜说，是日美政府对冲绳的"殖民地化"，使得"琉球人"对日本的不满和绝望感蔓延，因此期望通过向联合国申诉等方式来推动对"琉球独立"问题的全民公决。这也是该组织追求的长期目标。

他们希望琉球人有权自决前途，脱离日本，并撤去他国之军事基地，与世界各国建立友好关系，实现和平的"甘世"。[34]

不仅如此，冲绳人民还到联合国有关会议上，控诉美军种种不法行为给冲绳人民带来的痛苦和灾难，提出"琉球独立"的诉求。

2023年7月17日至21日，第16届联合国原住民权利专家机制（EMRIP）在瑞士日内瓦召开。在19日举行的主题为"关于军事化对原住民权利之影响的研究和建议"的分论坛上，琉球民族独立综合研究学会的共同代表亲川志奈子和冲绳宜野湾美水会共同代表町田直美在会上宣读了声明，内容涉及美军引发的事故和事件、有机氟化合物（PFAS）造成的饮用水污染、军事化对自然环境的破坏以及对人类生命的威胁的问题。亲川志奈子说："即使在日本，琉球民族也很难向日本中央传达意见，如今由琉球民族亲自在联合国会议上发言，传递我们的心声，这极具意义。"会后，町田直美受到其他国家与会者真诚的鼓励，也有与会者提出"想要贡献一份力量"，即愿意提供帮助。[35]

琉球国复国运动基本纲领：

琉球共和社会宪法试案

序　言

一、我们作为琉球共和国的公民，几百年来遭受了中国封建制度的践踏，遭受了日本和美帝国主义统治、剥削与压迫，最后通过这场与世界政治发展趋势一致的"困民主义革命"，[36]终于踏上了我们渴望已久的、获得了自由独立的大道。

二、我们作为琉球共和国的公民，制定这部宪法的目的是为了建立更加完善的联邦，维护正义，营造社会的安定与和谐，提高人民生活福利，为了我们自己及子孙后代，确保人民和谐的成果和自由带来的恩惠，为了防止因政府行为而引发的战争灾难，确保国家的安全。

三、我们作为琉球共和国的困民，眼光不能只关注国内事务，而忽视与他国的交往。我们坚信困民主义革命的规律具有普遍意义，各国的责任是依据这个规律建立一个地球联合政府，确保人类的持续发展。

四、琉球共和国的所有公民为了共和国的荣誉，发誓要全力以赴来实现国家的崇高理想和目标。

五、当地球联合政府成立，我琉球共和国参与该全球性联盟时，本宪法将自动失效。

宪法基本原则

第一条 琉球共和国是一个建立在友爱和勤劳基础上的困民主义的共和国。其主权属于那些具有勤劳品质和献身于大爱的人们。琉球共和国的困民们将根据本宪法的条例行使主权。

第二条 琉球共和国由许多群岛形成的一个琉球弧是可看到的领土，同时传说中的阿摩美久神则是精神上的乐土。

第三条 琉球共和国是一个建立在地方分权基础上的国家联盟，除了周边的一些小岛外，由四个主体成员组成：奄美诸岛、冲绳诸岛、宫古诸岛、八重山诸岛。

所有远离中心海岛的琉球共和国公民都享有选择居住地的自由，

享有根据需求或迁徙某地或离开某地的自由。

第四条 琉球共和国确保在联邦内部，每个联邦成员都享有行使自治的权力。

第五条 琉球共和国内部的每个联邦成员都有权脱离共和国，或者在先前划定的管辖区域内建立一个新的联邦，两个及以上的成员有权合并从而组成一个更大的地方政府，所有这些都是当地困民固有的权力。

第六条 在琉球共和国内部可自由选用传统的琉球语和其他语言，只限政府用语和司法文件中的用语采用通用语言。琉球语和日本语均为通用语言。

第七条 琉球共和国国旗由黑、红、白三色组成。

第八条 所有一切名义上或形式上的备战行为，都是违背琉球共和国宪法原则的。因为战争会打乱所有公民的和平相处的生活，这种行为必将受到琉球共和国政府的严惩，具体包括共和国政府或某个个人执意要从事用于战争目的或可以转而用来实验、制造、运输、储备和废弃类似于核武器、生化武器、毒气等行为，都会成为共和国人民永远彻底抵制的对象。行使这种抵制的权力是神圣的，从而发展变化出来的所有行为都是正当的，不应受法律或诉讼的干扰。

第九条 琉球共和国的所有公民，不论人数，都拥有自由脱离共和国的权利。

2013 年 5 月 15 日，就在东京举行仪式庆祝"冲绳回归日本 41

周年"的时候，冲绳公然唱起对台戏，"琉球民族独立综合研究学会"在当天宣告成立。日本共同社报道说，这说明沉寂多年的"琉球复国运动"再度兴起。[37]

琉球民族的复国斗争能不能成功，我们无法预知，但它具有怎样的历史意义呢？《琉球救国运动抗日的思想与行动》一书作者后田多敦指出，琉球社会拥有自己的民族、文化和宗教，以及与以中国为中心的亚洲地区长达500多年的交流，这是琉球救国运动形成的背景。"吞并琉球王国是日本侵略亚洲的开始，琉球救国运动是对此的抵抗。这与随后被日本侵略的中国、朝鲜等国家和地区开展的抗日运动拥有同等意义。"[38]

【注释】

1. 伊波普猷在他的《古琉球》（1910）和《冲绳历史物语》（1947）两书中提出"日琉同祖论"。详见吴叡人：《没有民族主义的民族：伊波普猷的日琉同祖论初探》，台北：台湾大学《考古人类学刊》第81期，2014年12月。

2. 光绪六年（1880）正月二十五日《申报·纪论辩琉球事》。

3. 转引自杨仲揆：《琉球古今谈》，第78页。

4. 光绪二年（1876）八月二十二日《申报·琅峤近事》。

5. 光绪二年（1876）七月初三《申报》。

6. 转引自光绪二年（1876）八月二十二日《申报》。

7. 申包胥，楚国贵族。公元前506年，吴国用伍子胥的计策攻破楚国。他到秦国求救兵，在秦国宫廷哭了七天七夜，秦国终于发兵救楚。

8. 蔡璋：《琉球国诗人林世功其人其事》，转引自杨仲揆：《琉球古今谈》，第85页。

9. 光绪八年（1882）六月十六日《申报》。

10. 维基揭秘网：《冲绳的亲中反美倾向》，美国华尔街日报网站2006年7月4日，转引自《参考消息》2011年7月6日，第16版：《美外交官评估冲绳人"亲中反美"》。

11. 见中国国民党党史馆馆藏特种档案，转引自黄俊凌：《迁台后国民党当局在琉球问题上的政策演变》。

12. 光绪五年（1879）正月初七《申报》。参见第六章。

13. 肖鸿恩、钟庆安：《太平洋战争史话》（海口：海南出版社，2006年），第120页。以下引本书仅在引文后注明页码。德国世界报网站2015年4月1日刊载贝特霍尔德·泽瓦尔德：《冲绳的恐怖成为了美国大兵之痛》称此役为"冰山行动"，共派出了19艘航母、20艘重型巡洋舰和约1500艘运输船和补给船。此外，英国也派出一支航母编队。这些舰船搭载了18万官兵。转引自《参考消息》2015年4月3日，第12版。数字与《太平洋战争史话》所列有出入，录此供参考。

14. 弗洛瑞安·施塔克：《一艘战舰发起最大规模的"神风"攻

击》,德国世界报网站2015年4月7日。转引自《参考消息》2015年4月9日,第12版:《日舰"大和"号被击沉始末》。

15.［德］贝特霍尔德·泽瓦尔德:《冲绳的恐怖成为了美国大兵之痛》5月29日战况,引自凤凰网。

16. 以上数字见旧海军司令部壕事业所:《旧海军司令部壕》,财团法人冲绳观光协会,冲绳丰见城,无出版日期。

17. 冲绳县立博物馆等编:《博物馆陈列指南》,第64页。

18. Robert D. Eldridge, The Origins of the Bilateral Okinawa Problem Okinawa in Postwar U.S.-Japan Relations, 1945—1952, New York: Garland Publishing Inc., 2001, pp.66-7. 转引自王海滨:《琉球名称的演变与冲绳问题的产生》,《日本学刊》2006年第2期,第29—41页。

19.《琉球国复国的运动》2024年7月17日,见http://www.zunxu.com/zhishi/246778.html。

20.《琉球不是日本的!琉球摆脱日本殖民百年斗争》,中国网。

21. 钱文荣:《战后国际秩序不容颠覆》,《参考消息》2015年2月23日,第11版。

22. 冲绳县立博物馆等编:《博物馆陈列指南》,第69、70页。

23.《琉球不是日本的!琉球摆脱日本殖民百年斗争》,中国网。

24. 李志伟:《美国海外军事行动造成严重环境污染》,《人民日报》2023年9月26日,第17版。

25.《美帝国主义是中日两国人民的共同敌人》(《毛泽东文集》第 8 卷)，见 http ://www.mzdthought.com/html/mxzz/mzdwjwx/2005/1027/7188.html。

26. 据谢竹雯:《所谓和平:冲绳反军事基地社会运动的再思考》，台北:台湾大学《考古人类学刊》第 81 期，第 137—172 页，2014 年 12 月。

27. 那时，在嘉手纳美军基地以北的读谷村，还部署有美军的能携带核弹头的地对地巡航导弹。见《北京日报》2015 年 3 月 17 日，第 9 版:《老兵回忆:驻日美军险射核弹》。

28. 李良勇:《冲绳县知事选举　安倍阵营再受挫》，《北京日报》2014 年 11 月 18 日，第 15 版。

29. 李鸿章:光绪五年（1879）六月二十四日《向德宏答复寺岛来文节略》。台湾银行经济研究室编:《李文忠公选集》。

30.《环球时报》驻东京特派记者马铁:《访"琉球独立"组织发起人:目的是摆脱殖民状态》，2013 年 5 月 17 日《环球时报》。转引自大公中原新闻网。

31. 心事浩茫:《"琉球复国运动"将成燎原之势》。2012 年 11 月 1 日 14 : 04 : 19 上传。

32. 马铁:《访"琉球独立"组织发起人:目的是摆脱殖民状态》。

33. 同上。

34. 同上。

35.《冲绳日报》记者座波幸代原作，发表在《琉球新报》2023年7月19日，台湾"两岸远望"译《琉球两团体再赴联合国传达"琉球之声"》，载《远望》2023年7月20日。这条资料是世界知识出版社薛乾提供的。

36. 所谓"困民主义"，是指这次成立琉球共和国动机的革命指导思想。完成了民主主义革命的历史任务，经历了持续不断的无产阶级专政的官僚制国家资本主义的衰败历史，之后又发生了由工团主义、社会主义国家联合军镇压下去的1980年的波兰工人运动，吸取这些历史上的令人愤慨的教训，通过让人民参与和自主管理，希望建立一个"无政府之地"，这正是历史的经验。

"困民党"一词源自1880年前后，由于严重的经济不景气，一些负债累累的农民发动了暴乱，要求减免借款的利息。发动秩父事件的秩父困民党在各地集结。见仲宗根勇：《现代琉球独立思想》，《新冲绳文学》1981年6号。

37. 于冬：《"琉球复国运动"再度兴起》，《南方周末》2013年5月24日。

38. 转引自杨智：《冲绳：不能忘却的"琉球梦"》，见《参考消息》2013年5月16日，第11版。

附录　向德宏给李鸿章的两封求援信[1]

一

具禀琉球国陈情孤臣紫巾官国戚向德宏，为泣血哭天，立救国难事。

窃照本年闰三月，有漂流民来闽，据称敝国业于本月间被日本灭国。闻信之下，心神迷乱，手足无措。业经沥血具秉闽省各大宪在案。尔时即欲赴宪辕，叩恳救难，但恐事益彰露，转速非速之祸。乃着蔡大鼎等先行北上，密陈苦情。当蒙中堂恩准，速为致书总理衙门定夺，并承道宪郑传示训词。宏等感激涕零，焚香碰头。

讵于本月初三日，有日本内务大书记官松田道之，率领官员数十名，兵丁数百名，到琉咆哮发怒，备责国主何以修贡天朝等事；又不从日谕，乃敢吁请天朝劝释，如此行径，甚属悖逆，应即废藩为县。

现虽合国君臣士庶不甘屈服，而柔弱小邦，素无武备，被其兵威胁制。国主万不得已，退出城外，举国惊骇。

松田又限定日期，欲敝国主赴日候令。当有官民人等再三哀请，敝国主染病卧床，乞免赴日。松田不允。

敝世子欲延缓赴日，以待天朝拯救。已于闰三月间前抵日京。具禀日政府，号泣哀恳暂缓敝国主赴日之期。该政府不允所请。

敝世子拟即禀明钦差大臣，而日人查禁甚严，不能通消息。不得已托闽商带回密函，"饬宏迅速北上，沥血呼天，万勿刻缓。如不能收复，唯有绝食而死，不能辱国负君。泪随笔下。"宏泣读之余，肝胆几裂，痛不欲生。

溯查敝国前明洪武五年隶入版图，至天朝定鼎之初，首先效顺，纳款输诚。叠蒙圣心怀柔，有加无已。恪遵《大清会典》，间岁一贡，罔敢愆期。不意光绪元年，日本禁阻进贡，又阻庆贺皇上登极各大典。当即具备情由，百般恳情。该日本不肯允准。

敝国主特遣宏等捧咨赴闽陈明。荷蒙福建督抚列宪具奏。钦奉上谕，着总理各国事务衙门即传示出使日本大臣，相机妥筹办理，钦此。钦遵在案。嗣于钦差大臣抵任之日，敝国驻日法司官等，屡次沥禀恳求设法，即蒙钦差大臣与日国外务省剀切理谕，冀可劝释。讵料日人悍然不顾，竟敢大肆凶威，责灭数百年藩臣之祀。

主忧臣辱，主辱臣死。宏等有何面目复立天地之间！生不愿为日本属人，死不愿为日国属鬼！虽糜身碎骨，亦所不辞！在闽日久，千思万想，与其旷日持久，坐待灭亡，何若剃发改装，早日北上。与其含垢忍辱，在琉偷生，不如呼天上京，善道守死。

合国臣民及商人乡农，雪片信至。催宏上道，效楚国申包胥之痛哭，为安南裴伯耆之号求。用敢不避斧钺，来津呼泣。伏唯中堂威惠于天下。海岛小邦，久已奉若神明，必能体天子抚绥之德，救敝国倾覆之危。吁请据情密奏，速赐拯救之策，立兴问罪之师。不特上自国主，下及臣民，世世生生，永戴皇恩宪德于无既。即日本欺悖之志，亦不敢复萌。暹罗、朝鲜、越南、台湾、琼州亦可皇图永固矣！

再此番北上情节，应先禀明闽省各大宪，再行启程，只恐枉需时日，缓不济急。故敢星夜奔驰，径趋相府。犯法之罪，谅不容辞。

宏等在上海闻得日本之宪，密防敝国来华请救，遇必捉之。宏等为此剃发更服，延邀通事等同伴，以作贸易赴京。然谣多言杂，心怯神迷，且风土不悉，饮食艰难。可否恩赐保护怜察，或可有人照料，以全孤臣？临词苦哭稽颡，延颈待命之至！

二

具禀琉球国陈情孤臣紫巾官国戚向德宏，为感泣渎禀求解倒悬事。

窃宏于五月十四日冒叩相府，泣恳救难，经蒙宪谕准为办理。复荷宪恩体恤，怜念孤臣，格外矜全。饬为安插善地，常加存问。美领事又敬传恩谕。下情感激，形于梦寐。

唯敝国自光绪元年间惨遭日本阻贡，敝国主命宏赍咨赴闽，陈明国难。禀请督抚列宪大人据情具奏。复饬宏即日进京匍吁。于光绪三年五月十四日奉到上谕，"着何、丁饬令统行回国，毋庸在闽守候。将此由四百里谕令知之，钦此。"以致宏不能陈情北上，请旨定夺。又不能早叩相府，预请设法办理，虚延岁月，致日本无所顾畏，大肆凭陵，派官派兵，前来敝国，将敝国主驱出城后，将世子拥去。国危君辱，皆宏不能仰副敝国主进京匍叩之命所致。

回忆宏赍咨赴闽时，敝国主临行泣谕，何啻倒悬，望解之情，惨迫急切。宏乃稽闽日久，迄无成事，误国误君，已属死有余罪！近承美领事交阅西报，中有敝国主被日迫赴日本，革去王号，给予华族从三品职，着令归国，敝世子忍辱至此，无非以敝国素无武备，难与抗拒。故暂屈辱其身，上以延敝国一线之命脉，下以全敝国百姓之生灵，断非甘心容忍，屈从倭令。其所以殷殷属望于宏，冀能吁请天朝拯救。知犹是饬宏赍咨赴闽时，恸哭望援之心也。倘仍复需时旷日，坐失事机，敝国主卧薪尝胆，宏乃苟活偷安，真为罪上加罪！为此不揣冒昧，再行稽首相府。

前月中堂据情密奏之后，大皇帝允否兴师问罪？日人在敝国者，如何驱逐？敝世子可否召入内都，详察被难之苦情？泣求恩示端倪！如得兴师问罪，即以敝国为向导，宏愿充先锋，使日不敢逞其凶顽。宏于日国地图、言语、文字，诸颇详悉，甘愿效力军前，以泄不共戴天之愤。或颁兵敝国，堵御日本。如前明洪武七年间，命吴祯率沿海兵至琉球防守故事，使日本不敢萌其窥伺。敝国兵民仰仗天朝兵威，必能协力齐心，尽逐日兵出境，自无不克者。

愚瞽之见，是否有当？统恳立赐裁决施行，则敝国上自国主，下及臣民，生生世世，感戴皇恩宪德于无既矣。临禀苦哭，不胜栗悚待命之至！须至禀者。

【注释】

1. 转引自吴壮达编著：《琉球与中国》，第117—119页。

后　记

中国人研究琉球国及琉球国与中国关系的开创者是吴壮达[1]，在此想写几句话来纪念这位学术界前辈。

我在1960—1965年读大学历史系本科期间，就拜读过吴壮达的《琉球与中国》和《台湾的开发》[2]，并摘抄成若干卡片资料。1978年攻读研究生课程期间，曾写信向吴先生请教有关元朝在澎湖设巡检司的问题，吴先生认真批阅并回信予以鼓励。1982年，有机会到了广州，就到先生任教的华南农学院寓所拜访，一是为了当面致谢，二是顺便请教台湾史研究的有关问题。三十多年过去了，他的手教和著作（还有寄赠的《台湾省农业地理》，北京，科学出版社，1979）至今还被我珍藏着，并时时翻阅、引用。

吴壮达在《琉球与中国·自序》中，谈到这部书写作的缘起和艰难经过：当时，他随中山大学法学院流亡到广东与福建交界的蕉岭县一偏僻乡村路亭墟。1945年4月1日，[3]美国开始琉球群岛登陆战的消息传来，吴先生就急切地感到，仅从中日外交史上的一点回忆，就不能不了解琉球群岛的战略地位，和与我国的因缘关系。他以强烈的知识分子责任感和使命感谦虚地说，要去做一点资料搜集的工作，试图研究一个问题。直到 8 月抗战胜利，他用了不到半年的时间，"写成了一篇检讨中琉关系的草稿"。吴先生回到广州，因为教学任务重，生活艰苦，搜集资料的工作进展缓慢。

1946 年秋天，吴先生转到吉林的长白师范学院任教，这为他搜集资料提供了极大的便利，于是着手写作书稿。由于国共内战爆发，1947 年夏季，他匆忙离开东北，以致除书稿外，搜集来的大部分参考书都留在了吉林。好在他来到了北平，在国立图书馆国际问题研究室补录了一些失落的资料。

吴先生在自序中说明了写作本书的宗旨，那就是在大战结束后，琉球群岛问题如何处理，如何才能获得国际间完满的协议。这是对日和会的一个重要课题。

我非常佩服吴先生的远见卓识，能赶在对日和会之前，历尽艰辛地搜集资料，在繁忙的教学之余完成书稿。这部书以丰富详实的史料，用严谨、细致、科学的考证，论证和阐述了琉球国与中国的关系、中国对琉球国的经济与文化影响，充分揭示了日本"借暴力与贪婪"[4]吞并琉球国的史实。总之，《琉球与中国》这本书的出版，对战后如何处理琉球群岛问题，提出了极有远见的意见。这本书不仅适应了当时国际外交的斗争的需要，也为后学提供了一份可靠的教材。

《琉球与中国》一书除了介绍琉球群岛与琉球国的基本情况外，主要阐述了琉球与明清两个朝代的关系，中国对琉球的经济及文化的影响。对于中国史籍记载的流求、琉球、瑠求等，是中国台湾岛还是琉球群岛的考证，颇见吴先生做学问的功力。书中还有图、表若干，以及参考书目。当然，依当今的学术研究成果来看，也不是一点瑕疵都没有。但瑕不掩瑜，瑰宝终究是瑰宝。这部书用大量的史料，论证了以下历史事实：

（一）自《隋书·流求国传》起，直至明清文献，历来都有关于琉球国的记载。学术界有两种意见，有的认为指今中国的台湾岛，有的认为指今琉球群岛。吴先生对两种意见进行了详细的分析考证，明确指出，古流求指台湾而不是琉球群岛。琉球群岛是明朝时才被中国人知晓的。琉球国为了自身的利益，冒名顶替了中国古代的流求。

（二）中国与琉球国经历五百余年，始终保持着和平相处的关系。当初琉球人的入贡，固然是出于明朝的和平招徕，实亦出于琉球人早存的愿望。明洪武五年（1372）琉球国与中国建立正式关系。除了"朝贡""册封"，琉球国子弟到中国留学，接受中华文化外，吴先生特别提出：洪武七年（1374），皇帝发给琉球国《大统历》，表示"依照中国历朝对属邦的惯例，凡来往文书，须以中国的纪年为正统"。"自明至清"，琉球国"相沿不改"。洪武八年，朱元璋又指示"附祭琉球山川于福建"。对此，吴先生明确指出："此举固表示朱元璋对其属邦的注意，亦无异明室已将此处海外的小国，视为大明帝国版图内，且与福建有特殊关系的一隅了。"这说明，直到

1879年日本吞并琉球之前，在长达五百多年的岁月里，因中国和平仁爱的态度，使琉球人产生信赖心理，才与中国一直保持着宗主与藩属国的关系。

（三）与琉球国同中国的关系不同，琉球国与日本的关系史，是血与火、侵略与反侵略、吞并与救国的关系史。14世纪前，日本与琉球国并无政治关系；1606年，日本还称琉球为"贵国"[5]。吴先生评论说："这个文书……措辞语气，全然是商量的态度，日本既然称琉球国为'贵国'，可见当时的琉球，还受到日本的相当尊重，而能保持着对手国的地位。"

吴先生指出，日本对琉球国的阴谋，实早有准备。1591年（明万历十九），日本丰臣秀吉率军侵略朝鲜，派萨摩藩诸侯岛津氏向琉球国敲诈钱财，遭到琉球国王的拒绝。1609年，岛津家久遂率军攻打琉球，俘虏了琉球国王尚宁，逼其写下誓文，答应每年向萨摩藩输粮8000石。日本将历史上的侵略视为"上贡"。琉球土地贫瘠，出产粮食有限。稻田面积只占全耕地的11%，甘薯与甘蔗是琉球群岛的重要农产品，8000石粮食带给琉球人民多么沉重的负担。吴壮达称这次萨摩藩入侵，是"琉球国遭受的第一次国难"。自此，琉球国开始受到日本的控制。"可怜弱小的琉球国，从此对日本的关系，自政治的附庸，更加上了经济的附庸。"

1879年2月，日本兵占领琉球国首都首里，宣布废除琉球国，改为日本的冲绳县，具有千年历史的琉球国从此灭亡了。吴壮达明确指出:"琉球国之亡,是近代日本帝国从事领土扩张的第一次成功,也是日本式的狡黠外交在国际舞台上首次的得意演出。"自此日本向南进行军事扩张的屏障完全被打开了。对此,吴先生说:"日本既经确实掌握了琉球,琉球便立刻成为日本侵略的杠杆,撬动了台湾这块巨大的基石。于是,台湾的割弃,中国的东部海岸,便完全落入日本的武装控制中……是以琉球国的毁灭,固是日本侵略势力南进的开始。"

吴先生十分赞赏当时的驻日公使何如璋,称他"本是一位富于胆识的人物"。当时,何如璋敏锐地看出了日本的阴谋,即以吞并琉球为起点,向北侵略朝鲜,向南一定会进而侵占台湾、澎湖。其危害在于,琉球一失,台澎之间,将求一夕之安不可得。琉球问题不仅牵涉中日两国,"还隐藏着欧洲帝国主义者的阴谋",特别是英国驻日公使巴夏礼(Harry Parkes),对琉球群岛也有非分之想。[6]

吴先生在分析琉球群岛在战后被美日控制,在我国国防方面的重要性时指出,对于战后琉球群岛的处置,基于既往的中琉关系,我们已不能忽视琉球群岛的处理问题,基于国防的安全,我们尤其不能忽视琉球群岛的处理问题。吴先生非常明确而坚定地反对盟军统帅麦克阿瑟关于"琉球群岛是美国的天然边疆"的说法,反对美国官方和民间舆论要求长期占有琉球群岛,反对战败后的日本第一任首相吉田茂要求把琉球"归还"日本等言论。吴先生说,倘使琉球群岛固定为美国的"天然边疆",不仅日本所负于中国与琉球的旧账永远不得结偿，在我们，亦便等同将东海的安全，交给太平洋彼岸的主人负责。

吴壮达认为，处理琉球问题的绝对标准，不是所谓的战略意义与国防价值，而是促成一个国际间公正无私的计划，以共同扶植琉球人，促其成长拥有重建自己国家的能力，并使独立后的琉球人，永远超脱国际阴谋的罗网与黩武主义的践踏。一个获得国际忠诚保证的、中立的、民主的新琉球国如能造成，对中日间以至世界和平的维持，当可多增一重有效的因素。

吴壮达还特别指出，日本帝国被颠覆了，旧日的琉球国领土，将如何处理？七十年来，中日间悬而未决的旧案，应否重提？这是一个亟待解答的国际问题。

二战刚刚结束，吴壮达就执笔写成《琉球与中国》一书，其考订之精审，见解之深邃，令人肃然起敬。请读者在翻阅拙作时，也能认真地去读读吴壮达的《琉球与中国》，那是一本令人百读不厌的书。

我在写作本书的过程中，得到了诸位友人的热情帮助。厦门大学的郭志超教授，不远千里寄来相关资料供我参考；中央民族大学图书馆馆长李德龙教授及古籍阅览室的李婷老师，在借阅资料方面也为我提供了很大的方便。尤其是张吉伟副教授，在繁忙的教学、科研之余，包括寒暑假期间，帮助我翻译了不少日文资料。在此，向他们表示诚挚的感谢。

书中引用的资料都一一注明出处，但也有遗漏之处，有待以后改正。有些资料是我在前往冲绳考察期间得到的，一些插图是当时拍的照片。所引古籍中的原文，由笔者译成白话。

至于对一些问题的分析和见解，错误之处，敬请读者批评指正。

【注释】

1. 吴壮达（1911—1985），广东东莞人。1936年毕业于国立中山大学，1944年任该校法学院副教授。

2.《琉球与中国》（上海：正中书局，1948年）。《台湾的开发》（北京：科学出版社，1958年）。前一本承蒙中央民族大学图书馆馆长李德龙帮助复印赠我；后一本于1963年11月13日购于四川省西昌市。感慨系之，在扉页上写了这样一句话："寻遍京、津、沪、旅、宁、桂、蓉未获而得于西昌。"旅，指旅大，今大连，宁指南京，桂指南宁，蓉指成都。

3. 原文为"1945年3月27日"。

4. 吴壮达编著：《琉球与中国·自序》。

5. 详见本书第七章。

6. 格兰特说：巴夏礼从中挑拨中日关系，要中国"勿中那般奸人觊觎之计"。见吴壮达编著：《琉球与中国》，第114页。

琉球群岛大事记[1]

距今 32000 年前的旧石器时代

那霸市山下町出土史前儿童的部分腿骨。

距今 26000 年前的旧石器时代

宫古岛的 Pinza-Abu 洞穴出土史前人类头顶骨、躯干和肢骨。

距今 20000 年前的旧石器时代

石垣岛田原洞出土史前人类头盖骨。

距今 18000 年前的旧石器时代

在冲绳县八重濑町具志头村,出土史前 5—9 个成年人个体,被命名为"港川人"。

距今 15000 年前的旧石器时代

久米岛下地原洞穴出土史前人类头盖骨。

距今 5500—3200 年前的新石器时代

冲绳县中部宇流麻市石川丘陵的海阶台地上,出土了石斧、石刀等石器,以及褐红色陶钵形器、壶形器和贝、动物骨头与牙齿制成的蝶形器。

公元前 3 世纪—3 世纪的新石器时代

史前考古遗址有清水贝丘、广田遗址等，主要出土遗物是弥生式陶器及贝制品。

12 世纪至 15 世纪初

冲绳群岛有超过 300 多座的琉球式城堡，如知念城遗址、座喜味城遗址等。城堡具有城寨、村落和圣地的功能，其规模和形状各异。

1372 年，明洪武五年

明太祖派遣行人杨载诏谕琉球国，中山王察度派其弟泰期等随杨载前来朝贡，向察度颁赐《大统历》及织金文绮等物品。琉球成为明王朝的藩属。

1373 年，明洪武六年

明朝吴祯巡海捕倭至琉球群岛海上。

1378 年，明洪武十一年

山南王承察度遣使朝贡，颁赐的礼物与中山王同。

1383 年，明洪武十六年

明朝赐中山王、山南王镀金银印，劝他们与山北王停止内战。三王奉命和解。山北王怕尼芝遣使随中山王、山南王使者朝贡。

1385 年，明洪武年十八年

明朝赐山北王镀金银印。

1392 年，明洪武二十五年

赐闽人善于造船、航海者三十六姓给琉球中山国，以方便琉球国朝贡使者往来；琉球中山王遣寨官子弟到明朝国子监读书，这是琉球人留学中国之始。洪武二十九年，中山王派遣女官生姑鲁妹来中国留学。

1404 年，明永乐二年

明成祖遣官册封王应祖为山南王。永乐五年（1407），遣官册封思绍为中山王。永乐十三年（1415）命行人陈季若等册封他鲁每为山南王。

1425 年，明洪熙元年

册封巴志为琉球国中山王，赐尚姓。

1427 年，明宣德二年

中山王尚思绍开始建设首里城。

1429 年，明宣德四年

中山王尚巴志征服山南，形成统一的琉球王国（第一尚氏王朝）。根据琉球与明王朝的藩属关系，琉球每一代国王都需要接受来自明王朝的册封。

1442 年，明正统七年

派遣给事中余忭、行人刘逊封尚忠为中山王。从此，册封使由给事中和行人担任正副使成为定制。

1453 年，明景泰四年

爆发"志鲁·布里之乱"，首里城被毁（以后又两次被毁。1945年，再一次被美军炮火摧毁。1992年基本完成恢复重建）。

1458年，明天顺二年

中山王尚泰久五年，铸"万国津梁"钟，悬挂在首里城正殿，记述琉球与中国、朝鲜、东南亚和日本进行贸易的盛况。

1469年，明成化五年

琉球发生内乱，尚德王被杀，第一尚氏王朝灭亡。接待琉球国使者的港口由福建泉州迁到福州，建柔远驿（俗称"琉球馆"）。

1470年，明成化六年

尚圆建立第二尚氏王朝，并接受来自明王朝的册封。

1475年，明成化十一年

规定中山王两年一贡（1612年，即万历四十年改为十年一贡；1623年，即天启三年，改为五年一贡）。[2]

1500年，明弘治十三年

尚真王平定八重山岛（今石垣岛）赤蜂之乱，先岛群岛接受中山王的统治。中山王府准其自治。

1534年，明嘉靖十三年

明朝派遣陈侃等册封琉球国中山王，回国后写成《使琉球录》，这是中国现存关于册封过程及琉球国的社会情况的最早的记录。

1589年，明万历十七年

日本天正十七年，日本遣使至琉球。

1591年，明万历十九年

日本天正十九年，丰臣秀吉以子丰臣秀次为关白，下"征韩令"，并打算征服琉球王国，派令萨摩的大名岛津义久向琉球王征收军粮。但在羽柴秀吉时代，琉球没有接受羽柴秀吉和岛津义久的统治而完全独立。

1605年，明万历三十三年

琉球人从福州引进甘薯试种，后逐渐推广，成为琉球民众的主要粮食之一。

1609年，明万历三十七年[3]

日本庆长十四年，日本的德川家康继承丰臣秀吉对外扩张的政策，派邻近琉球王国的鹿儿岛萨摩藩岛津家久率领3000士兵侵略琉球，琉球王尚宁被俘，史称"庆长之役"，实际上琉球成为萨摩藩的属国。但日本幕府与对朝鲜一样，仍把琉球看作外国。

1611年，明万历三十九年

日本庆长十六年，萨摩藩逼迫尚宁王签订《制裁令十五条》，使琉球成为萨摩藩的附庸。日本幕府承认琉球为萨摩藩岛津氏的属国。但琉球王还向明朝朝贡，用明朝年号，向其称臣。德川家康打算利用这种情况，通过琉球与明朝贸易，但未成功。

1637年，明崇祯十年

为缴纳萨摩藩的沉重税赋，中山王府向宫古、八重山（石垣岛）征收人头税。（1903年，即明治三十六年废止。）

1644年，明崇祯十七年

日本正保元年，琉球国使者前往日本。

1646年，清顺治三年

清军入闽，琉球国通事谢必振与请封使到清军统领前表示要接受清朝册封。直到顺治十一年（1654），才册封尚质为中山王，并重新赐给"琉球国王"镀金银印。规定两年一贡。琉球成为清朝的藩属国。

1682年，清康熙二十一年

康熙御书"中山世土"赐给中山王尚贞。（后来，雍正皇帝御书"辑瑞球阳"、乾隆皇帝御书"永祚瀛壖""海邦济美"分别赐给中山王尚敬、尚穆。）

1686年，清康熙二十五年

日本天和六年，日本定朝鲜及琉球互市额度。

1708年，清康熙四十七年

程顺则把《六谕衍义》带回琉球国。

1796年，清嘉庆元年

日本宽政八年，琉球使者来到日本。日本命琉球国巡视南岛诸岛。

1848年，清道光二十八年

最后一位琉球国王尚泰继位。

1853年，清咸丰三年

美国海军准将佩里率舰队到日本，与日本签订《神奈川条约》。日方表示琉球是个遥远的国家，无权决定其港口的开放权。

1854年，清咸丰四年

佩里与琉球国中山王府用中英两种文字正式签订《琉美修好条约》。

1871年，清同治十年

琉球宫古岛前往中山国王府缴纳年贡，返回时遭遇暴风漂流到台湾沿海，上岸后54人在牡丹社被杀害。

1872年，清同治十一年

日本明治五年，明治天皇封尚泰为"琉球藩"，开始实施吞并琉球国的计划，并强迫琉球国停止向清朝进贡，不准使用清朝历法，改用日本历法。

1874年，清同治十三年

日本借口"牡丹社事件"出兵侵略台湾。最后，签订《中日北京专约》，清朝赔偿50万两白银，日本从台湾撤军。日本借此找到了吞并琉球国的借口。

1875年，清光绪元年

日军武力占领琉球群岛，禁止琉球进贡中国和受大清册封，废除中国年号，改为日本明治年号。

1876年，清光绪二年

尚泰王派遣向德宏、林世功、蔡大鼎等，以寻找没有归国的进贡使毛精长为名，到清朝求救。

1877年，清光绪三年

日本明治十年，日本宣布《琉球处分案》。

1878年，清光绪四年

尚泰王派遣琉球官员向笃忠到东京，找中国驻日大使何如璋，请求清朝派兵驱逐日兵出琉球，以挽救琉球灭国危机。

1879年，清光绪五年

日本明治十二年，日本灭琉球国，改为冲绳县，逼迫尚泰迁居东京。九月初五，林世功、蔡大鼎一行到达北京。

1880年，清光绪六年

日本明治十三年，光绪皇帝命李鸿章与日本谈判琉球问题。九月，中方在谈判中最后妥协，签署了《琉球专约拟稿》。光绪皇帝拒绝批准这一条约，并指示继续与日本协商。日本谈判代表回国，协商破裂。十一月二十日，因求救没有得到清朝政府的回应，林世功写下两首绝命诗，在总理各国事务衙门门前挥剑自刎。

1882年，清光绪八年

日本明治十五年，日本驻天津领事竹添进一与清政府恢复谈判琉球问题，但是没有达成协议。琉球问题一直拖延至甲午战争之后，成为一个悬而未决的问题。

1898年，明治三十一年

日本强迫琉球人服兵役。

1901年，明治三十四年

最后一位琉球国王尚泰去世。

1916年，大正五年

全冲绳教师大会要求冲绳教师用污辱的手段惩罚在学校说琉球语的学生。

1924年，大正十三年

冲绳遭遇特大自然灾害，因缺乏食物，民众将苏铁都吃光了，被称为"苏铁地狱"。约7万人移民到南美洲等地。

1944年

第二次世界大战后期，美军对琉球本岛那霸市实施大轰炸。

1945年3月

美军在冲绳岛登陆，发起"冲绳岛战役"。日本士兵强迫琉球人跳崖自杀，或干脆打死以减少山洞中缺少食物的压力。还有一些琉球人因为说琉球语而被认为是间谍惨遭杀害。战争使琉球人口减少四分之一，首里城等文物古迹被战火毁坏。

1945年5月29日，美军攻克首里城。6月23日，冲绳岛战役结束。日军守岛司令牛岛满剖腹自杀。琉球群岛守备军在嘉手纳美军第十军司令部正式签署投降文件。美国军队取得冲绳战役的胜利，并对冲绳实施军事管制，成立"冲绳咨询会"，作为与当地居民沟通的平台。（冲绳咨询会，以后改称"冲绳中央政府""冲绳民政府"；1952年再改为"琉球政府"，直到1972年美国把琉球群岛的行政管理权交还给日本政府。）

1947年4月

联合国通过《关于前日本委任统治岛屿的协定》，把北纬29度以南的琉球群岛和原属于中国的钓鱼岛群岛交给美国托管。这一年，冲绳民主同盟党、冲绳人民党等政治团体主张琉球独立。冲绳民主同盟党党魁仲宗根源表示，冲绳人要尽早结束美国在冲绳的战后统治，朝着建设独立国家迈进。

1948年

美军发行B型军票，作为琉球群岛上唯一合法的货币。（1958年后，改以美元为正式货币。）

1951年

美日在没有中国代表参加的情况下签订《旧金山和约》和《日美安保协定》，明确提出要把琉球群岛的"施政权"交给日本。但这遭到琉球人的群起反对，他们"聚哭于闹市"。

1952年

在美国旧金山举行对日和会。

1956年

美军飞机在石川市宫森小学校内坠毁。

1960年

"冲绳复归祖国协议会"成立。

1970年4月

美日签订《归还冲绳协定》，把琉球群岛连同钓鱼岛列岛的"施政权"单方面交给日本政府。

1971年12月

"守护权利与财产的军用地主会"成立,反对美军建设军事基地时强征农民土地和给予的补偿费过低。(1982年,反对美军基地的斗争发展为"反战一坪会",将这一斗争扩大到冲绳本岛以外。在斗争方式上,也逐渐从游行示威,走上法庭、议会等场所。)

1972年

美国将琉球群岛的行政管理权交给日本政府。

1983年

首里织、琉球漆器被指定为日本国家级传统工艺品。

1995年10月21日

因3名美军士兵强奸12岁女童,冲绳8.5万民众举行大规模的反美游行示威集会,"要求重新讨论《日美地位协定》冲绳县民总誓师"。美军基地缩小和整顿。

1996年

日本首相桥本龙太郎与美国驻日大使蒙代尔(Walter Mondale)共同举行记者会,宣布迁移普天间基地到他处(名护市边野古)。

2000年

琉球王国首里城被列入世界文化遗产名录。

2013年5月15日

由冲绳县当地政治家、大学教授、社会活动家以及市民团体成员组成的"琉球民族独立综合研究学会"成立,会长是龙谷大学教授松岛泰胜。研究会期望通过向联合国申诉等方式，来推动对"琉球独立"问题的全民公决。

2013年12月

时任冲绳县知事的仲井真弘多批准了在边野古沿岸地区填海造地建设美军基地的申请。

2014年11月16日

翁长雄志当选冲绳县知事。他与名护市市长稻岭进都反对普天间美军基地搬迁到边野古。

冲绳民众的最终目的，是要美军基地撤出冲绳县境内。

2019年10月31日

首里城王宫遭火灾焚毁。

2020年2月

开始首里城重建工程。

2023年7月4日下午

冲绳县知事玉城丹尼在访华期间，到北京市通州张家湾琉球国墓地，向逝者献上冥币、酒水等祭祀用品，双手合十，喃喃低语，用琉球方式祭拜。

【注释】

1. 据书中引用的史书，如《明史·琉球传》等资料、吴壮达编著《琉球与中国》、翦伯赞主编《中外历史年表》、杨仲揆《琉球古今谈》，[日]井上清著《日本历史》等。

2. 冲绳县立博物馆编：《博物馆展示指南》之《琉球·冲绳历史年表》将十年一贡、五年一贡，分别记在1474年、1622年。与《明史·琉球传》相差一年。

3.《明史·琉球传》记万历四十年，误。

参考文献

［春秋］左丘明著，鲍思陶点校.国语［M］，济南：齐鲁书社，2005.

［唐］魏徵.隋书［M］，北京：中华书局，1973.

［唐］韩愈.韩昌黎全集［M］，上海：世界书局，1935.

［唐］柳宗元.柳河东集［M］，上海：中华书局，1958.

［北宋］蔡襄.荔枝谱［M］，台北：商务印书馆影印文渊阁四库全书，1986.

［北宋］李复.潏水集［M］，台北：商务印书馆影印文渊阁四库全书，1986.

［北宋］张邦基.墨庄漫录［M］，台北：商务印书馆影印文渊阁四库全书，1986.

［北宋］董逌.广川画跋［M］，台北：商务印书馆影印文渊阁四库全书，1986.

［北宋］徐兢.宣和奉使高丽图经［M］，上海：上海古籍出版社影印文渊阁四库全书，1987.

［南宋］陆游.剑南诗稿［M］，清德堂重刊本.

[南宋]陈亮.龙川集[M],上海:上海古籍出版社影印文渊阁四库全书,1987.

[南宋]王象之.舆地纪胜[M],道光二十九年(1849)惧盈斋刊本.

[南宋]李复.潏水集[M],上海:上海古籍出版社影印文渊阁四库全书,1987.

[南宋]楼钥.攻媿集[M],上海:商务印书馆缩印武英殿聚珍版本,四部丛刊初编(未标明出版年份).

[元]脱脱.宋史[M],北京:中华书局,1985.

[元]杨翮.佩玉斋类稿[M],上海:上海古籍出版社影印文渊阁四库全书,1987.

[元]苏天爵辑.国朝文类[M],北京:商务印书馆,1958.

[元]汪大渊著,苏继庼校释.岛夷志略校释[M],北京:中华书局,1981.

[明]洪武皇帝实录[M],台北:"中央研究院"历史语言研究所影印本.

[明]宋濂.元史[M],北京:中华书局,1976.

[明]胡翰.胡仲子集[M],台北:商务印书馆影印文渊阁四库全书,1986.

[明]陈侃.使琉球录[M],上海:商务印书馆,1936.

[明]汤日昭修、王光蕴等纂.温州府志[M],万历三十三年

（1605）刻本.

［明］胡直.庐精舍藏稿［M］,上海：上海古籍出版社影印文渊阁四库全书，1987.

［明］钱仲益.三华集［M］,上海：上海古籍出版社影印文渊阁四库全书，1987.

［明］姚士观等编校.明太祖文集［M］,上海：上海古籍出版社影印文渊阁四库全书，1987.

明实录·永乐朝［M］,原（南京）国家图书馆传抄本第38册。

［明］王鏊.姑苏志［M］,上海：上海古籍出版社影印文渊阁四库全书，1987.

［明］陈仁锡.皇明世法录［M］,崇祯八年（1635）刊本.

［明］王圻.续文献通考［M］,上海：上海古籍出版社影印文渊阁四库全书，1987.

［明］何乔远.闽书·岛夷志［M］,明崇祯刻本.

［明］陶宗仪.书史会要［M］,上海：上海古籍出版社影印文渊阁四库全书，1987.

［明］陈懋仁.泉南杂志［M］,上海：上海古籍出版社影印文渊阁四库全书，1987.

［明］沈有容辑.闽海赠言［M］,台北：台湾银行经济研究室，1959.

［明］严从简.殊域周咨录［M］,上海：上海古籍出版社影印

文渊阁四库全书，1987.

［明］俞汝楫.礼部志稿［M］，上海：上海古籍出版社影印文渊阁四库全书，1987.

［明］郑若曾.郑开阳杂著［M］，上海：上海古籍出版社影印文渊阁四库全书，1987.

［明］郑若曾.筹海图编［M］，上海：上海古籍出版社影印文渊阁四库全书，1987.

［明］郑若曾.江南经略［M］，上海：上海古籍出版社影印文渊阁四库全书，1987.

［明］王士祯.弇山堂别集［M］，上海：上海古籍出版社影印文渊阁四库全书，1987.

［清］顾炎武.天下郡国利病书［M］，武英殿聚珍版.

［清］张廷玉.明史［M］，北京：中华书局，1974.

［清］周煌.琉球国志略［M］，上海：商务印书馆，1936.

［清］顾祖禹.读史方舆纪要［M］，北京：中华书局，1955.

［清］徐葆光.中山沿革志［M］，台北：台湾银行经济研究室，1972.

［清］钱大昕.十驾斋养新录［M］，北京：商务印书馆，1957.

［清］王锡祺.小方壶斋舆地丛钞第九帙［M］，上海：著易堂铅印本，光绪年间.

［清］孙承泽.春明梦余录［M］，上海：上海古籍出版社影印

文渊阁四库全书，1987.

［清］永瑢.四库全书总目［M］，北京：中华书局，1965.

［清］余文仪续修.台湾府志［M］，光绪十四年（1888）刊本.

［清］梁诗正、沈德潜.西湖志纂［M］，上海：上海古籍出版社影印文渊阁四库全书，1987.

［清］徐葆光.中山传信录［M］，台北：台湾银行经济研究室编印，1972.

［清］郝玉麟等修.福建通志［M］，上海：上海古籍出版社影印文渊阁四库全书，1987.

［清］张廷玉等.清朝文献通考［M］，上海：上海古籍出版社影印文渊阁四库全书，1987.

［清］谷应泰.明史纪事本末［M］，上海：上海古籍出版社影印文渊阁四库全书，1987.

［清］傅恒等.平定准噶尔方略［M］，上海：上海古籍出版社影印文渊阁四库全书，1987.

［清］王圻.续文献通考［M］，上海：上海古籍出版社影印文渊阁四库全书，1987.

［清］王士禛.池北偶谈［M］，上海：上海古籍出版社影印文渊阁四库全书，1987.

［清］王元穉.甲戌公牍钞存［M］，台北：台湾银行经济研究室编，1959.

［清］范咸.重修台湾府志［M］,台北:台湾银行经济研究室编,1961.

［清］罗大春著.台湾海防并开山日记［M］,台北:台湾银行经济研究室编,1972.

［清］(乾隆官修)清一统志［M］,上海:上海古籍出版社影印文渊阁四库全书,1987.

［清］(乾隆官修)大清会典［M］,上海:上海古籍出版社影印文渊阁四库全书,1987.

［清］(乾隆官修)大清会典则例［M］,上海:上海古籍出版社影印文渊阁四库全书,1987.

清圣祖仁皇帝圣训［M］,上海:上海古籍出版社影印文渊阁四库全书,1987.

清世宗宪皇帝训［M］,上海:上海古籍出版社影印文渊阁四库全书,1987.

宋家泰.台湾地理［M］,上海:正中书局,1946.

吴壮达.琉球与中国［M］,上海:正中书局,1948.

冯承钧.诸蕃志校注［M］,北京:中华书局,1956.

翦伯赞主编.中外历史年表［M］,北京:中华书局,1961.

林耀华.民族学研究［M］,北京:中国社会科学出版社,1985.

韩毓海.五百年来谁著史［M］,北京:九州出版社,2011.

张崇根.台湾历史与高山族文化［A］,西宁:青海人民出版社,

1992.

肖鸿恩、钟庆安.太平洋战争史话［M］,海口：海南出版社,2006.

中共中央编译局编译.马克思恩格斯全集第16卷［M］,北京：人民出版社,1964.

中国第一历史档案馆编.清代中琉关系档案选编［M］,北京：中华书局,1993.

中国地图出版社编.日本［M］,北京：地图出版社,1976.

连横.台湾通史·自序［M］,北京：商务印书馆,1983.

曹永和.台湾早期历史研究续集［M］,台北：联经出版事业公司,2000.

曹永和.中国海洋史论集［A］,台北：联经出版事业公司,2000.

郭廷以.台湾史事概说［M］,台北：正中书局,1959.

阮昌锐.大港口的阿美族［M］,台北："中央研究院"民族学研究所,1969.

高贤治.台湾三百年史［M］,台北：众文图书公司,1981.

杨仲揆.琉球古今谈［M］,台北：商务印书馆,1990.

童春发.台湾原住民史·排湾族史篇［M］,南投市：台湾省文献委员会,2001.

台湾银行经济研究室编.清光绪朝中日交涉史料选辑［M］,台北：1965.

台湾银行经济研究室编.清代琉球记录续辑［M］，台北：1971.

台湾银行经济研究室编.清季申报台湾纪事辑录［M］，台北：1968.

台湾银行经济研究室编.马关议和中之伊李问答［M］，台北：1959.

台湾银行经济研究室编.同治甲戌日兵侵台始末［M］，台北：1959.

台湾银行经济研究室编.台湾对外关系史料［M］，台北：1971.

台湾银行经济研究室编.清穆宗实录选辑［M］，台北：1963.

台湾银行经济研究室编.李文忠公选集［M］，台北：1961.

台湾银行经济研究室编.清史稿·台湾资料集辑［M］，台北：1968.

［德］恩格斯著，张仲实译.家庭、私有制和国家的起源［M］，北京：人民出版社，1956.

［朝鲜］李朝实录［M］，日本东京：学习院东洋文化研究所影印本，1956.

「美］鲁思·本尼迪克特（Ruth Bencdict）著，孙志民、马小鹤、朱理胜译，庄锡昌校.菊花与刀——日本文化的诸模式［M］，北京：九州出版社，2005.

［日］真人元开（淡海三船）著，王向荣校注.唐大和尚东征传

[M]，北京：中华书局，1979．

［日］藤田丰八著，何健民译．中国南海古代交通丛考［M］，上海：商务印书馆，1936．

［元］汪大渊编，［日］藤田丰八校注．岛夷志略校注［M］，北京：文殿阁书庄排印本．

［日］井上清著，天津市历史研究所译校．日本历史［M］，天津：天津人民出版社，1974．

［日］木宫泰彦著，胡锡年译．日中文化交流史［M］，北京：商务印书馆，1980．

［日］伊能嘉矩著，"国史馆"台湾文献馆编译．台湾文化志［M］，台北：台湾书店，2011．

［日］滨下武志著，王玉茹等译．中国、东亚与全球经济：区域和历史的视角［M］，北京：社会科学文献出版社，2009．

［日］藤崎济之助著，全国日本经济学会译．台湾史与桦山大将：日本侵台始末［M］，台北：海峡学术出版社，2003．

［日］台湾总督府临时台湾旧惯调查会．番族惯习调查报告书（第一卷）［M］，台北："中央研究院"民族学研究所，1996．

［日］冲绳县立博物馆·美术馆编．博物馆陈列指南［M］，冲绳那霸：冲绳县立博物馆，2012．

［日］福冈人文株式会社．冲绳县全图［M］，日本福冈：2013年第二版．

［日］昭文社.冲绳县［M］，日本东京：2013年第四版.

［荷］胡阿特（Camille Imbault-Hua rt）著，黎烈文译，台湾银行经济研究室编，台湾岛之历史与地志［M］，台北：台湾研究丛刊第56种，1968.

d'Hervey de Saint-Denys, Sur Foymose et sur les lles applees en chinois Lieou-Kieou（《关于台湾和中国人所称琉球群岛》），1874. Friedrich Hirth（夏德）and W. W. Rockhill（柔克义），Chaou-Ju-Kuo, His Work On the Chinese and Arab Trade in The Twelfth and Thirteenth, entitled Chu-Fan-zhi, 1911.

历史研究，世界历史，台湾研究集刊，日本学刊，瞭望，外国史知识，中国钱币，人民日报，北京日报，环球时报，参考消息。

香港：亚洲周刊。

台湾出版报刊："中央研究院"民族学研究所集刊，考古人类学刊，台湾文献，学术季刊，文献专刊，大陆杂志，南瀛文献，"中央日报"，自立晚报。

图书在版编目（CIP）数据

万国津梁：大历史中的琉球 / 张崇根著. -- 北京：世界知识出版社，2024.11. -- ISBN 978-7-5012-6875-7

Ⅰ．K928.6

中国国家版本馆CIP数据核字第2024G6D889号

万国津梁：大历史中的琉球

Wanguo Jinliang: Dalishi Zhong de Liuqiu

作　　者	张崇根
责任编辑	薛　乾
特邀编辑	杨　娟　白小薇
责任出版	李　斌
内文制作	宁春江
出版发行	世界知识出版社
地　　址	北京市东城区干面胡同51号（100010）
网　　址	www.ishizhi.cn
联系电话	010-65265919
经　　销	新华书店
印　　刷	河北新华第一印刷有限责任公司
开本印张	710毫米×1000毫米　1/16　20.5印张
字　　数	205千字
版次印次	2024年12月第一版　2024年12月第一次印刷
标准书号	ISBN 978-7-5012-6875-7
定　　价	58.00元

（凡印刷、装订错误可随时向出版社调换。联系电话：010-65265919）